JN439912

내 기억 속 풍경화

내 기억 속 풍경화

초판 1쇄 인쇄 • 2019년 08월 14일
지은이 • 배재록
펴낸이 • 이승훈
펴낸곳 • 해드림출판사
주 소 • 서울 영등포구 경인로82길 3-4(문래동1가 39)
센터플러스빌딩 1004호(우편07371)
전 화 • 02-2612-5552
팩 스 • 02-2688-5568
E-mail • jlee5059@hanmail.net

등록번호 • 제2013-000076
등록일자 • 2008년 9월 29일

* 책값은 표지에 있습니다
* 잘못된 책은 바꿔드립니다
*본 자료는 울산문화재단 2019 책발간 지원사업의 일환으로 발간되었습니다.

ISBN 979-11-5634-356-1

내 기억 속 풍경화

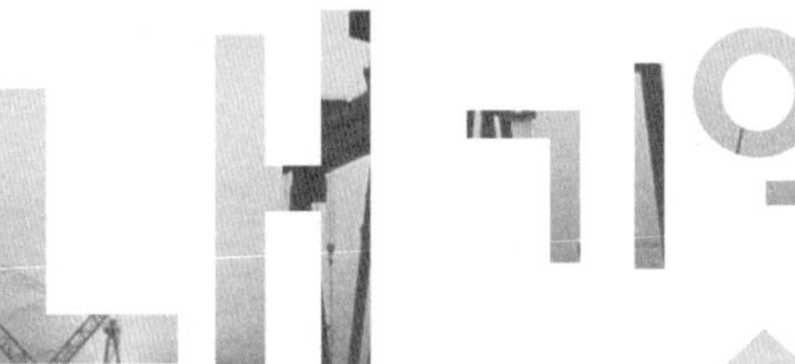

목포문학상 수필본상·경제신춘문예 당선작가

배재록 수필집

해드림출판사

작가의 말

내 인생의 어제와 오늘 그리고 내일

2017년 「에세이문예」신인상, 2018년 「머니투데이 경제신춘문예」에 당선되어 본격적인 수필작가로 한국문단에 데뷔를 했다.

가보지 않은 인생무대를 개척하여 운명이 내게 준 새 길을 걷기 시작했다.

2016년 말 38년 근무한 현대중공업을 명퇴하면서 제2기 인생 전환점을 돌았다. 명예퇴직은 새로운 시작을 알리는 인생의 변곡점이 되었다.

인생 이모작 시작에서 한 번도 실패하지 않은 내일이란 선물을 받았다. 내일의 키워드는 등산과 골프와 글쓰기로 즐기는 삶으로 정했다.

문학의 끈을 놓지 않았던 노력이 기회를 준 것이다. 선박엔진 시장조사와 경영전략을 제시했던 마케팅 노하우 전력을 접목시켜 글쓰기를 시작했다. 긴 세월 닫혀있던 글쓰기 정열이 스멀스멀 끼를 내 펜을 들게 조용했다.

본격 글쓰기는 16년을 써 온 산행 후기가 큰 무기였다. 200여 회원들이 지켜보는 카페에 월 2회 산행 후기를 썼다. 독자가 된 악우들의 열띤 반응이 글쓰기를 유혹했다. 그들과 등산 매력을 공유하기 위해 글을 썼다. 자연이 일러준 대로 글로 옮기고 나뭇가지 율동을 본떠 사유를 했다. 자연은 교과서였다. 글쓰기는 쉽지 않았다. 심화되지 않고 탈고된 글이 심한 스트레스를 몰고 왔다. 얕은 인식과 형상화가 글쓰기를 포기하도록 강요할 때도 있었다. 글쓰기 교본대로 독서를 했다. 감긴 눈이 뜨이기 시작했다.

기라성 작가들 작품들을 탐독하면서 심오한 글자가 만들어 낸 사유에 경악했다. 글쓰기가 어렵고 두려웠다. 글쓰기 반성과 오기를 유발했다.

바둑알로 판에 알집을 짓는 수로 글쓰기를 연마했다. 하나, 둘, 셋을 외치며 건너뛰기를 했다. 2017년 8월 이후에 사유해낸 작품을 탈고 해 다시 여러 작품 응모 전에 도전장을 던졌다.

목포시가 주최하는 목포문학상 수필본상에 당선되었다. 목포를 홍보하고 우려한 수작이란 심사평을 받은 '목포의 눈물'이었다. 응모했던 '계간 에세이문예'신인상에 당선돼 첫 등단을 했다.

2018년 머니투데이 경제신춘문예 수필에 당선되었다. 달라진 위상이 편린을 몰고 왔다. 단순한 등단과 당선이 아니었다. 작가의 책임과 사명을 다해야 함을 강압했다. 코를 꿰뚫은 수소가 되어 매진하기로 결심했다.

내가 살아 온 파란과 곡절의 경험과 자서를 모아 책으로 출간했다. 작품을 만들기 위해 산속을 걸으면서 사색 저편에서 심오하게 발견해 내고 찾았다.

주제는 내 인생의 어제와 오늘 그리고 내일로 정했다. 숙성된 글쓰기는 더 많은 시간과 집중을 필요로 한다. 오묘한 언어의 미학을 살려 그윽한 문향을 맡는 날까지 오체투지로 산을 오를 것이다. 생각의 근육을 키우고 내장의 힘까지 짜내 흩어진 삶의 덧옷을 입혀 탑을 쌓았다.

처녀작 '내 기억 속 풍경화'를 본격 작가 데뷔 마중물로 삼고 싶다.

더 풍부한 감동과 멋진 글쓰기로 독자들에게 다가갈 각오다.

2019년 8월

배 재 록

차례

작가의 말 _ 내 인생의 어제와 오늘 그리고 내일 · 4

제1부
내 기억 속 풍경화

내 기억 속 풍경화 · 16

고향 · 22

왕피천 용소 · 28

어머니표 농주 · 34

코뚜레를 씌우다 · 40

조상의 보호령을 느끼다 · 46

물곰국 · 52

제2부

현중인(現重人)으로 살면서

조국 근대화 기수 · 60

바다 냄새 · 66

담장에 대한 소고(小考) · 72

직장의 신 · 78

산에서 만난 묘비 · 84

38년 현대중공업을 떠나며 · 90

제3부

울산에 살면서

울산에 살면서 · 96

호수 산책 · 102

범서 옛길을 걷다 · 106

귀향(歸鄕) · 112

악극 갯마을 · 118

기다림에 대한 단상 · 124

숯불을 피우다 · 130

제4부
자세를 고쳐 잡다

한량이 · 139

칼을 갈다 · 145

지겟작대기 · 151

자세를 고쳐 잡다 · 157

나무 도마 · 163

노인과 개나리 · 169

불꽃 · 176

휘파람 노래 · 182

빗장을 열다 · 188

제5부
동행

동행 · 196
그림자 · 202
일본 회갑여행 · 208
과거 순례 · 214
비진도 유람 · 220
목포의 눈물 · 227
돌섬 독도 · 235
고교동기생 등산대회 · 241
신화를 만든 내 친구 · 247
내 친구 · 253

제6부
내 각시

내 각시(閣氏) · 262

손녀와 할아버지 · 268

옥상 텃밭 · 274

향내를 맡다 · 280

부처님 오신 날에 · 286

전업주부가 되다 · 292

해설 _우리는 왜 '한량이'의 수필에 매료되는가 · 299

(문학평론가. 대신대학원대 문학언어치료학교수 권대근)

제
1
부

내 기억 속 풍경화

내 기억 속 풍경화

고향

왕피천 용소

어머니표 농주

코뚜레를 씌우다

조상의 보호령을 느끼다

물곰국

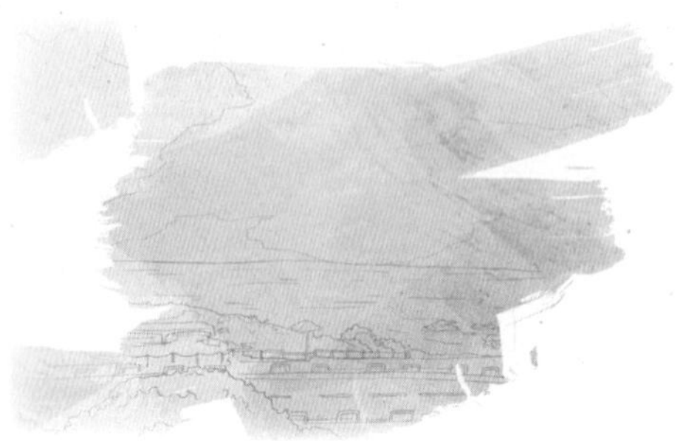

내 기억 속 풍경화

두메산골에도 아무도 경험하지 않은 새날의 여명이 어김없이 밝아 온다. 빛이 어둠을 물리고 산골 마을에 비치면 하루를 여는 소리가 들린다.

마구간 횃대에 수탉이 울면 대청마루 밑에서 선잠을 깬 개가 따라 짖는다. 부엌에는 쇠죽이 끓는 소리, 나무가 타는 소리가 잠을 깨우려고 발광한다. 마구간 소의 워낭소리에 늦잠꾸러기 산골 아이는 눈을 비비며 일어났다. 동창이 밝아 여명이 사라진 밖은 차가운 바람이 나뭇가지 끝에 오열한다.

하늘에 그 많던 별은 사라지고 추운 하루를 알리는 삭풍이 몸을 덮쳤다. 참새 지저귀는 소리, 까치 울음소리가 굴피 지붕 사이로 사라졌다. 산골 아이는 데워진 물을 양은그릇에 담아 빠르게 고양이 세수를 했다. 살을 에는 산골 한파는 문고리를 잡으면 살이 쇠에 쩍쩍 달라붙었다.

아침은 감자가 절반 꽁보리밥이었다. 반찬은 된장국과 산나물, 김치 일색이지만 배를 채워 등굣길에 올랐다. 삭풍이 괴롭히는 십리 길을 걸어야 한다.

흙먼지 날리는 산길을 걸어 학교에 갔다. 야성으로 길러져 걷기도 잘했다. 부락 단위로 모여 상급생 지휘에 따라 북극 펭귄처럼 십 리를 걸었다. 전장에 나가는 병사가 되어 도시락이든 책보는 어깨에 둘렀다. 간첩침투지역이라 반공교육을 많이 받은 산골 아이들은 민첩하고 야성이 강했다.

책보 속에는 양은 도시락이 들어있다. 멀고도 힘든 등굣길이지만 아이는 도시락을 먹을 수 있다는 희망의 누름돌에 눌려 걷는지도 모른다.

서리가 하얗게 덮여 미끄러워 긴 왕피천 외나무다리를 건너기를 피했다. 두껍게 언 왕피천 얼음판 위를 엉거주춤 손을 잡고 조심하며 건넜다. 맑은 얼음판 아래에 물고기 떼를 발견하면 힘겨운 돌덩이로 내리쳤다. 충격 때문에 잠시 기절한 고기들이 하얀 배를 하늘로 향하고 꼬꾸라졌다가 이내 살아나 빠르게 사라졌다. 움직이는 동물은 야성에 길든 아이들의 적이었다.

왕피천은 얼음판이 길고 넓어 온통 신이 빚은 듯 얼음꽃을 피웠다. 솟구친 바위 모양대로 얼음이 얼어나 환상의 비경을 만든다. 비경은 산골 아이들에게 아픔을 치유해주려 애썼지만 순둥이들은 그 의미를 알지 못했다.

몇몇 아이들은 쇠 날로 만든 외발 스케이트를 탔다. 등하굣길 바위 밑에 숨겨둔 스케이트를 꺼내 스키 타듯 질주하며 호연지기를 키워주었다. 긴 지팡이로 스케이트를 박차서 속도를 내는 재미는 신이 나도록 했다. 산골 아이는 느림을 초월해 빠르게 살아가는 법을 조금씩 익히기 시작했다.

찬바람에 산이 몸을 비트는 두메산골. 높은 산들이 병풍처럼 둘러진 산골은 내 유년을 온통 동화 속에서 자라 자연을 닮은 순둥이 아이로 키웠다. 시계가 없어 일상생활은 해의 위치를 짐작으로 시간을 어림잡는다.

등굣길 고갯마루를 헐레벌떡 오르면 너른 논이 보이고 넓은 공터에 벽이 까만 목재 교실 동이 자리하고 있다. 교실마다 밖으로 연결된 난로 연통에서 연기가 모락모락 났다. 교실에 들어서면 데워지지 않은 연기가 자욱했다. 교실 바닥 중앙에 놓인 검붉게 녹슨 난로에는 갓 피운 나무가 타고 있다.

땔감은 학생들이 집에서 묶어 가지고 온 장작으로 해결했다. 학부모님들은 마른 장작을 아이가 멜빵으로 짊어지게 해서 학교로 보냈다. 가져온 나무는 목재로 된 교실 바닥 밑에 쌓아두고 땔감으로 사용했다. 추운 밖 화장실에 가기 싫을 만큼 교실 안이 열기로 후끈거렸다.

심술궂은 바람이 역풍으로 불어 연기가 함석 통로를 타고 들어오면 눈물깨나 흘렸던 추억이 기억 속 풍경화로 소환된다.

점심시간이 다가오면 난로 위에 몇 층을 만들어 도시락을 포개 놓았다. 종소리가 울리면 서둘러 도시락을 챙겨 점심을 먹었다. 고추장과 김치뿐인 그 보리밥이 그렇게도 맛있고 배부르고 풍만했다. 빈농이라서 먹거리는 영양분이 풍부하지 않아도 거미줄을 회피하며 건강식을 섭취했다.

수업이 끝나면 나라에서 오지 학교 학생들에게 지원해 주는 건빵을 배급받아 책보에 넣고 삼삼오오 짝을 지어 집으로 향했다. 가끔은 미국에서 원조받은 분유가루를 배급했다. 학교에 옥수수빵 굽는 기계가 있어 직접 쪄서 학생들에게 배식을 한 적도 있었다. 새로운 먹거리를 섭취한 산골 아이들의 신체가 건강하고 놀랍도록 호전되었다. 그 덕분에 결석이 잦았던 아이들과 공부와 거리가 먼 아이들도 수업을 쉬는 일이 부쩍 줄었다.

등에 둘러맨 도시락 안의 빈 반찬통이 뜀박질마다 딸가닥 소리를 내며 박자를 맞춘다. 빈 도시락 안에서 범벅이 된 진한 고추장 냄새가 진동한다.

왕피천을 지날 때면 추위를 쫓기 위해 불장난을 했다. 큰 바위 뒤에 나무를 모아 불을 피워 시린 발을 쬐다 잠시 한눈을 팔면 나일론 양말은 금방 녹아 버린다. 끝내는 타서 밑바닥도 없고 뚜껑뿐인 양말을 신은 채 집으로 가야 한다. 바닥이 없어진 양말 때문에 검정 고무신이 헐렁거리고 발이 무척 시리다. 여름이 올 때까지 씻을 필요도 없는 검정 고무신은 전천후 신발이다. 검정 고무신은 내 유년을 대표하는 아이콘이다.

하굣길에는 가끔씩 땡중과 거지들을 만났다. 배고픔을 참지 못해 왕피천까지 찾아들었다. 가난이 유전자처럼 지배한 시절이라 그들은 고행했다. 어떻게 알고 온 건지 알 수 없지만 구걸하는 거지들의 행렬은 계속 이어졌다. 마음씨 고운 동네 사람들은 그들을 매몰차게 외면하지 않고 보리밥과 꿀밤을 내놓았다. 장애를 가진 거지들은 저항적이어서 아이들은 겁을 냈다.

놀이가 부족해 심심한 철든 아이들은 그들 흉내를 내며 놀려 먹곤 했다. 화가 난 거지는 하교 길에 바위 뒤에 숨어 기다리다 한 아이를 붙잡아 혼을 내곤 했다. 혼이 난 아이들은 거지가 숨어있는 바위 위에 몰래 올라가 머리를 향해 오줌을 갈기고 줄행랑을 치는 복수를 감행한다. 잡히면 혼쭐이 나는 줄 아는 아이들과 거지와 싸움은 빈번히 이어졌다. 죄 없는 아이들조차 겁박을 주는 사태가 발생하자 싸움은 줄어들었다. 무서운 거지와의 전쟁은 산골 아이 특유의 민첩성과 담력을 키워 갔다.

야성에 길든 산골 아이들은 그래서 죄다 달리기를 잘했다. 골 깊은 산과 왕피천이 주는 천혜의 자연에서 순박한 심성으로 호연지기를 길렀다.

온 세상이 달빛에 비치는 날이면 기억 속의 풍경은 그을음 솟는 호롱불처럼 깜빡거린다. 산이 높아 둥그렇게 내민 하늘은 끊임없이 다양한 그림을 그려낸다. 별빛이 꽃이 되어 지천으로 피면 거대한 대자연의 영화화면 같은 하늘은 풍부한 감성을 키우게 했다. 67km 산을 닦아 만든 물길을 우렁우렁 흐르는 왕피천은 내 유년의 큰 보고다. 내 눈을 뜨이게 하고 애인이 되어 유년의 나를 소환한다. 물빛 무희를 하면서 내 기억 속으로 다가온다.

긴 낚싯대를 물속에 던져 센 물살로 단련된 물고기를 건져내던 강태공. 가난했지만 물속에서 건져 올린 물고기는 배고픔을 물리치게 한다. 물새 울던 왕피천 물줄기가 은빛 햇살로 반짝이며 향수를 곱씹게 한다. 입술이 새파랗게 되도록 자맥질했던 기억이 생생하게 떠오른다.

지금 때 묻지 않은 청수가 흐르는 고향은 자연환경생태보호지역으로 지정 국가가 관장하고 있다. 내 유년의 보고인 왕피천이 보존되어 다행이다. 향수는 그리운 만큼 난다. 동화로 회고되는 추억에 잠기곤 한다. 하늘과 산과 강이 만들어 준 기억 속의 풍경화가 동화가 되고 가슴 시리도록 그립다.

고향을 소환해 구워낸 내 기억 속 풍경화는 그윽한 미각으로 다가온다. 맛은 입으로만 보는 게 아니다. 쓴맛을 경험한 혀가 단맛을 아는 법이다. 보이지 않고 만질 수 없다 해서 잊어지는 건 아니다. 내 기억 속 풍경화는 가장 순수하고 온기가 있는 동화로 남아 있다.

고향

올망졸망한 산봉우리들이 도토리 키재기 하는 두메산골에 고향이 있다. 높은 산봉우리가 12자 병풍처럼 첩첩이 둘러쳐진 이남 최고의 오지다.

고향은 내가 태어나 천방지축으로 놀았던 낙원이다. 많은 사람이 가난이 싫어 고향을 등졌다. 배반의 등을 돌린 그들은 부평초로 살다가 문득 태를 묻은 고향이 가슴을 후벼 팠을 것이다. 고향은 영원한 영혼의 안식처다. 세상 빈들에 서서 떠올린 고향에 대한 노스탤지어는 늘 그리움이 된다.

그곳에는 천연색 산마루를 휘감고 돌아가던 자욱한 안개가 자주 걷힌다. 바람에 뒤집힌 회색빛 상수리 나뭇잎 군락이 밤나무꽃과 어우러져 순백의 앙상블을 이루는 곳이다. 굴피지붕과 초가가 배색을 이룬 지붕이 어울린다. 여름이 오면 10여 채 동네에도 뻐꾸기 소리를 필두로 생기가 돌기 시작한다.

돌담을 에워싸고 자라고 있는 복숭아나무, 감나무, 살구나무, 앵두나무, 자두나무, 배나무 어딘가에 숨어서 울어 재끼는 매미소리는 천상의 소리다.

흙이 있는 곳마다 뿌리를 내리고 꽃을 피우는 자운영, 씀바귀를 비롯한 들풀들이 일어선다. 마당 모퉁이 꽃밭에는 흰 접시꽃과 과꽃, 해바라기꽃이 햇살을 받아 역동적이다. 뒤뜰 텃밭에는 파릇파릇한 쪽파와 상추와 깻잎이 예쁘게 자라나 어지럽게 날아다니는 토종벌의 일터가 되어준다. 대청마루 지붕 밑에는 4마리 제비가족이 둥지를 틀었다. 마치 무용수처럼 날아드는 어미 제비가 물어다 준 먹이를 받아먹으며 지저귄다.

풀벌레를 잡아먹던 수탉이 홰를 치며 길게 울자 대청마루 밑에서 졸고 있던 워리가 뛰쳐나가 닭들을 저만치 물리치고 자신의 위신을 과시한다. 바로 그때 하늘 높은 곳을 날며 호시탐탐 기회를 보던 독수리가 나타난다. 다급해진 어미 닭이 본능적으로 다른 닭들을 피신시켰다. 안타깝게도 먹잇감에 노출된 한 마리가 순식간에 독수리 발톱에 포획되어 사라져 버렸다.

그 당당하던 워리도, 고삐에 묶인 소도, 마구간에 갇힌 송아지도 멍하니 바라만 볼 뿐 속수무책이다. 사랑방에서 베를 짜던 어머니가 요란한 닭 울음소리에 놀라 맨발로 문밖을 뛰쳐나오며 고함을 친다. 성난 함성도 메아리가 되어 돌아와 허공을 가른다. 분함이 한동안 동네를 억압한다. 약으로 키우려던 닭을 순식간에 강탈당한 어머니는 너무 속이 상해 있다. 독수리가 날아가 버린 북쪽을 향해 저주의 침을 뱉는다. 죽은 닭의 영혼을 달래주고 못된 독수리를 향한 적개심의 표시다.

왕복 10리길 학교에 갔던 초등학교 아이들이 학교를 파하고 돌아오자 동네는 사람 사는 소리로 탈바꿈한다. 애지중지했던 닭을 잃은 아이는 시무룩한 표정으로 소먹이를 나선다. 긴 고삐에 묶인 채 유유히 풀을 뜯는 염소 숫자를 확인한다. 아이는 고삐를 풀어 깊은 산중으로 소를 자유롭게 놓아준다. 수달이 사는 왕피천 바위 밑을 뒤져 물 작살로 고기를 잡아 온 아이들은 입술이 까맣게 될 때까지 물고기를 불에 익혀 먹어 치운다.

아이는 곧바로 익힌 감자까지 먹어 치운 뒤 물놀이를 즐기다 싫증이 나면 물속 바위에 까맣게 붙어 있는 고동을 삶아 먹고, 잘 익은 산딸기를 따서 간식으로 먹어 치우면 검게 탄 배가 볼록 해져 온다.

야성에 잘 길든 아이들은 독사와 살모사를 가장 혐오한다. 보이는 그 뱀은 모조리 죽였다. 독성이 있어 물리면 목숨을 잃을 수 있기 때문이다. 뱀이 큰 바위 속으로 도망치면 아이들은 주변에 연기를 피워서라도 기어이 뱀을 잡아 불에 구워 먹고 만다. 그래야

안심하고 놀 수 있기 때문이다. 거센 자연에 적응하려는 아이들은 살아남기 위해 호연지기를 길러야 했다.

할 일이 없어 심심한 아이들은 기어이 심술을 부리기 시작한다. 공부와는 거리가 먼 여자아이들은 학교도 결석한 채 새벽 별빛 따라 40리 길 오일장에 간다. 골짜기를 이탈할 수 있는 유일한 기회였기 때문이다. 아이들은 장에서 돌아오는 여자아이를 골려 주려고 함정을 파기 시작한다. 유일한 문화 체험장인 오일장에 못 간 기분도 풀 겸 지나가는 길 중앙에 길게 땅을 파고 작은 나뭇가지와 풀잎 위에 모래를 덮어 함정을 판다.

여자아이들에게 괘씸함을 주는 것이 남자아이들 쾌감이었다. 이미 여러 번 당한 경험이 있는 여자아이들은 미리 눈치를 채고 함정 주위를 피해 가버린다. 실패한 아이들은 숨어 있던 곳에서 나와 아무 일 없었다는 듯 어른들이 다치지 않게 자신들이 파놓았던 함정을 제거한다.

땅거미가 길어지자 아이들은 일찌감치 소를 찾으러 골짜기와 산을 오른다. 산을 오르면 그곳이 바로 하늘과 맞닿는 곳이고 천국이다. 그 산을 오르며 아이들은 하늘과 산하를 바라보며 호연지기를 키운다. 산정에 누워 티 없이 맑고 순결한 창공을 주시한다. 조화를 부리는 구름이 들려주는 천상의 동화를 읽어본다. 자연은 아이들에게 아름다운 정서와 꿈을 키워 준다.

손으로 톡 건드리면 와르르 옥구슬을 쏟아놓을 것 같은 파란 하늘을 쳐다보면 어느새 아이 눈 맛은 파란 물감으로 가득하다.

자기 덩치보다 수십 배 큰 순둥이 소등에 타고 집에 온다. 아이들은 배가 고픈지 어머니가 만들어준 칼국수로 끼니를 때우고 모닥불 곁으로 모인다. 석양이 저물 자 산골의 밤은 일찍 오고 하늘에는 온통 별천지다. 숙제를 일찌감치 마친 아이는 모닥불 옆 멍석에 누워 별을 관찰한다. 심술이 난 듯 긴 장대 끝에 호박잎을 매달아 어둠 속에서 허공을 여러 번 휘둘러 박쥐를 잡았다. 상현달이 뜨자 산 그림자 드리운 마을은 휘영청 밝아 온다. 개 울음소리도 숨을 죽인 산골에 산짐승 울음소리가 들린다. 개구리 울음소리 들리는 시간이면 아이는 피곤한 듯 곤한 잠에 빠진다.

자식 욕심이 많았던 부모님은 6형제를 낳았고 그 그리운 피붙이들의 얼굴이 투명한 유리 액자 속에 갇혀 고향 집 안방 벽면에 걸려 있다. 칠순을 넘긴 부모님이 가끔 자식들 얼굴을 바라보며 보고 싶어 먼지를 털어보지만 언제 보아도 빛바래고 파리똥이 앉아있는 그대로다. 그 빛바랜 사진 속에는 진솔한 가족의 역사가 고스란히 담겨 있다. 가난해서 초라했으나 맑고 단정한 내 혈육들의 사진 속 모습은 누구 하나 할 것 없이 환하고 행복하게 웃고 있어 걸작이다. 형제끼리 아귀다툼했던 희로애락의 순간들이 꾸밈없이 노출된다. 소중한 사진 속 모습처럼 형제들 가슴속에 아로새겨져 있다. 그래서 누가 말해 주거나 닦달하지 않아도 큰 명절이면 고향을 찾아오는 본능적인 회귀성이 있다. 잘 살아도 못

살아도 등 돌리며 살든 혈육도 이날만큼은 고향을 찾는 이유가 여기에 있다

핏기가 없는 울산의 하늘을 바라보며 고향 하늘을 떠올린다. 고향을 떠나온 지 43년이 넘기고 있어 제2 고향이 된 울산이다. 갓 태어난 날개로 나는 법을 익혀 삶의 터전을 마련한 곳이 울산이다. 파란 고향 하늘엔 세월 넘어 가 버린 동심으로 가득하고 자욱한 그리움 밟히는 추억이 묻어난다. 마음이 흐르다 멈추면 그리움이 시나브로 고인다.

껴안고 싶은 바람 스치고 별과 달이 놀러 오는 고향하늘이 그리워하며 어머니를 떠올린다. 아리고 힘들 때 고향은 어머니 품속이 되어준다.

그리다와 울음이 합성된 그리움이 향수다. 우렁우렁 흐르는 왕피천과 두메산골 골짜기 초가지붕을 떠올리며 노스탤지어를 앓는다. 마음이 까맣게 타는 향수병을 앓아 본 사람은 그리움의 의미와 원천을 잘 안다. 눈 감으면 아리고도 행복했던 향수가 떠오른다. 1급수 왕피천에 자맥질해 뱀장어를 잡아 올린 기억이 생생하다. 내 최초의 낙원 안태고향이 그립다.

왕피천 용소

입을 벌리고 있는 왕피천 용소에 소용돌이치는 강물이 우렁우렁 흘러 들어간다. 어림잡아 어른 10여 명을 한꺼번에 삼킬 수 있는 무시무시한 입이다.

얼핏 보아도 소의 모양이 입과 두 눈, 머리, 꼬리가 선명한 용 형상이라 용소라 이름 지었다. 왕피천 물길은 산 복판을 갈라 조각을 다듬듯이 용 형상의 협곡을 만들었다. 억겁 세월 흐르는 물에 깎이고 닳아서 거대한 용소가 만들어졌다. 물길은 억겁 세월을 두고 돌을 다듬어 걸출한 조각품을 만들었다. 마치 한 폭 수채화가 펼쳐져 있는 듯하다.

한 몸의 거대한 기암절벽 사이로 물이 흐르고 회색빛 주상절리들을 신비하게 펼쳐 보인다. 신의 솜씨에 버금가는 조각예술품이다. 용소에 시퍼런 강물이 망설이듯 멈칫 섰다가 우렁우렁 동해로 여행 간다.

용머리는 백룡 형상이다. 입꼬리는 튀어나온 광대뼈와 겹쳐져 있다. 입이 크면 역마살이 든다고 했다. 역마살이 끼어 인근 불영사에서 살던 용 한 마리가 용소에 와 용이 되었다. 용 입안에서 꼭 거대한 불을 내뿜을 기세다.

옛날 홍수 때 삼판에서 벌목한 나무를 뗏목으로 띄워 물 힘으로 실어 날랐다. 왕피천을 건너다 익사한 윗동네 할머니 시신도 용소에서 건져 올렸다. 떠내려간 돼지도 넓고 깊은 용소에서 건져 올렸다. 사람이 죽어 절규하는 통곡 소리를 듣고도 외면했던 용소다. 내가 어릴 때 여러 번 잃어버린 검정 고무신도 용소를 거쳐 동해바다로 흘러 들어갔는지 모른다. 일탈을 꿈꾸던 내 검정 고무신을 동해까지 실어 날랐을 것이다.

이빨은 설악산 용아장성 송곳니 모양이다. 용의 이빨의 날카로움이 번뇌를 끊어준다. 하늘을 향해 눈웃음을 짓고 있다. 승천을 희구하는 미소인지도 모른다. 용의 미소는 나쁜 기운을 멀리하고 행운을 불러온다고 했던가. 갈증을 풀어주는 시원한 음료 같은 그 용의 미소를 늘 탁본하고 싶다.

보호령이 되어 내 몸에 붙어살면서 근엄한 미소를 짓도록 했으면 좋겠다는 생각을 자주 한다. 웅숭깊어 시퍼런 소는 용의 뱃속이다. 물이 섬뜩하다.

칼을 휘두르는 희광이를 보는 일 같이 오싹하다. 탐욕과 오욕을 씻어준다. 물길은 뭇 생명체에 젖을 대기 쉽게 자세를 낮추고 낮추었다. 물은 오직 섬길 뿐 겨루는 일 없다. 옥석을 품어 1급수다. 서식하는 물고기들은 천국에서 산다. 물속이 훤히 보인다. 떼 지어 유영하는 은어가 지느러미로 승무를 춘다. 뱀장어가 긴 상모꼬리를 흔들며 왕자답게 꽹과리를 친다.

피라미 떼가 전립을 쓰고 소고를 치며 머리채를 돌린다. 메기는 징을 치고, 꺽지는 장구를 친다. 풍물놀이와 교향곡 협연이 잔치를 벌인다.

물비늘 일으키며 우렁우렁 흐르는 물줄기는 용 등뼈를 닮았다. 용의 우두머리인 규룡 등뼈다. 용소는 결코 도도하지 않고 거만하지도 않다. 흐르는 물길이 영험하게 보인다. 좋은 일이 있을 법한 길상의 모습이다. 왕피천 150리 물길을 흘러오면서 수많은 골짜기 물을 하나로 합쳐 흘렀기에 서로가 그리워 물소리를 낸다. 수려한 계곡에 살다 바다로 가는 입신출세 '등용문'으로 흘러간다.

가파르고 까칠한 거대한 암벽은 백룡의 비늘이다. 비바람 거센 언덕 정수리에서 세월을 이겨내고 제 모습을 지니고 있다. 유달리 밝은 회색이고 미끈하게 닳은 바위는 백룡 속살이다. 바위는 화강편마암이라 표면에 줄무늬들이 나타나 아름답다.

끊임없이 풍화되고 깎여나갔다. 내줌으로써 만들어진 숭고함이 있다. 내주고 깎이는 일은 운명이지만 그렇다고 결코 풍화를 거역하지는 않았다. 풍파에 함몰되지 않고 용소 모습 그대로 당당하게 있는 바위가 경외하다.

겸재 정선 '겸재송'을 닮은 적송이 강한 생명력으로 용소를 지키고 있다. 용소는 우려한 산 그림자와 하늘을 정답게 안고 있다.

왕피천은 한강 이남에서 가장 오지다. 100여 종이 넘는 야생 약초와 산양, 수달, 큰고니, 흰 꼬리 수리 등 멸종위기 야생동물이 서식하고 있는 자연 보고다. 생태경관보전지역과 생태 관광 시범 지역으로 선정된 국가 자원이다.

듬성듬성 놓여 있는 용 알 같은 둥근 바위들이 고운 결을 드러낸다. 청수가 알을 휘감고 돌아가며 내는 후음은 실루엣이다. 알은 마치 연꽃같이 아름답다. 부처님 자취는 용소에도 있다. 청수에 연꽃이 살 수 없어 돌 연꽃을 피웠을 게다. 색깔 고운 연꽃처럼 포근함이 알을 타고 흐른다.

작은 돌에는 '줄각다귀' 잠자리 유충이 집을 짓고 있다. 유충을 미끼로 낚시를 하는 강태공이 되어본다, 바늘에 걸린 고기가 펄떡거리는 동화 같은 유년 추억 한편이 떠오른다. 가볍다고 작다고 업신여기지 않는다. 자신보다 가벼운 물체는 물 위로 띄운다. 교만한 일들과 타협하지 않는다. 무거운 물체는 가라앉힌다. 맑은 물은 평화와 청정한 왕피천 상징이다.

용이 흘린 침(涎), 용연향수가 나는 왕피천 물이 우렁우렁 흐른다. 물까마귀가 물고기를 잡으러 잠수를 한다. 잡힌 물고기가 살기 위해 입에 물려 몸부림친다. 언덕 위 높은 곳에 집으로 날아간다. 처음에 고기잡이에 실패한 물까마귀는 긴 숨비소리를 내고 다시 잠수를 한다. 건너편에 수달이 사냥을 하고 있는 용소 위에 뭉게구름이 산을 넘는다. 까맣게 바위에 붙어사는 고동이 노니는 모습은 유구무언이다.

용소 매력은 홍수 때를 제외하고 늘 비어 있음에 있다. 비워서 적당히 흐르는 물은 점잖아 품위가 있다. 비워야 비로소 채워진다는 지혜를 긴 세월 동안 터득했다. 비움은 통제할 수 없는 일에 대해 욕심을 버리는 행위이다. 주어진 환경에 만족하는 일이 비움 실천임을 용소가 알려준다. 받아들인 물만큼 내보내는 비움, 자승자박을 실천한다.

용소는 이곳에서 살다가 대홍수 때 승천했다는 전설이 서려 있다. 용은 운행운우를 자유롭게 하는 물을 다스리는 신이 아닌가. 용의 갈구는 승천하는 일이다. 용의 승천은 희망을 표상한다. 땅과 하늘을 오갈 수 있는 유일한 동물인 용이 살았다는 용소다. 그래서 상승하는 기운이 생기는 듯하다.

왕피천은 경북 영양군 수비면 금장산(849m)에서 발원하여 총 61km를 굽이굽이 동해로 흘러가는 물길이다. 왕피천은 산이 높아 유달리 협곡이 많다. 용소는 왕피천에서 가장 물이 깊고 협곡 멋이 빼어난 화룡점정이다. 오지 중의 오지여서 일부는 대자연이 원시 그대로 보존되어 무릉도원이다.

왕피란 명칭은 935년경에 신라 경순왕 때 마의태자가 모후 송씨와 함께 이곳에 피신을 왔다 해서 유래되었다고 역사가 전해주고 있다. 험준하고 접근성이 불편해 잘 알려지지 않는 명소다. 용소에서 5km 위로 가면 내 안태 고향이 있다. 입이 파래지도록 헤엄치며 놀았던 내 유년 보고가 있는 곳이다. 자주 가보지 않으면 그리움으로 남는 법이. 지금은 옛 보부상 길이 트레킹 코스로 복원되어 걸어서 가기 쉽다. 한 모퉁이 돌아가면 마법처럼 새로운 풍경이 나오고, 거친 암벽군은 주상절리를 이루는 곳이다.

나이가 들면 왕피천 용소 부근에서 살고 싶다는 생각을 하고 있다. 부처를 호위하는 용이 살고 있는 용소는 성지이기 때문이다. 성스러운 기운이 이는 초야에 묻혀 창조와 확장을 하는 삶을 살며 쓰고 싶은 글쓰기를 완성할 계획이다. 아리스토텔레스는 가장 탁월한 인간을 '은유하는 인간'이라 했다. 바라볼 때마다 신력 이는 왕피천 용소에서 은유하고 창작할 참이다. 상상의 동물인 용이 화현하여 승천을 할 것 같은 은유가 활발해질 것 같다.

왕피천 물처럼 앞섰다고 교만하지 않고 처졌다고 절망하지 않을 것이다.

용소가 유혹하면 어울리며 글을 쓰면서 작가의 길을 갈 것이다.

어머니표 농주

나는 유별이 막걸리를 좋아한다. 특히 산에 오르며 갈증이 날 때 경관이 좋은 곳에서 동료들과 마시는 별미인 막걸리를 좋아한다. 한 사발을 들이켜면 요기가 되고 흥을 북돋아 주는 마법이 들어있다. 쌀뜨물이 목청을 타고 넘어갈 때 남는 구수한 미각 때문에 가까이하고 있다.

막걸리 사명은 지치거나 신이 난 사람 체내로 들어가 기운을 북돋는 일이다. 마술같이 체내에 쌓인 피로를 씻어내 활력을 주고 과음하면 체벌을 가한다.

막걸리는 '마구 거른 술', 또는 '금방 걸러낸 술'이라는 설에 걸맞게 서민적이다. 이제 막 걸려서 신선하다는 의미를 지니고 있다. 원료 자체 맛이 살아있는 술이 농주다. 힘을 북돋워 주기도 하지만 정을 나누고 소통하는 마중물이다. 허기질 때 밥 대신 배를 채우기 위해 마셨다. 경사든 애사든 민족 희로애락과 함께한 우리 민족의 전통술이다.

집에 온 사람들에게 아낌없이 농주를 내주던 가난한 어머니가 생각난다. 평소에 정이 많으신 어머니는 막걸리에 정성을 담았다. 어머니표 농주였다. 우리 집에 사는 귀신이 만든 술이라 칭찬했다. 숙성 농주는 토종 효모 및 누룩이 독특한 맛을 내는데 여기에 어머니 솜씨가 보태진 것이다.

어머니는 농사일에 지친 아버지의 갈증 해소와 새참용으로 농주를 빚기 시작했다. 과음하지 않도록 6도 수준으로 도수를 낮추어 빚었는데 어머니 솜씨는 탁월했다. 들일을 마치고 집에 오신 아버지를 어머니는 손님처럼 마루에 앉히시고 익은 김치와 고기를 곁들인 술상을 내놓으셨다.

찰랑찰랑 넘치는 한 대접 농주가 아버지의 목젖을 타고 넘어가는 소리가 가슴을 시원하게 했다. 농주를 마신 아버지 표정이 밝아 오는 것은 어머니의 사랑 때문이었다. 어머니의 지아비 사랑은 시원한 농주였다. 그 농주에 떠 있는 두 분의 진한 사랑을 직접 보며 자랐다.

어머니가 빚은 농주는 유별나게 맛이 좋았다. 그 맛의 비결은 발효가 얼마나 어떻게 되느냐에 달려 있다. 어머니는 최상의 발효를 위해서 지에밥부터 고슬고슬하게 쪘다. 누룩을 섞어 버무리는 술덧 만들기, 항아리 소독을 위해 태운 볏짚, 참나무 장작불로 아랫목 지피기 등의 차별화 된 비법을 지니고 있었다. 술 항아리는 아랫목 구석에 담요로 감싸 7일쯤 숙성했다.

원료가 발효되면 '뽀글뽀글' 소리가 들리면 술 향기가 방안에 가득했다. 술 익는 소리는 신비의 소리가 되어 수만 가지 상상력을 하도록 만들었다. 앉은뱅이책상에서 공부하던 나와 동생은 향기 유혹에 못 이겨 동동주를 몰래 떠서 마시고 술에 취해 잠이 들기도 했다. 농주는 숙성의 기다림의 본질을 어린 나에게 시범으로 보여주었다. 익어가는 농주처럼 어린 나에게 느림과 기다림의 근육을 키우게 했다.

그 맛 덕분에 예고도 없이 찾아오는 손님들을 위해서 집에 술이 떨어지는 날이 없었다. 어머니는 농주를 미리 채에 걸러 누런 한 되짜리 주전자에 담아 놓고 일터로 가셨다. 특히 집에 아무도 없어도 외삼촌은 농주를 꺼내 대청마루에 걸터앉아 한 사발씩 호쾌하게 마시고는 일터로 갔다. 배는 부르고 술을 많이 마시기 싫을 때는 어머니표 농주가 제격이었다.

사흘이 멀다고 우리 집에 와서 농주를 맛있게 드시고 가는 분이 이웃 동네에 사시는 외할아버지셨다. 우리 마을 입구에 있는 논물을 보러 왔다가 자주 들리셨다. 맏딸인 어머니를 보고 싶은 마음도 있었고, 산골에서는 그것도 외출인지라 술이라도 한잔하고 싶은 생각이 있었을 것이다. 큰딸 집에 자주 오시는 것이 마음에 걸리셨는지 외할아버지는 방문 거리를 만드셨다. 동네 아이들이 미꾸라지를 잡느라 외갓집 논을 파헤쳐 놓거나, 지나가는 소가 벼를 먹은 자국이 있을 때면 우리 마을에 오셨다.

외할아버지가 오시는 날에는 우리 집이 보이는 동네 중간에서부터 외손자인 나의 이름을 온 동네 사람들이 다 들을 만큼 큰 소리로 부르며 오셨다. 외할아버지 목소리를 들은 어머니는 들에서 일하시다가도 집에 와 할아버지가 좋아하시는 고등어찌개와 농주를 대접했다. 친정아버지를 향한 딸의 정성이 담겨 있어서일까 술맛이 그렇게 좋은지 할아버지는 수염에 묻은 농주를 닦으면서 연신 즐거워하셨다. 술을 드시는 주법도 꼭 정승처럼 품위가 있고 멋이 있었다. 얼큰하게 취하시면 외할아버지는 나를 불러 술을 따르게 했다. 주법까지 배울 때는 외할아버지와 술을 마시는 기분이었다. 먼저 사발에 농주를 따른 후 새끼손가락으로 휘휘 저어 마셔야 한다. 술을 마신 후 손이나 소매로 입술 언저리를 닦는다. 끝으로 안주를 먹은 후에 "캬~ 술맛 한번 좋다"하고 고마움을 표시하는 것 등이 내가 배운 할아버지 식 주법이다.

외할아버지가 과음하는 날은 내가 15여 리 떨어진 외갓집까지 동행했다. 1급수인 왕피천을 가로지른 외나무다리를 건널 때 맑은 물속에 비친 외손자와 할아버지의 그림자는 그림동화처럼 아름다웠다. 내가 본 세상에서 가장 아름다운 모습을 꼽으라면 단연 농주에 취해 외손자와 손을 잡고 몸을 자유자재로 가누며 구연 시조를 읊으시는 외할아버지 모습이다.

술에 취하면 자유를 얻는다. 농주를 과음한 외할아버지 생각과 몸을 분리해 자유를 누리는 멋있게 만들어 놓았다. 혼이 빠지면 비틀거린다. 외할아버지와의 짧은 추억을 엮어준 농주를 그리운 미각으로 음미한다. 그나마 잊히지 않고 내 마음속에 살고 계시는 외할아버지를 기억할 추억 하나를 가지고 있다는 것이 참으로 다행이다. 내가 걸어온 인생의 길에 펼쳐 볼 수 있는 역사와 인문이 있다는 자체가 맛을 느끼게 한다. 맛 좋은 농주로 기운을 북돋아 주려는 어머니의 애정은 정성이었다.

외할아버지는 맏딸이 빚어준 마법 같은 농주를 마시며 정을 꿰었을 것이다. 농주를 마시는 것이 아니라 그리운 딸의 정성을 마신 것이다. 술지게미에 사카린을 넣어 비벼 먹어도 맛이 좋았던 그 농주. 가만히 지나간 기억을 만지면 그리움이 훅 끼쳐 온다. 지천에 꽃이 피고, 개구리 소리 가득한 인적 드문 왕피천에서 농주에 취해 흥겹게 노래를 부르시던 외할아버지와 노랫가락이 들려온다. 뻐꾸기 소리에 장단 맞춰 처량하게 부르시던 그 곡조가 가끔 내 귓전을 울리고 간다. 돌아갈 수 없는 것은 그리움 된다.

세월의 행간에 묻혀 진 어머니표 농주는 마시면 좋은 민족의 술이다. 인상 좋은 농주가 알싸한 향을 풍기며 달착지근한 맛을 낸다. 한 주전자로 여러 입을 대접하는 너그럽고 인정 많은 술이다. 오랜 정이든 푸근한 농주다. 삶을 음미하게 해주고 소박한 문화를 느끼게 하는 술이다.

바깥세상의 소리를 내놓는 술이며 내면의 세계를 경청할 수 있는 술이다. 술이 마중물이 되어 자신과 교감하며 내면을 조망할 수 있게 만든다. 마주하는 서로의 갈등이 풀리고 기쁨을 엮어주는 마법을 지닌 술이 농주다. 어머니표 농주는 마신 사람들을 자신이 원하는 세상으로 바꾸는 마법사다. 사람들을 웃게 만들고 화나게 만드는 신령스러운 재주로 마음대로 부린다. 술을 마신 사람들에게 희로애락을 누리는 능력을 덤으로 준다. 내가 어머니표 농주를 그리워하며 자주 찾게 되는 이유가 여기에 있다.

비 오는 날과 궁합이 잘 맞는 술이 농주다. 굴피집에서 빗소리를 들으며 도란도란 대화를 나누는 정겨운 마중물이 되어줄 그 농주가 그리워진다. 향수를 소환해 그 구수한 농주 미각을 음미하고 싶다. 비 오는 날 찌그러진 양은 주전자에 담긴 농주를 넉넉한 사발에 부어 미각을 음미하고 싶다. 농주에 담긴 어머니에 대한 그리움을 실컷 마시고 싶다. 어머니의 삶이 녹아있는 농주를 마시며 그리운 노스탤지어를 달래 본다. 어머니표 농주는 지쳐있는 몸과 마음에 수액처럼 에너지를 가득 채워 준다.

코뚜레를 씌우다

우리를 뛰쳐나온 엇부루기가 천방지축으로 폴짝폴짝 뛴다. 얼마나 바랐던 일탈이었으면 장독대 단지를 깨고, 보리밭에 뛰어들어 익어가는 보리를 망가뜨린다. 자기 다리를 다치기도 하고, 얼굴에 상처를 입어도 마냥 설친다. 놈을 우리에 가두기 위해 온 가족이 동원되어 한바탕 전투를 벌였다. 학습효과를 터득한 탓인지 엇부루기 망나니짓은 점점 더 심해져 갔다. 큰 사고를 치기 전에 아버지는 엇부루기 코뚜레를 씌우기로 결심하셨다.

잘 휘어지는 다래나무를 장작불에다 열을 가하며 둥근 코뚜레를 만들었다. 낫으로 매끄럽게 다듬고 윤기가 나게 사포로 문지른 뒤 참기름을 발라 처마 밑에서 건조를 시켰다. 엇부루기를 향한 사랑으로 코뚜레를 만들었다.

코뚜레 행사를 위해 외양간 빗장에 단단히 송아지를 붙들어 맸다. 돋아난 뿔을 붙잡아 꼼짝달싹 못 하도록 했다. 커다란 눈알만 멀뚱멀뚱 돌리며 모든 일을 체념한 채 순순히 몸을 맡겼다. 자기보다 힘이 세니 순종 하나 보다.

수소 콧구멍 제일 얇은 코청을 한동안 주물러서 감각을 둔하게 했다. 뾰쪽한 나무 송곳으로 빠르게 구멍을 뚫어 코뚜레 한쪽을 얼른 끼었다. 피가 흐르는 코에 된장을 바르며 어렵사리 엇부루기 코뚜레가 완성되었다. 퍽 괴로운 듯 고개를 쳐들고 침과 콧물을 질질 흘린다. 팔자에도 없는 나무꼬챙이에 코를 꿰인 수소는 무력하게 모두를 내려놓고 순응했다.

인간이 만들어 낸 욕심대로 송아지는 피눈물 나는 의식을 치른다. 송아지는 내어 줌으로써 사람이 정해준 운명에 순응하며 살아갔다. 힘이 좋은 녀석이라 밧줄도 닥나무를 잘 꼬아서 만들었다. 볏짚으로 만든 목줄인 굴레까지 두른 엇부루기는 온순하고 자유롭게 길들기 시작했다. 코뚜레를 한 엇부루기는 정진을 위해 참배하는 수도승처럼 조용해졌다. 모두를 내맡긴 듯 청진함을 유지하며 점잖고 조용한 중소가 되어 갔다.

코뚜레는 역사를 만들며 거의 사라졌다. 소가 사는 세상도 현대화되었다. 우리에 살며 일도 하지 않고 오직 고품질 고기를 제공하는 가금으로 있다. 역사를 잊으면 미래가 없다는 명제처럼 코뚜레가 주는 교훈을 기억했다.

코뚜레는 송아지의 자유를 억압하는 수단이 되고 말았다. 절대 복종과 굴욕을 강요하는 권력을 휘두르며 송아지를 부리는 코뚜레는 두려운 존재다. 반항 한 번 제대로 하지 못하고 자기 삶을 살아보지 못한 소가 불쌍하다.

누구나 살면서 구속되지 않은 자유를 누리고 싶어 한다. 씌워진 코뚜레와 굴레 탓에 원하는 만큼 자유를 누리기가 쉽지가 않다. 어떤 구애를 받지 않는다는 일은 마음이 불안정하여 방황하고 있을 가능성이 크다. 어쩌면 코뚜레가 씌워진 소처럼 조금은 구속된 삶이 편안할지도 모른다.

가정 울타리 안에서 벌어지는 엇부루기의 천방지축 행동은 가족 관심과 사랑 코뚜레 씌우기로 치유가 가능하다. 사회에는 자유와 인권까지 구속하는 코뚜레 씌우기가 존재하고 있다.

학령기에 하숙을 하느라 부모님 코뚜레에서 자유로운 엇부루기였다. 세상 어디론가 일탈하고 싶은 사춘기 방황도 부모님 반경에서 벗어나지 못했다. 코뚜레가 없어 천방지축 날뛸 수 있는 절호 기회도 많았다. 세상을 미처 읽지 못해 나쁜 유혹에서 겨우 헤어 나온 일도 있었다.

부모님이 씌워준 코뚜레 때문에 벗어나지 않았다. 코뚜레는 윤리로 강하게 뭉쳐있었다. 내 양심으로는 도저히 거역할 수 없는 종교 같은 존재였다. 몸이 아리도록 헌신하는 부모님 코뚜레를 거역할 수 없다.

회사생활은 규율과 요구사항에 절대복종해야 할 코뚜레가 버티고 있었다. 군대식 규율로 기강을 잡자 무절제했던 많은 엇부루기들은 이직했다. 낙인이 되지 않기 위해 회사 코뚜레인 표준화, 근무수칙에 충실한 사람이 모범사원이었다. 코뚜레에 꿰어 순응하며 회사생활을 했다.

무조건 금기시하는 코뚜레가 씌워 지더라도 불편하고 반항심이 생겼지만 참고 견뎌 냈다. 코뚜레는 마음대로 도망칠 수 없는 닫힌 세계지만 그 일이 오히려 안전한 삶을 영위하도록 했는지도 모른다. 민주화가 된 회사 코뚜레는 노사안정과 화합을 위해 크게 완화되었다.

같이 근무를 했던 한 현대판 계약직 여직원에게 씌운 코뚜레가 기억난다. 그녀는 대학을 마치고 직장을 구하지 못해 전전긍긍하던 중 인력모집 회사를 통해 내가 근무하는 부서로 입사를 했다. 처음 몇 달 동안은 성실하고 진지하게 근무를 했다. 앞서 입사를 한 선배들로부터 계약직 특성에 대해 자세한 사정을 알게 된 그녀 근무태도가 나태해지고 태만하기 시작했다. 연봉이 정규직 절반이라 열심히 근무할 필요가 없다는 식이었다. 비정규직인 그녀의 보이지 않는 태업이 시작되었다.

시간이 지날수록 정규직 직원들과 마찰을 일으키고 직원들과 소통이 어렵고 업무상 협조를 잘하지 않는 등 스트레스를 주었다.

그녀는 급기야는 담당 중역이 직접 지시한 견적 보고서에 수치 기재를 잘못하는 사고를 내고 말았다. 그녀 교육은 내 몫이었다. 코를 꿰어줄 상사이고 멘토가 되어 견실한 부서원으로 육성해야 했다. 주어진 일을 무조건 처리해야 하고 업무의 질이 향상되도록 교육했다.

눈치가 빠른 일이 오히려 장점이 되었다. 빠르게 적응할 수 있는 재능을 지녔기에 코뚜레만 잘하면 재목으로 쓸 수 있을법했다. 그녀 부모님과 면담하고 육성계획에 대해 양해를 구했다. 인격침탈이 가지 않는 수준에서 업무 가시덩굴에 들어가게 했다. 늪에 빠져 허우적거리게도 일을 시켜 보았다. 부모님의 그림자 지원과 관용과 격려가 마음을 움직였다.

회복 기간이 그녀에겐 더 큰 시련이었다. 평소 아무 눈치도 받지 않고 거리낌 없이 행하던 많은 일을 금기시해야 했다. 수시로 걸려오는 또래들 카톡과 인터넷 조회를 못 해 스트레스에 시달렸다. 몸은 회사에 있는데 정신은 이상향으로 수도 없이 넘나들곤 했다. 코뚜레는 복종을 강요하기 때문에 본인으로서는 무척 억울해했다.

다행히 그녀 시련은 오래가지 않았다. 1년이 지나 재계약 심사도 어렵사리 통과했다. 사무실 온 동료들이 관심을 가지기 시작했다. 당겨줄 끈 하나 없을 그녀 목에도 동료들 끈이 끈끈하게 매달려 있었다. 감내하기 어려운 일임에도 코뚜레에 꿰여 4년 근무를 무사히 마치고 퇴사를 했다.

소를 사람이 부리는 대로 따르도록 하는 도구가 코뚜레와 멍에, 굴레였다. 인간 사회는 윤리와 도덕, 규범으로 된 코뚜레를 씌어 행동을 규율하고 억압하고 있다. 질서유지를 위해 강제성을 띠어 따르도록 종용하고 있었다. 회사생활을 하는 동안 코뚜레와 멍에는 노력하여 쉬이 벗을 수가 있었다. 굴레도 쉬이 벗기지 못하지만 순응하니 억압에서 벗어날 수 있었다.

코뚜레는 옥죄는 수갑과 같은 역할을 했다. 영적 수갑은 통제하지 못하는 욕망에 빠졌을 때 씌웠다. 죄를 짓거나 명성, 권력, 영예를 추구할 때는 스스로 수갑을 채우고 다스렸다. 단추까지 잠그고 넥타이로 가지런히 묶어 마음을 정갈하게 하여 내공으로 다스려서 소기 성과를 거둘 수 있었다.

아버지가 만들었던 코뚜레를 소환하여 이참에 나를 다스리고 보호해 줄 새 코뚜레를 만들었다. 다래나무로 질긴 내 코뚜레를 만들었다.

코뚜레는 내가 잘못되는 것을 미연에 막아주는 장치다. 튼튼한 나무를 다듬고 참기름을 칠해 윤기 나는 코뚜레를 만들어 씌웠다. 참선과 올곧은 생활로 나를 엄하게 다스려가고 있다. 코뚜레를 씌워도 일탈과 방탕 생활을 영위하면 삶에서 사표를 낼 할 참이다. 인생의 굴레를 풀고 온순한 코뚜레를 씌워 2기 인생을 살아갈 참이다.

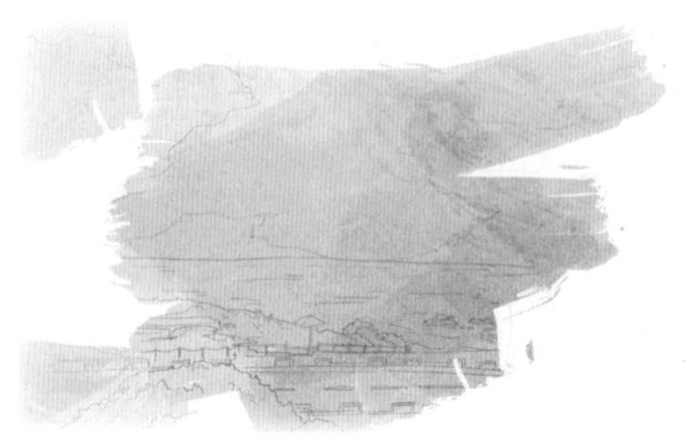

조상의 보호령을 느끼다

본격적인 가을이 오는 신호인가 스산한 비바람이 분다. 추석을 앞두고 모처럼 일가친척들이 모여서 조상의 산소를 벌초하는 날이다. 일가가 살고 있는 지역에서는 시조인 5대조 조상을 기리려고 벌초용 기금까지 조성하여 문중 모임도 하며 친선을 도모해 왔다. 통념상 관리하지 않아도 될 법한데 벌초는 시조를 중심으로 흩어져 살고 있는 일가들을 하나로 모으는 마중물이 되어주고 있었다.

1년 만에 5대조 할아버지 산소 벌초를 하러 길을 나섰다. 날씨는 여전히 가랑비가 내렸다. 묘까지 산 아래로 가파른 길을 만들며 미끄러지면서 내려갔다. 어차피 벌초는 산골짜기를 누비는 전쟁, '풀을 창으로 무찌르는 정벌'이 아닌가. 산 능선이 용처럼 힘이 넘쳤다. 산세가 솟구치고 수려했다.

인적도 없는 산길을 차로 한 시간 달렸다. 차를 세운 지점에서 다시 한 시간 동안 옛 부부상이 다녔던 길을 따라 걸었다. 무성하게 자란 나무에 묻은 빗물이 스며들어 온몸을 적시기 시작했다. 웃자란 나무를 헤집고 걷기란 여간 쉽지가 않다. 나뭇가지에 부딪혀서 앞다리가 상처투성이다. 살점에 피멍이 들고 바늘로 찌르는 듯 통증이 왔다. 얼굴이 간지러워 거미줄을 걷어냈다. 신선한 산속에 무단 침입한 자에 대한 벌이었다.

눈에 보이지 않던 거미줄이 얼굴에 걸렸다. 가랑비에 거미줄이 낭창거려도 미동이 없다. 천적인 맹수들이 사라진 뒤 왕으로 군림하며 숨어 있을 법한 멧돼지도 기척이 없다. 안개가 거세게 밀려와 산허리를 휘어 감았다. 시원한 물기가 침투하여 달구어진 살갗을 식혀준다. 오르락내리락한 산을 몇 번이나 넘었다. 여전히 안개가 깔고 있어 신선이 나올 법도 했다.

지척을 분간하기 어려운 짙은 안개가 두려움도 함께 몰고 왔다. 귀를 세우고 언제 덮칠지도 모르는 멧돼지의 두려움에 작은 소리도 거슬렸다. 으슥한 안개와 비바람에 나무 흔들리는 소리가 가랑가랑 들리자 두려움은 머리카락을 곤두세웠다. 두려움을 쫓기 위해 끝이 뾰족한 지겟작대기를 미리 준비했다. 끝이 창날같이 날카로운 지겟작대기는 나만의 무기다. 멧돼지를 쫓기 위해 지팡이로 나무를 두들겨 소리를 냈다. 두려움을 기기는 나만의 방식이기도 하다. 묵직한 피붙이가 내가 포기하지 못할 이유라고 느낌으로 말해준다. 마음에서 떨쳐야 할 두려움이 들어있기에 포기를 종용한다. 나를 두렵게 하는 방어기제를 강하게 할 에너지를 보충했다. 마음이 지쳐서 공감 에너지가 고갈되지 않게 내공을 소환했다.

산속을 걸은 지 30여 분이 지나고 있었다. 그 옛날 보부상이 다녔던 길을 빠르게 걸었다. 역사와 애환이 녹슬어 잠을 자고 있다는 느낌이 들었다. 탈출구 없는 가난을 벗어나기 위한 보부상이 되어 산길을 오갔을 것이다. 보부상들이 다녔던 길이라 사람 냄새가 남아있는 것 같다. 역사는 사라진 후에 빛이 나는 법인데 옛길에는 그런 흔적이 없다.

낙동정맥 등산객들이 드문드문 걸어둔 시그널이 바람에 날리며 사람 흔적을 알려주었다. 옛길마저 나무의 혈맥으로 엮어져 흔적을 지워가고 있었다. 해독할 수 없는 스토리텔링이 상상력을 타고 전개되기 시작했다. 역사의 유적으로 남을 꿈마저 포기한 지 오래된 듯 숲이 햇볕을 가렸다.

길에는 도토리가 마구 구르고 있었다. 먹이가 풍부해 멧돼지 위협은 줄었다. 그래도 길을 파헤쳐 공포감을 조성하고 있었다. 돼지가 물면 허벅지 보통 대동맥 손상으로 인한 과다출혈로 죽는다. 허벅지가 멧돼지의 어금니 높이와 일치하기 때문이다.

하늘을 볼 수 없고 후진도 없는 놈이라 높은 곳으로의 피난이 안전하다. 권총으로도 귀밑이나 심장을 정확히 맞추지 못하면 죽지 않는 공포의 멧돼지는 괴물이다. 비 내리는 숲속에는 온갖 버섯들이 축제를 벌이고 있었다. 근사한 은빛으로 세상에 나온 기쁨을 표출하고 있었다. 산길을 걸은 지 40분. 여전히 나무가 앞다리를 공격해 통증이 거세졌다.

묘지 흙은 다섯 색을 띠는 혈토였다. 참기름을 뿌린 것처럼 윤광하고 적당한 습기가 있었다. 기세 왕성한 용이 머물러 있던 못자리다. 양지바르고 산들이 다정하게 감싸 안아 주는 터였다. 젖무덤을 중심으로 따뜻하고 포근한 가슴 같은 명당이었다. 묘는 예외 없이 멧돼지들의 표지 훼손이 심했다. 멧돼지들의 놀이터가 되어 묘지 곳곳에 구덩이가 파여 있었다. 멧돼지가 나타날까 봐 긴장을 늦추지 않았다.

험한 산속을 오체투지로 헤매다 큰 보물을 찾은 듯 기쁨이 넘쳐 나왔다. 벌초를 하지 않아 무성하게 자란 풀이 산소를 가렸다. 산이 가지런히 서 있고 햇살 곱게 드리운 명소에 자리 잡고 있는 산소였다. 묘지를 가렸던 풀과 잡초들을 제거했다. 예를 갖추어 제를 지내고 음복을 했다. 웃자란 요지 주변 나무도 벴다. 조상의 보호령이 돌보고 있다는 생각이 자꾸만 들었다. 오는 길에 멈춰서 이야기를 나누고 있는데 발아래에 진귀한 송이버섯이 나타났다. 싸리버섯과 먹 버섯도 다량으로 채취했다.

보호령이란 나를 보호해 주는 영적인 에너지를 말한다. 보통 사람 눈에는 보이지 않지만, 심안(心眼)이 열린 사람 눈에는 보호령이 보인다 했다. 원초적 의미의 보호령은 조상이라고 했다. 성공한 사람은 대개 그 뒤에 보호령이 있다. 오래전 나는 삶이 너무 답답한 나머지 직접 보호령을 찾아 나선 일이 있었다. 젊은 패기와 자신감으로 겁나는 것이 없었다.

굴지의 대기업에 취직할 때부터 오만이 시작된 듯하다. 그러나 시간이 지나자 승진도 연이어 누락되고 하던 일도 우환이 겹쳤다. 빠르게 꿈을 이루고 싶어서 숨도 쉬지 않고 달렸지만, 번번이 실패했다. 그때마다 매번 엇길로 들어서 막다른 골목과 부딪쳤다. 한 번 엇길은 되돌아 나오기가 쉽지 않은 미로였다. 조상의 보호령은 정성으로 섬기는 마음에 존재했다.

눈을 감고 조상 '사생관'을 생각해 본다. 혼은 하늘로 가고 백은 뼈에 남아있다 했다. 후손이 사는 집인 양택과 조상의 음택이 서로 영향을 끼친다 했다. 뼈를 명당에 쓰면 후손에게 영향을 끼친다 했다. 뼈가 있는 산소를 돌보는 이유가 이러하다. 조상의 묘에 대한 정서는 점진적으로 약해지겠지만 후대에 이어질 것이다. 나는 명당에 묻힌 조상의 뼈에 남아있을 반가운 보호령을 몸으로 느끼며 일어섰다. 묘지를 벗어나 지천으로 깔린 싸리버섯과 먹버섯을 채취했다. 싸리버섯은 작년과 같은 장소에 나는 특성이 있어 쉽게 채취를 했다. 소똥처럼 군락을 이루어 자라고 있는 먹버섯을 다량으로 채취했다. 줄지어 나 있는 버섯으로 다가가 기웃거리며 살펴본다. 오묘한 버섯에서 신력이 일어났다. 색깔은 검지만 꽃처럼 아름답다. 진귀한 버섯을 두고 독이 있는지 의심하는 내 모습이 생뚱맞다. 먹 버섯은 제 몸을 나에게 주기 위하여 길게 줄 세워 자랐던 것인지도 모른다. 애써 조상이 준 보호령이라 생각했다. 귀한 보물 같은 일명 까치버섯에 몸이 반응했다. 송이가 나올 열흘 뒤를 기약하며 산소를 떠나왔다.

다섯 시간에 걸친 조상의 산소 벌초는 끝났다. 으스스한 멧돼지가 위협하는 산속에서 조상을 만난 것이 기쁨을 불러왔다. 조상의 음덕을 기리며 마음속으로 보호령을 느꼈다. 조상의 보호령은 자신의 마음먹기에 달려있다.

보호령은 침묵하는 참선이 필요했다. 내면의 참된 소리인 침묵에서 치유를 했다. 조상의 보호령에 귀를 기울이며 침잠하는 숭배를 한 벌초였다.

일가들이 모인 장소로 도착했다. 1년 만에 서로 잡은 반가운 손에 묵직한 혈육의 정을 느꼈다. 조상이 만들어 준 혈육의 만남이었다.

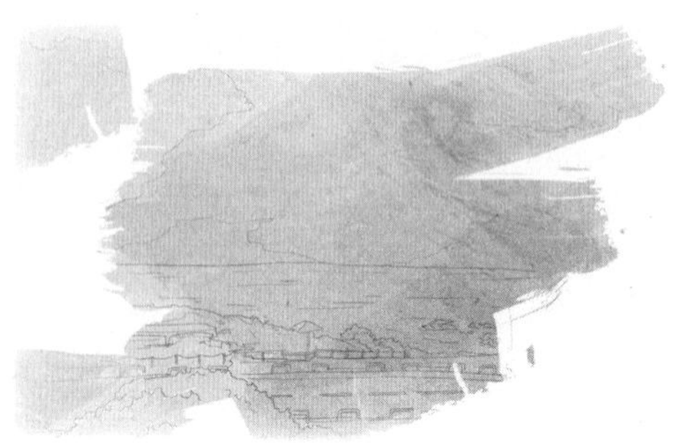

물곰국

속풀이 해장(解酲)을 하러 동네에 있는 탕 전문 식당에 들어갔다. 때마침 새로 나온 '물곰국'을 개시한다는 안내판이 보였다. 식당 벽면에 큼직하게 물곰 그림이 걸려 있었다. 아린 속을 치유해 줄 테니 주문을 하라고 종용했다. 눈을 껌뻑이며 검은색 지느러미로 날갯짓을 하며 유혹했다. 그물 모양의 물고기가 유난히도 큰 가슴지느러미를 살아있는 것처럼 움직였다. 바다로 탈출하고 싶다는 집념이 뜨겁게 달아올라 오기를 느끼게 한다.

못생겨 깜냥도 안 되는 놈이 나 잡아먹으라고 식탐으로 유혹했다. '못생긴 생선이 한 맛 한다.'는 누군가의 말이 생각나 호기심이 생겼다. 못생긴 흔적은 곳곳에 드러났다. 축 처진 입꼬리와 수염이 올챙이 같이 생겼다. 흐늘거리는 살결이 징그럽게 느껴졌다. 대가리는 유별나게 크고 기형이다. 두 눈은 머리 뒤쪽에 치우쳐 있었다. 괴이하게도 눈앞에 2쌍의 콧구멍이 나 있다. 주둥이는 짧고, 아래턱이 위턱보다 짧게 보인다. 등과 꼬리에 난 지느러미가 몸체 대부분을 덮었다. 어느 곳 하나 잘생긴 구석이 없는 생선이 유혹했다. 한때 홀대받아 바다에 버려졌던 생선이다. 못생긴 것으로 아귀와 대적할 만하다. 보기보다 곰국은 애간장을 녹인다. 연한 갈색 물곰이 야하게 나를 노려본다. 날 잡아먹으라는 눈치다. 주인아주머니도 물곰이 지느러미를 흔들 듯 자랑을 늘어놓고 간다.

내 고향 울진 바닷가 후포, 죽변에는 겨울철이 되면 '물곰국'집이 활기를 띤다. 널리 맛 소문으로 알려진 곳이라서 문전성시를 이룰 때도 많았다. 주로 묵은 김치를 넣고 얼큰하게 끓인 '물곰국' 별미가 전국적으로 유명하다. 한때 버림받던 생선이 몸을 풀어 맛을 내는 바람에 '어생역전'이 펼쳐지고 있다. 살을 풀어 사람 간을 해독시켜주는 물곰의 고귀한 희생정신이 부럽다. 물곰 자체가 시원한 맛을 내고 김치는 얼큰함과 씹는 맛을 더한다. 순두부처럼 흐늘거리는 식감은 미식가들을 현혹한다.

'물곰국'은 처음에 서민들이 많이 찾았던 음식이었으나 요즘은 뭇 식객들에게 인기를 더하고 있다. 일반적으로 곰치과 어종으로 두 종이 있다. 그중에서 메기의 사투리인 미거지는 동해안에서 잡히고, 또 다른 물메기는 남해에서 잡히는 차이가 있다. 비슷하면서도 종이 다르다. 미거지는 물이 차가운 동해서 서식하는데 물곰의 다른 명칭이다. 움직이는 모습이 곰을 닮았다고 하여 물곰이고, 메기를 닮아 물메기라 부른다. '공국'은 우려낸 맑은 육수에 물곰살과 콩나물, 미나리와 쑥갓 그리고 매운 고추 양념이 들어있다. 불에 푹 끓이면 물곰 살점이 휘휘 풀어져 얼큰한 맛으로 변한다. 남해에는 무와 대파를 넣는 물메기탕이 있다. 지방마다 넣는 재료가 다르다. 담박한 국물에 양념을 풀어서 끓이면 칼칼한 맛이 감칠맛 나게 하는 마법이 있다.

물곰과 거의 흡사하게 못생긴 토종민물고기로 멍텅구리라 부르기도 하는 동사리가 생각난다. 1급수에 모래색과 유사하게 변색해서 사는 어류다. 산란기에 '구구'하고 소리를 내고 가까이 다가가도 변색만 믿고 도망을 잘 치지 않는 대담한 고기다. 큼직한 그릇에 삼베를 씌워 통발을 만들고 그 안에 된장을 넣어 왕피천 물속 모래밭에 두면 동작이 느려서 어둔한 놈은 금방 가득 들어찬다. 살아있는 놈을 끓여도 느긋하다. 물이 끓기 시작하면 야단법석을 떠는 어둔한 놈이다. 우락부락한 못생긴 놈이지만 매운탕 맛이 담백하여 '물곰국'에 뒤지지 않는다. 오히려 뼈가 적고 살이 두툼해서 진하게 우려내서 '물곰국'보다 더 시원하다. 아버지는 해장으로 1급수 왕피천에 서식하는 동사리를 잡아 매운탕으로 드셨다. 빈농과 보릿고개가 겹친 동사리 매운탕을 자주 드시고 기운을 내신 것이다.

아버지가 유독 고집하는 양념은 울진 고춧가루다. 별다른 양념이 없어도 붉은색 고춧가루만 넣으면 매운탕 맛이 확 변해 식감을 높여준다. 동사리 매운탕을 먹으며 보송보송 땀을 흘려야 제 맛이 나게 끓인 것이다. 땀을 흘리며 맛있게 드시던 아버지의 충만한 얼굴이 떠오른다. 농사일로 새겨진 고난과 응어리를 아버지는 동사리 매운탕으로 씻어내고 있는지 모른다. 아버지 얼굴은 한결 푸짐해 보이고 넉넉해 보였다. 진땀 흘리며 동사리 매운탕을 먹던 고향 친구 얼굴이 향수를 타고 다가온다.

기다리던 '물곰국'이 나와 밥상 위에 놓였다. 전날 밤에 회식하면서 몇 차례 배회하면서 마신 술로 거북해진 속을 풀어야 할 시간이다. 알코올에 절여져 엉킨 간의 상태를 진단하기 위해 뜨거운 국물을 맛본다. 국물의 시원한 정도에 따라서 간이 상해진 정도를 가늠해 볼 수가 있다. 국물을 먹을 때 뱃속에서 반응하여 감탄사가 저절로 나와야 제대로 된 '물곰국'으로 쳐준다. '물곰국'맛을 본 첫 마디는 "카, 시원하다"였다. 뒤를 이어 그 말을 연발했다. 맛에 감동하면 내는 소리는 '카~'다. 식초 때문에 새콤한 맛이 났다. 식초에 절이지 않고 원액을 마셔 본다. 시원하고 칼칼한 맛이 입에 착착 감기는 맛이 마법 같다. 아린 속에서 '물곰국'이 제대로 살풀이를 하나 보다.

알싸한 감칠맛이 식도를 타고 아린 부위를 씻어 내는지 시원하다 못해 속이 뻥 뚫린 기분이 든다. 속을 씻어 내는 일은 쉬이 할 수 있는 일이 아니다. 아린 속을 씻어 내는 데는 '물곰국'도 한몫을 해준다. 간을 치유하고 아픔을 달래주는 '물곰국'으로 아린 속을 씻어 냈다. 얼큰하게 흡입한 뒤 땀을 시원하게 흘리면 속은 씻어진다. 맑아서 정갈한 탕이 아린 속까지 씻어 내는 재주를 가지고 있다. 먹음직한 살점 덩이가 탕 속에 떠서 식감을 유혹한다. 군침이 돌며 식욕을 북돋아 준다. 풍만한 식감이 혀를 타고 전해져올 때의 만족감은 온몸으로 전해져 온다. 간을 해독하는데 탁월한 효험이 있다는 국을 다투어 먹었다. 소문난 맛집이 되려면 '물곰국'처럼 독특한 맛을 품고 있어야 한다. 나는 진정 나만의 독특한 무기 하나는 품고 있는 것일까? 남에게 억눌림 당하지 않고 존경받을 무기 하나쯤은 품고 살아가라고 말해 준다. '물곰국'매력은 한 번 맛을 들이면 잊지 못한다는 데 있다. 한때 못생기고 맛도 알려져 있지 않아 버려졌다. 생선으로서 대접받지 못해 한과 울분을 품고 살아왔을 것이다. 자신을 알아줄 때까지 얼큰한 국물맛을 우려내며 인내했다. 소외된 서민이 고통을 알기에 즐겨 찾는 것이다.

푹 고아낸 '물곰국'은 서민들이 즐겨 먹는 음식이므로 정감이 더 간다. 바다에서 영양가 높은 먹이를 잡아먹은 후에 독특한 맛을 만들어 냈다. 살점과 영양분까지 우려내는 덕택에 소문난 맛 대명사가 된 건지도 모른다. 서러움과 소외 한을 보란 듯이 풀어 제치고 있다. 내겐 그런 용기가 없다. 관심과 인기를 얻기 위해서는 가진 모든 것을 풀어야 함을 설파한다.

누가 업어 가도 모를 만큼 맛에 흠뻑 빠졌다. 뱃속에서 그만 먹으라고 야단인데도 고집부려 배를 채운다. 보릿고개를 살았던 버릇 때문인지도 모른다. 어쩌면 먹는 것이 최우선 시절로 회귀한 것인지도 모른다. 임산부 배만큼 될 때까지 채우자 속은 푸근해져 오고 기분은 연신 환하게 밝아져 온다.

배부르고 등 따시면 만사가 평온한 법이다. '금강산도 식후경'이란 말이 나온 이유를 알 것 같다. 금강산 관광 갔어도 배고프면 소용없다. 보드라운 물곰 살과 얼큰한 국물이 해장 식감으로서는 안성맞춤이다. 포만감이 올 때까지 수저를 놓지 못한 것은 그 감칠맛에 반했기 때문이다. 살면서 물곰국처럼 남을 위해 속을 풀어준 기억이 없다. 살면서 물곰처럼 자기 무기 하나쯤은 지니고 살아가라고 귀띔해 준다. 나를 내려놓아 남의 속을 치유해 주는 명품 탕이 되라 한다. 인생 2막을 살아가며 물곰처럼 아린 속을 시원하게 풀어줄 비책 하나를 지니고 싶다.

제 2 부

현중인(現重人)으로 살면서

조국 근대화 기수

바다 냄새

담장에 대한 소고(小考)

직장의 신

산에서 만난 묘비

38년 현대중공업을 떠나며

조국 근대화 기수

오래된 앨범을 뒤지다 사진 한 장에 눈길을 멈추었다. 사진은 40년 세월 더께가 앉아 퇴색되어 있었다. 그때 나에게 기술을 가르쳐준 독일인 기술자와 첨단기계 앞에서 찍은 사진이었다. 회사는 세계 최대 선박용 엔진 공장을 지으며 독일에서 최첨단 기계 가공장비를 대거 수입했다. 사진은 기술이전을 받은 기계 앞에서 회사홍보용 다큐멘터리로 찍었던 사진이었다. 사진은 보이는 것 외에도 보이지 않은 추억을 생생하게 불러냈다. 금방이라도 뛰쳐나와 그때 일을 조곤조곤 이야기해 줄 것 같은 기세였다. 최첨단 기술 한국 태동을 알리는 기념비 사진이다. 베이비부머 세대가 주축인 조국 근대화 기수가 되었다는 증거이며 인생에 큰 변곡점을 담고 있었다.

선진 일류기술자로부터 언어장벽을 극복하며 기술전수를 받았다. 선진 경쟁사는 기술 기득권을 가졌고 경쟁자에게 쉽게 기술이전을 해 주지 않았다. 기계를 수입하며 기술이전을 계약서에 명기했지만, 알맹이 기술은 회피했다. 많은 시행착오와 집념으로 노력한 끝에 엔진 제작 기술습득에 성공했다. 선박용 엔진 공장에는 수많은 최첨단 가공 장비 설치가 완료되었다. 뒤를 이어 처음으로 선박용 대형엔진국산화 대첩을 이룩했다. 첨단기계장비는 기계공업의 꽃을 만들었고 조국 근대화 기수라는 칭호를 받을 만큼 일대 혁신이었다. 단일 엔진공장으로는 규모와 생산능력에서 세계 최고 수준이었다. 소재, 가공, 조립을 하는 종합기계공장이 탄생하였다.

조국 근대화 기수가 되었다. 국립부산기계공고 졸업이 준 선물이었다. 당시만 해도 한국기계공업은 철공소 수준에 머물러 있었다. 기계장비도 일제 강점기에 만든 선반, 밀링 정도였다. 선박용 엔진도 해외에서 비싼 외화를 지불하고 수입했다. 기계로 가공을 해야 할 만큼 큰 일거리가 없어 기계공업 육성 명분이 없었다. 기능공들을 기름쟁이, 공돌이로 부를 만큼 열악했다.

이 땅에 선박용 엔진공장을 지어 국산화의 꿈을 실현한다는 자체가 벅차고 사건이었다. 막대한 수입대체는 물론 기술자립의 시작을 알리는 쾌거였다. 초기라 시행착오가 많았다. 코에서 피가 나오도록 열심히 기술을 연마했다. 조국 근대화 기수 칭호를 받은 자부심으로 매의 눈으로 기술을 익혔다. 기능공이란 오명을 벗기 위해 처음에는 의사처럼 웃옷을 입고 근무를 했다.

사진은 조국 근대화 기수가 되기까지 스토리텔링을 끄집어냈다. 빈농 여파는 겨우 중학교를 마친 나를 상급 학교 진학 꿈을 포기하게 했다. 늘 그대로인 가난은 꿈도 내일도 보이지 않게 했다. 진학에 대한 포기는 절망을 넘어 운명까지 저주하게 했다. 직업훈련소에 들어가서 기술을 배우고 여건이 되면 고교진학을 할 생각으로 연합고사를 준비했다. 하늘이 도운 건지 운 좋게 국립부산기계공고 진학의 영광이 찾아왔다. 중학교가 시골에 있고 울진중학교 분교로 되어있어 꿈도 꿀 수 없던 일이었다. 분교지만 줄곧 성적이 우등생을 유지한 결과가 영광을 안겨주었다.

조국 근대화 프로젝트를 성공적으로 수행하기 위하여 구미 금오공고와 더불어서 대통령 의지로 세운 국립공업고등학교였다. 학비 국비 지원, 기숙사 생활, 산업체특례병역 특전, 장학금 지급 등 특전이 있었다. 전국 지역 안배로 900명이 합격했다. 입학 자격이 5%이지만 합격은 3% 안에 들어야 가능했다.

선별된 우수 교사와 시설에서 엄격한 군대식 규율로 조국 근대화 기수 과정을 이수했다. 나의 두 해 선배 때부터 900명으로 증원되고 국립부산기계공고로 개명되는 등 현대화된 교육 시스템이 완비되었다. 실습복 양어깨에 조국근대화기수 마크를 달고 6개월간 줄로 쇠붙이로 제품을 만들어 내면서 기초기술습득훈련을 했다. 교정에 한복판에 세운 기능 탑은 조국근대화기수가 되기를 종용했다. 3학년 초 정밀가공기능사(FIC) 자격증을 취득함으로써 인고의 일류기술인 학습 과정을 이수했다. 내로라하는 대기업에서 취업 요청이 쇄도했다. 선박 대형엔진을 만드는 현대중공업에 입사했다. 사무실이 아닌 현장으로 지원했다. 배움의 기회를 얻기 위해서였다. 회사의 배려로 산업체 특별군복무와 야간대학을 졸업했다.

신축한 세계 최대 기계공장에서 최첨단기계로 초정밀 선박 엔진을 만들었다. 영문으로 된 두꺼운 기계 매뉴얼과 씨름하며 기계장치를 이해하는데 많은 시간이 걸렸다. 야근과 생소한 컴퓨터 프로그램을 이용해 1/1,000mm 공차 초정밀 제품을 만들어야 하는 일 또한 힘겨웠다. 천직을 위해 온몸을 던졌다. 엔진을 만드는 소재는 크게 주물품과 단조품, 제관품으로 나누어진다.

주물은 고철을 전기로인 용해로에서 녹인 쇳물을 제품의 모형을 뜬 틀에 부으면 만들어진다. 단조품은 제철소에서 만든 Ingot을 구매하여 가열로에서 가열 후 프레스로 두드려서 원하는 제품을 만든다. 제관은 강판을 구매하여 전처리 공정과 도장을 한 뒤 절단, 제관 용접을 하여 만든 제품이다. 큰 엔진은 아파트 3층 크기와 맞먹는데 외벽은 제관품으로 프레임을 만든다. 선박의 구동장치인 엔진은 초정밀제품이어서 쇠에 조그마한 결함이 있어도 불량품으로 처리한다. 항해 중에 가장 핵심인 엔진이 고장 나 대형사고가 발생하는 것을 미연에 방지하기 위해서였다.

선주들이 지정한 검사기관에서 진행되는 공정마다 검사를 실시했다. 엔진에 사용되는 금속은 합금이 대부분이었다. 내구성이 강해야 강한 열과 압력에 견딜 수 있기 때문이다. 불량품은 초기에 많았으나 일정한 시간이 지난 후로는 거의 발생하지 않았다. 그만큼 기술적응이 빨랐다는 증거다. 선박용 엔진 한 대 가격이 낮게는 250만$에서 1천만$ 수준인데 우리 손으로 직접 만들어 냄으로써 현대화 발판을 마련했다. 그동안 선박용 엔진은 덴마크나 스위스 등에서 수입해왔다. 엄청난 외화 유출이었다.

세월이 흘러 후배들을 지원하는 관리자 길을 걸으며 조선 산업의 현대화를 위해 기수의 역할을 했다. 조선업 위기가 봉착되어 2016년 12월에 부장으로 명퇴하기까지 근 38년간 줄곧 선박용 엔진을 만드는 근대화와 현대화 기수로서 일익을 했다. 생산, 영업 기획, 사업기획 업무를 수행했던 회사였다.

현대엔진은 상선용 세계엔진 시장 35%를 지배하고 있다. 재직기간 중 1억5천만 마력 엔진을 생산하여 부동의 세계 1위 자리를 지키고 있다. 현재 내가 제작에 참여한 5,600여 척 선박이 세계 오대양을 누비고 있다.

애국하는 일은 국가 이익과 안녕과 발전에 도움이 되어야 한다. 시대에 따라 관점을 달리해도 역사적으로 볼 때 나라가 어려울 때 많은 애국자가 탄생했다. 독립운동가, 중동파견 근로자, 월남 파병 용사, 산업 전사와 간호사, 국제대회 메달리스트 등이 주인공이다. 애국의 길은 범상하지 않은 희생과 헌신이 있어야 가능했음을 역사는 말해 주고 있다. 한국 근대화과정은 험난했고 애국정신과 강력한 카리스마를 가진 지도자가 있었기에 가능했다.

조국 근대화는 5천 년 농경 산업을 고도성장 나라로 바꾸는 혁신을 가져왔다. 가난한 젊은이들을 조국근대화의 기수로 육성해 중산층으로 격상시켰다. 조국근대화의 기수 글자는 박정희 대통령이 일필휘지로 쓴 휘호다.

조국번영에 대한 열망과 포부를 엿보는 명제라 생각한다. 기수는 앞장서서 이끌고 나가는 사람을 칭한다. 글로벌화 시대에 맞는 새로운 애국심을 요구받고 있다. 최고가 아니면 도태되는 치열한 경쟁세계다. 맡은 일 완성도를 더 높이는 노력이 대응책이다. 조국은 세계화 기수를 필요로 하고 있다. 2기 인생, 세계화 기수에 글 작가로 도전했다. 이 또한 애국이 아닌가.

바다 냄새

저녁 식사 모임이 있어 방어진항에 갔다. 바다에 어스름이 깔리자 배들이 불을 밝히기 시작했다. '방어 등대'까지 빛을 내뿜자 바다는 화려한 옷으로 갈아입었다. 불빛이 앙상블을 이룬 심연의 방어진항은 무릉도원이었다.

바위 사이로 엉금엉금 기는 바닷게 한 마리를 잡았다. 여름 바다 냄새가 코끝을 자극하고 저만치 날아갔다. 잊어버렸던 기억들이 살아났다.

내가 근무한 회사 사무실은 바닷가에 인접해 있었다. 창문을 열면 소금기를 머금은 바다 냄새가 훅하고 스쳐 갔다. 특히 해일이 이는 날, 바다 냄새는 강렬하게 났다. 바다 냄새로 인하여 기분이 상쾌해진다. 음이온이 발생되어 몸의 생리기능을 증진하기 때문이라 생각된다. 바다 냄새는 인체 내 해로운 물질을 소거해가는 신력이 들어 있는지 모른다. 마법처럼 정신을 맑게 하고 기운을 북돋아 주는 바다 냄새가 신통했다. 마음을 다스리는 시간을 가지도록 종용했고 자잘한 사유까지 가지게 했다.

내려다보이는 바다 가운데는 갯바위가 종처럼 있다. 너울이 덮쳐도 갯바위는 파도를 부수고 모습을 의연하게 드러낸다. 갯바위를 보면 마음이 편해지고 경배를 느끼곤 했다. 보이지 않는 마법과 샤먼을 숨기고 신비를 더해 주는 갯바위는 아린 생채기와 어지러운 마음마저 치유해 준다. 갯바위는 힘겹고 외로운 회사생활을 무던하게 영위하게 한 물상이었다.

사무실 유리창 너머로 짐을 가득 실은 배가 바다를 가르며 달려가는 풍경은 한 폭 그림 같다. 보이는 바다는 죄다 아름답게 보였다. 커피를 마시며 눈길을 주면 헤엄쳐 온 파도 후음이 바다의 교향시를 읊어 주곤 한다. 바다 냄새를 싣고, 시원한 바람과 다양한 쪽빛 색깔을 담고, 지나가던 뱃고동 소리까지 담아 자연이 만들어낸 협주곡을 들려주곤 했다. 바다는 늘 변화무상했다. 파도가 심하게 밀려와 방파제에 부딪히는 날이면 바다 전체가 출렁이며 마치 지진이 난 듯 무섬증을 일으키곤 했다. 바다가 포효하는 날 파도는 해일을 넘어 재앙 수준으로 밀려오곤 했다.

해신을 달래는 굿을 안 하고 제를 올리지 않아 거센 파도가 울부짖었다. 옛날 한때는 심한 해일이 공장을 덮쳐 가동이 중단되는 사태가 벌어진 적이 있었다. 그때 진한 짠맛의 바다 냄새가 한동안 공장 안에 진동했었다.

성난 파도는 바닷길로 출퇴근하던 직장 동료의 목숨을 앗아 갔다. 파도의 비수를 맞고 높은 방파제 아래로 떨어져 젊은 나이에 운명했다. 인근 초소에 근무하던 회사경비가 발견했을 때는 숨을 거둔 뒤였다. 콘크리트 바닥에 떨어지면서 뇌진탕에 이어 익사로 최종 판명되었다.

사람의 운명은 하늘이 정한다 해서 인명은 재천이라 부른다. 그가 자살했다는 것은 신뢰하기 어려웠다. 명을 다해 하늘이 데려간 거라 믿기로 했다. 누구도 예측 못 한 그의 영혼을 저승사자가 몰래 앗아갔다 치부하기로 했다. 나에게 건넨 "먼저 퇴근한다."는 인사가 마지막 이별이었다. 내일 회사에서 만나자는 예고를 하고 퇴근한 그였다. 이별하지 못하고 떠난 사람은 참으로 애석하고 안타까운 사람이다. 그가 그런 부류였다.

기구한 운명의 장난이었을까? 그와 나는 며칠 전 이별 예행연습을 했었다. 청빈하고 착실한 가장인 그와 나는 오랜만에 술집에서 과음을 했고 광란의 밤을 보냈다. 우리가 보낸 운명의 그날 밤이 그를 저승으로 보내는 송별회가 된 것이 나를 끝까지 슬프게 했다. 운명은 하늘만이 정할 수 있는 일이라고 했는데 우리들 몰래 그의 죽음은 예정이 되어 있었다. 목이 터지라고 노래를 부르며 마음속에 남겨진 괴로움을 죄다 떨쳐 버렸다. 회포를 풀며 우리는 하나가 되어 멋진 우정이 남아 있음을 확인했다. 졸지에 부군을 잃은 그의 아내의 구슬픈 울음소리는 사무실까지 한참 동안 머물다 갔다. 나의 격한 슬픔까지 대신해 준 그의 부인은 실신을 했다.

애달픈 모습을 바라본 하늘이 도운 것인지 다행히 능력이 있는 사람의 도움으로 산재보험 처리가 되어 생계보상을 받았다. 그가 평소 회사 내에 있는 바닷길로 출근했다는 사실이 증거로 채택 되어 산재처리가 되었다. 편철해서 보관 중이던 회사 간이 소식지에서 그가 쓴 글을 찾아냈다. '나만의 출근길'은 그가 남긴 유서가 되었고 사내사고 임을 증명했다. 내가 편집장으로 있으면서 원고청탁 주제를 주고 부탁을 해서 쓴 글이었다.

그가 평소 사고가 났던 그 길을 따라 출퇴근을 했다는 사실을 알고 있었다. 실상은 그의 이야기를 듣고 내가 재구성하여 글로 옮긴 글이었다. 그래서 자료도 쉽게 찾아냈다. 가족의 자료 요청을 받고 많은 고민했다. 회사 상부에도 보고를 하고 내 단독 책임 하에 자료를 가족에게 넘겨주었다. 죽은 사람은 말이 없었지만, 펜의 힘은 대단했다. 사건은 중대 사고가 아닌 개인사고 처리로 하려 했다. 회사의 책임 회피를 위한 위협에 굴하지 않고 양심으로 고인 가족을 도운 것이 조금은 위안이 된다. 인사상의 불이익을 감수했지만 실제로 몇 해 동안 불이익을 당해야 했다.

산재로 인한 회사의 명예가 실추되고 회사에 도움이 되지 않는 반역을 했다는 벌칙이었다. 조직의 쓴맛을 본 나는 받아들이며 인내를 해야 했다. 노동조합원이면 노조가 나서겠지만 관리자는 이럴 때 비애를 많이 느꼈다.

울분에 찼던 바다를 증오하며 한동안 바닷가 근처에 얼씬도 하지 않았다. 그러나 출근하면 바라보이는 무시무시했던 바다 냄새가 나를 유혹 했다. 집요한 유혹이었다. 바람에 실려 온 바다 냄새에 속수무책으로 넘어가고 말았다. 바다와 하늘이 닿아 있는 수평선과 배를 몇 척 띄운 잘 그려진 그림으로 유혹했다. 석양이 지는 바다는 짙푸른 색감으로 깊은 물속을 만들어 삶의 그윽함을 갖게 했다. 바다 냄새는 나를 꼬드겨 치유를 했다.

유혹하는 바다는 늘 한결같은 은은하고 마력 같은 바다 냄새를 지니고 있다. 보이는 바다는 그저 바다지만 마음속 바다는 종교처럼 영향을 주었다. 토테미즘에 익숙해 있는 나의 정서는 서서히 종교로 굳어가고 있었다. 나를 끌어내는 마력이 혼돈의 내 서정을 달래고 치유하기 시작했다.

밤이 이슥하여 방어진항 선박의 불빛은 흘수선을 넘나든다. 사위가 밝은 불빛은 장차 내가 지닌 난관을 뚫는 희망의 등불이 될 것이라 믿었다. 바닷가재에게 물려 전해져 온 압정 같은 아픔을 안고 회식 자리로 향했다. 가족보다 더 많은 시간을 보내는 회사 동료들과 회사생활의 회포를 풀었다. 저마다 묻어 둔 대화를 나누며 건배를 외치는 회식은 나눔의 자리였다.

바다 냄새는 동료의 죽음을 소환했다. 그 냄새를 따라가 본다. 그와 마주 앉은 술상이 보이고 통쾌하게 웃는 모습이 보인다. 그 풍경 속에 느껴지는 우정 그리고 멋이 느껴진다.

회 한 점을 입에 넣는 순간, 그가 주고 간 친숙한 그리운 맛이 났다. 그가 몹시 그리워진다는 것은 그와의 우정이 그리운 것일 것이다. 바다냄새로 가득한 식단을 마주하며 그의 트라우마에서 벗어났다.

알싸한 원초적인 바다냄새를 맡기 위해 다시 회를 날것으로 먹어 본다. 심해에서 건져 올린 싱싱한 회가 혀끝에서 향긋한 바다냄새를 가득 풍기기 시작했다. 그윽한 미각이 미동도 하지 않고 내 혓바닥에 머물러 있다. 쓴 소주를 마시자 뱃속은 마술 같은 율동을 시작했다. 파도가 쏴 하고 밀려오자 바다 냄새와 겹쳤다.

담장에 대한 소고(小考)

내가 40년 가까이 근무했던 현대중공업의 상징이자 울타리 격인 돌담은 세계에서 가장 큰 조선소를 끼고 길이가 무려 5km에 이른다. 길이 5,530km, 중국의 안전과 부(富)를 지키려 했던 만리장성을 연상하게 하는 이 담장 위는 기왓장을 이고 있다. 벽면에는 석공에 의해 잘 다듬어진 올망졸망한 돌들이 콘크리트와 결합하여 고풍스러운 멋을 창출한다. 기와를 머리에 얹었으니 민가로 치면 분명 지체 높은 부잣집 담장이다. 덩굴장미를 비롯한 각종 아름다운 식물들이 계절에 따라 장식하고 있다.

어느 부잣집 담장 넘어 곱게 피었던 장미의 모습이다. 눈길 주는 곳마다 고개를 내밀고 있는 꽃들이 고운 풍경을 연출하는 조경은 가히 일품이다. 담장 안에서 일했던 내가 왠지 행복하다는 생각이 절로 나게 한다.

담장과 울타리는 인간이 거주지를 정하고 정착 생활을 하게 되자 적의 침입으로부터 방어를 하고 외부와의 경계를 표시하기 위하여 만들었다.

교도소 높은 담장과 과거 관공서 높은 벽의 일례처럼 흔히 단절과 불신, 폐쇄성의 상징으로 표현되기도 한다. 내가 소시 시절이었던 1970년대만 해도 시골 동네는 돌담이 여럿 있었다. 비록 가난하고 촌스러운 맛이 들고 예술성이 없었지만 보일 듯 말 듯 어른들의 어깨만 하여 까치발을 세우면 옆집의 툇마루까지 볼 수 있었다. 동생을 등에 태워서 이웃집 마당의 감을 딸 수 있을 만큼 아담한 담이었다. 나무와 돌, 흙이 담장의 재료로 사용되던 서민 주택의 울타리였다.

이웃집 마당의 무화과며 감 석류를 딸 수 있을 만큼 낮았다.

돌담이 없는 곳에는 험상궂은 가지 탓으로 귀신도 못 빠져나간다는 탱자나무 울타리를 쳤다. 그 사이로 개구멍을 내고 드나들었던 정 구멍이 있었다. 그저 내 땅임을 경계하는 뜻이 전부였다. 이웃과의 마음을 활짝 열고 바람이 넘나들 듯 정을 속삭이고 전해주던 열린 담이었다.

전통적인 담장은 방어와 경계 표시를 위한 기능 이외에 생활상을 드러내지 않으려는 은둔적 취향을 내포하고 있다. 자연과의 적절한 조화를 이룬 인공미를 극대화한 예술적인 장식미가 가미되어 있다. 해인사 원당암, 소쇄원 계곡 위의 담장, 경복궁 자경전 서쪽 담. 도산서원 토담, 부석사 토담이 대표적이다.

집과 절이 있으면 담장은 필수적으로 쌓아야 조화가 이루어지는 법이다. 1970년대 새마을 운동이 시작되면서 초가집과 전통 돌담은 사라졌다. 골목길 좌우에는 높은 맞춤식 시멘트 블로크 담장으로 탈바꿈했다. 담장 위에는 하나 같이 깨진 유리 파편을 꽂아 두거나 철조망을 둘둘 말아서 올려 둔 경우가 많았다. 좀 부유한 집은 뾰족한 쇠창살로 무장된 요새 같은 무시무시한 방어막을 만들었다. 그 결과 이웃들과 마음의 담을 쌓게 했다. 소통이 멈추어 버린 담이 되어 삭막한 흉물로 전락해 버렸다.

내가 중국 북경에 출장을 갔을 때 유별나게도 높은 담이 많다는 사실에 놀랐다. 평균 높이 11m의 붉은 담이 쳐진 자금성(紫禁城), 중국 지도부가 많이 사는 중난하이(中南海), 전통 가옥 사합원(四合院), 무장 경찰이 지키는 각종 관공서 등은 모두 높은 담장에 파묻혀 안을 들여다볼 수가 없었다.

사무실도 공간을 나눈 칸막이가 유난히 높고 또 많아 쉽게 안을 들여다보기가 쉽지가 않았다. 그런 전통과 환경 탓인지 회사 영업상 거래되는 중국인의 담을 넘기는 상당히 까다롭고 성사시키기가 쉽지 않았다.

중국 회사에선 직위가 높아도 부하 직원의 칸막이 안을 들여다

보지 않는다. 상사가 부하의 담을 넘어 모든 것을 알게 되면 중국식 업무의 틀은 망가진다는 것이다. 중국인의 담과 담 사이를 연결하는 것이 사적으로 구축된 인간관계인 '관시(關係)'다. 중국인의 대부분은 관시를 통해 외부와 연결되어 있고 이를 통해 특유의 관계는 지속된다. 개인적 연결망이 거미줄처럼 얽혀 있는 중국 사회는 그래서 비밀주의와 개인주의가 극성을 부리고 사회주의 정권이 유지된다는 느낌을 받았다. 담은 민주주의 잣대라 할 수 있다.

거대한 땅과 풍부한 물자 덕에 담을 쌓아 내 것만 차지해도 충분하다는 의식이 뿌리 깊다. 장점을 감추고 단점을 보완하는 도광양회가 말해준다. 중국은 마음속에 담을 쌓아 자신을 쉽게 드러내지 않으면 괜찮은 사람이다. 자신의 재주를 과시하며 남을 업신여기는 이는 팔불출 취급을 한다.

세계의 중심이라는 의미에서 천하(天下)라는 관념이 만들어졌다. 중국인들은 중화주의 민족주의 자부심을 곧잘 내세우며 우월성을 나타낸다. 한때 개방정책으로 끌어들인 외국자본으로 부를 챙겨 성부(城府)의 담을 쌓았다. 고려사 왜곡 등 이민족의 역사를 자신의 역사 안으로 끌어넣어 담을 쌓으려 하고 있다. 밖은 원만해도 속은 깊고 지혜로운 담을 쌓고 있다. 모든 산업부문에서 세계를 향해 강력하고 무서운 도전의 담을 쌓고 있다.

중국도 경제발전과 삶의 수준이 커질수록 우리가 그랬던 것처럼 노사관계 벽은 높아질 것으로 전망된다. 높은 벽을 무너뜨리기 위한 사회적인 홍역이 전망되지만 강한 사회주의 체제로 세계

정복 야망은 계속되고 있다.

담장은 소유권 표시로서의 대지 경계선 확정과 불순한 외부인의 침입 방지, 재산의 불법 외부 유출을 차단하는 역할을 한다.

부자들이 그들 소유 재산을 침해당하지 않기 위해 담장을 높게 쌓고 있어 양극화 등 사회문제를 야기 시키기도 한다. 재산을 사회에 환원하는 시도가 증가추세고 자발적인 담 낮추기 분위기가 확산되고 있다. 머잖아 우리 사회의 담장도 점점 낮아질 것이라 여겨본다. 노사관계의 벽도 우리의 전통적인 돌담 수준 이하로 낮추는 노력을 서두르고 있다. 쉽지 않지만, 담장이 낮아지는 추세는 지속 될 전망이다.

보이지 않는 다툼 담들이 상존해 있고 경쟁사들의 거센 도전을 받고 있다. 근자에 들어서면서 허물어지고 있는 우리 사회 전반에 걸친 각종 장벽의 담장이 시민과 관공서 간의 꽉 막혔던 마음을 다시 연결해 주고 있다. 노사와 계층 간의 담장을 더욱더 낮추고 화합의 마당을 공동으로 사용해보려는 노력이 확산되고 있어 고무적이다. 담장이 나지막하거나 없어서 집안이 훤히 보이는 분위기가 확산되고 있다.

탈무드에는 '1m의 담장이 100m의 담장보다 낫다'고 적고 있다. 1m 담장보다 100m 길이의 담장이 쉽게 무너질 수 있기 때문이다. 우리는 모두 마음의 담장을 쌓고 살아가고 있다. 방어벽이고 소통을 가로막는 벽이다. 내가 쌓은 내 안의 담은 어떤 모습인지 궁금하다. 내심은 담이 높은 편이라 여긴다. 인생 2기에는 마음의 담장만큼은 낮추려 하고 있다. 담장을 두고 음식에 정을 주고받을 수 있는 아담한 담을 희구하고 있다.

서로에 대한 이해가 장미꽃 넝쿨처럼 타고 넘는 담이면 좋겠다. 배려가 봄바람처럼 넘나들 수 있고. 협력이 등불처럼 비칠 수 있는 낮은 담이면 만족한다. 담을 쌓기 위한 예술적 감각을 키울 참이다. 잘은 몰라도 내 안에도 아직은 높다란 담장이 존재하고 있다. 나이를 먹으면서 나도 모르는 사이에 조금씩 높아지고 단단해져 가는 커다란 담장이 가슴 한복판에 존재하고 있다. 지나친 내 방어 담이고 불통의 담이다.

담을 부술 망치를 열심히 만들어 벽을 낮추어 가는 노력을 게을리하지 않고 있지만 쉽지만은 않다. 아름다운 사람들의 정이 오갈 수 있는 나만의 담당을 쌓고 싶다. 나지막하여 집안이 훤히 보이는 집을 지어 담장 안의 발갛게 익은 열매로 정을 나누고 무언의 속삭임을 나누고 싶다.

현대중공업을 에워싸고 있는 장식미가 곁들어진 성부의 고풍스러운 돌담을 주시해 본다. 긴 불황을 떨치고 굴지의 유소작위(有所作爲)를 기원해 본다.

직장의 신

서울에 직장이 있는 작은아들이 주말에 내려온다고 전화가 왔다. 떨어져 살다 보니 피붙이라 보고 싶을 때가 많다. 그리움 뭉치가 허파를 뚫고 허공으로 달아난다. 유독 관심이 많이 갔던 막내가 울산을 떠나 서울에 정착한 지 2년이 지났다. 사회 초년생으로 4차 산업 핵인 3D프린터 전문회사에 다녀 안심이 되었다. 늘 원하던 서울에서 직장생활이었다. 자식은 부모와 멀리 떨어져 살아야 잘 산다. 그래도 대화를 할 때마다 노래 가사처럼 물어본 근황이 막내를 걱정하는 내 관심이라는 사실을 알았다.

둘째는 국립대를 중퇴하고 경찰관이 되기 위해 경찰학과가 있는 대학에 진학해 졸업을 했다. 꿈은 쉽게 이루어지지 않았다. 현실과 희망이 괴리되어 몸살을 앓았다. 그는 어디론가 몰래 탈출과 자유를 꿈꾸고 도망치고 싶었을 것이다. 부서진 병 조각이 햇살에 더 반짝이듯이 그는 세상의 벌을 받고 있었다. 세파의 격랑을 이겨내려는 아들의 노력은 여러모로 역부족이었다. 좁은 고시 학원에서 공부를 하다가 망가져서 폐인이 될 줄은 까맣게 몰랐다. 모든 꿈을 접고 휴양을 시켰다. 본인이 하고 싶은 일을 찾느라 몰두했다.

어릴 때부터 소질이 있었던 캐드(CAD) 전문학원에서 기술을 익히게 했다. 미래직업으로 가치가 있는 회사에 근무하면서 IT산업 미래를 파악했다. 2년 가까이 경험을 쌓아 4차 산업 핵인 3D 프린터 회사를 택했다. 3D프린터는 3차원 도면 데이터를 이용해 입체적인 물품을 생성하는 장치다. 일반 프린터와는 다르게 손에 쥐는 3차원 물건을 복사해 내는 기계다. 3D프린터를 작동시키는 프로그램을 작성하고 설치 유지보수 일을 하는 전문회사에 입사했다. 자신의 적성에 맞는 직업에 뿌리를 내린 것이다.

처음에는 미래에 대한 전망을 두고 갈등도 겪고 고민을 많이 했다. 그의 고민이 장차 생존하고 어려움을 극복하기 위한 무기가 되었다. 이상과 현실 차이 간격을 좁히려는 노력을 경주하면서 많은 방황을 했다. 자율적이고 자기 방식으로 사회에 기능하게 되는 자아 분화와 싸워 이겼다. 다양한 문제대처방식을 인지

하면서 자기 가치감이 높아졌다. 그가 자율성과 자주성을 향하면서 겪은 시련은 인생에 마중물이 되어 줄 것으로 믿는다.

적성을 직업 적절성 판단기준으로 삼으라고 멘토를 했다. 아들이 가진 욕구에 깊은 관심을 가지고 지켜보면서 내공을 기르도록 격려했다. 그의 힘들었던 과거 수용은 현재를 극복하고 능력 향상의 힘이 되었다. 그의 강한 집중은 자신감을 주어 어떤 도전에 대한 믿음을 갖게 했다. 그에 대한 강한 가족의 지지와 사랑은 고독과 소외감을 억제해 주었다. 덕분에 스스로가 흔들리지 않고 힘든 시간을 견디며 잘 극복해 나갔다. 둘째의 선택과 집중은 건강한 사회인으로 성장할 수 있는 기틀이 되었다. IT산업에 대한 종합적인 인식이 부족하지만 당한 집념으로 적응을 했다. 무엇보다도 본인이 하고 싶었던 직업이고 적성에 맞는 직업이라 호언장담했다. 4차 산업 주역이 되어 장한 직장의 신이 되겠다고 약조를 했다.

나는 가끔 아들과 대화를 하면서 직장의 신을 강조한다. 사회초년생이지만 우선 직업에서 자부심을 느끼고 인생의 승부를 걸어야 한다고 강조했다. 젊음을 걸고 정열을 투사하는 사명감이 투철해야 직장의 신이라 일렀다. 아들은 사회인 한 사람으로 독립해 인생을 개척해야 할 의무를 알고 있다. 내면세계에 존치된 인정받고자 하는 욕구와 자기 가치, 자아존중에 대한 원초적 욕구가 충족될 때까지 학습하고 발전시킬 것이라 했다. 먼발치에서 선택한 직장에서 꿈을 이루려는 아들의 노력을 응원하고 있다.

내 인생 1막을 한마디로 표현을 하자면 직장의 신이었다. 조국의 부름에 부응하기 위하여 공고 졸업 후 곧바로 직업전선에 투신했다. 조국은 조국 근대화 기수 구호 아래 기술을 익힌 산업 전사로 출발했다. 선박엔진을 만드는 엔지니어로 조선 산업발달에 일익을 담당했다. 직장생활 전반은 야간대학 졸업, 결혼, 산업체 특례병으로 정밀기계가공 엔지니어로 근무를 했다. 세계 오대양 육주를 운항하는 5,600척 선박에 추진 기관인 엔진을 공급하는 쾌거를 이루는 데 함께했다. 첨단 컴퓨터 기계장비를 작동해 세계바다를 누비는 선박 엔진을 만드는 일은 상상도 하지 못했던 요원한 일이었다. 조국 근대화 기수는 무에서 유를 창출한 것이다. 변화 주역이 되어 선박용 엔진 대국을 만드는 일에 청춘을 바쳤다. 조국 근대화 기수로 청년기를 다 바쳤으니 직장의 신이 되었다.

30살 이후 생산관리, 사업기획, 영업 기획, 영업마케팅 일을 수행하며 관리자 길을 걸었다. 치열한 경쟁에서 살기 위한 처절한 몸부림이었다. 회사에 출근하면서 간과 쓸개는 정문 경비실에 맡겨 놓고 일해야 스트레스를 받지 않았다. 무에서 유를 만들어 내야 하는 기획 마케팅은 시련이었다. 최고 경영자가 바라는 기획 보고서를 만들기 위해 기계처럼 일해야 했다.

휴일에도 늦게까지 남아 회사가 나아갈 방향 제시 기획 보고서를 작성했다. 업무경쟁력이 없으면 곧바로 도태되는 전선에 투입

된 전사가 되어 전투를 치러야 했다. 늘 시간과 싸움에 지쳐 자아를 발견할 시간조차 잃었다. 경쟁사와 출혈경쟁에서 이기는 전략을 세우기 위해 정열을 쏟았다. 중장기사업 전망과 전략을 수립하고 단기 목표성취 전략을 제시했다.

마케팅 업무를 15년 가까이 근무했다. 시장 상황을 분석 조사하고 고객 동향을 추적하여 방향을 제시하는 일이 마케팅업무 본질이었다. 설득을 위한 논리가 확연한 보고서는 경영층으로부터 인정을 받았다. 긴 세월 터득한 전문성이 경영층에게 의사결정을 하도록 참모를 수행했다.

직장의 신 마케팅 업무는 위로부터 구체적인 지시가 되지 않는다. 회사가 필요로 하는 정보를 발굴하고 전략과 대응 방향을 제시하는 일은 마케터 스스로가 찾아내서 수행해야 한다. 유비무환 정신으로 사전에 자료를 준비하지 않으면 경영층 요구에 대응하기가 매우 어렵다. 귀신처럼 준비해야 한다. 회사와 고객을 키워드로 필요한 정보를 조사 분석해 데이터베이스를 만들었다. 경영층이 요구하면 즉각 응대했기 때문에 직장의 신 역할을 충실하게 수행했다. 전장에 대비하는 군인처럼 유비무환을 실천했다. 최고가 되는 일은 그냥 이루어지지 않았다. 몸이 닳아지는 노력을 해야 가능했다. 직장의 신은 그래서 추앙받고 인정을 받는 것이라 생각한다.

38년 근무했던 직장생활을 명퇴하고 자택 근무를 한 지 2년 반이 지났다. 달라진 환경은 40년 굳은 몸이 적응 못 해 여러 날 몸살을 앓게 했다. 직장의 신에서 인생의 신으로 탈바꿈을 시도했다. 쉽지 않은 길을 나섰다. 직장의 신을 소환하여 인생 이모작 중장기 비전과 전략을 세웠다. 나아갈 방향과 목표를 설정하는데 충실했다. 시뮬레이션을 거쳐서 생각하고 있었던 일을 진지하게 검토해서 목표로 정했다. 인생 2막 1장은 오래전부터 생각해 온 작가의 길을 걷기로 결정했다. 직장의 신처럼 작가의 신이 될 로드맵을 만들기 시작했다.

내 인생 2막과 작은아들 사회생활이 같이 시작되는 전환점을 맞이했다. 인생의 신이 되려는 나의 노력이 점입가경에 치닫고 있다. 작은아들이 내려오면 직장의 신 이야기를 꼭 들려주고 싶다. 그가 직장의 신이 되는데 충분한 자질이 있다고 믿고 있다.

빈둥지 시기를 잘 극복하고 사회일원으로 성장하도록 조력을 해주고 있다.

산에서 만난 묘비

등산을 하면서 무명의 묘비를 만났다. 묘지 앞에 서니 기분이 숙연해진다.

'산에서 살다 여기 잠들다.'

등산 도중에 영면(永眠)했음을 말해 준다.

바위산에 세워진 묘비에 바람이 한참 머물다 간다. 누군지 모르지만 산에서 운명한 사나이 한이 바람을 타고 환청으로 들리는 듯하다. 죽음에 대한 두려움이 소름 끼치게 한다. 죽음은 생명이 생기면서부터 몸 안에서 자란다. 죽음은 피할 수 없는 운명이다. 사람의 죽음은 하늘만이 할 수 있는 영역이다. 그의 죽음은 산에 올랐다 하늘이 거둔 것이다. 욕심을 내서 과도하게 오르다 신에게 밉보여 영면하고 말았을 것이다.

묘비는 죽은 사람이 잠들어 있다는 표식물이다. 망자를 상징하는 표시다. 죽음은 유달리 나에게 공포와 두려움의 대상이다. '인명은 재천'이지만 유년에 두메산골에서 맹수를 만나 죽을 고비를 넘긴 경험 때문이다. 머리카락을 꼿꼿이 세우는 무서움은 나에게는 굉장한 심리적 외상이다. 그래서인지 비명에 간 망자의 죽음이 무서움을 갖게 한다. 묘비는 매사에 과욕하면 죽음이라는 교훈을 준다. 그가 산을 오르다가 과욕해서 영면하여 묻혔다는 시그널인 것이다. 자연에 순응하지 않으면 죽음임을 알려준다.

망자는 말이 없다. 세상에 죄다 버리고 한 평 남짓 묘비에 누워 있다. 명을 다 살지 못하고 산에서 죽어간 사나이의 묘비. 한 발 더 다가선다. 묘비에 아무 말도 하지 않고 숨까지 죽이며 추모에 잠긴다. 주변에서 들려오는 자연의 득음이 애도곡이 되어 준다. 거룩한 산의 품에 누운 대범한 사람이다. 그에게 많은 질문을 하고 싶었지만, 침묵을 지키다 그냥 지나왔다.

묘지를 벗어나자 숙연한 기운은 사라지고 발걸음이 한층 더 가벼워진다. 낙엽 소리 소스라치고 꽃보다 황홀한 단풍이 버석거리는 쓸쓸함을 달랜다.

침묵을 타고 회사에서 함께 근무하다 산에서 영면한 동료가 떠올랐다.

목격자 진술을 근거로 그때를 추적해 보았다. 그는 단풍이 짙게 물든 날 꼭두새벽에 설악산에서 등산 중이었다. 전에 근무한 부서 직원들과 등산을 위해 가파른 설악산을 오르고 있었다. 등산은 체력에 맞춰서 올라야 하는데 그는 무리한 등산을 했을 것이다. 그의 몸은 땀에 흠뻑 젖어 있었을 것이다. 칠흑 어둠 속에서 헤드라이트에 의존한 채 가파른 산을 올랐다.

그는 바람 부는 소리와 부스럭거리는 나뭇잎 소리, 차오르는 자신의 숨소리를 들었다. 죽음을 부르는 소리였다. 산 아래에 보이는 멀어지는 속세의 모습을 보았을 것이다. 그가 맞이한 이 세상의 마지막 풍광이었을 것이다. "먼저 올라갈게. 뒤따라와." 그는 어두워 동료들의 얼굴도 제대로 못 보고, 눈도 마주치지 못했다.

바삐 올라가는 그의 등과 손에든 스틱을 짚는 소리다. 마지막 모습이었다. "빠릅니다. 천천히 올라갑시다."그는 동료들의 호소도 도외시하고 계속해서 전진했다. 그는 그렇게 산을 오르며 무리를 했다. 동료들은 보채다가 쉬기도 하고, 물도 마시며 그의 뒤를 따라갔다. 그의 죽음을 부르는 바람이 몰아쳤다.

사람들의 비명이 설악산 정적을 깼다. 나무토막처럼 그는 쓰러졌다. 동료들은 하나같이 끝을 알 수 없는 극심한 충격에 휩쓸렸다. "오 하느님!" 동료들은 그 말만 중얼거렸다. 그의 싸늘한 손을 만지고, 가슴을 압박하며 인공호흡을 시도했다. 하늘을 찌르는 강한 숨소리는 반응이 없었다.

안타까움에 진절머리가 났다. 그의 눈동자는 힘을 잃어가고 있었다. 일행들은 포기하기 싫었지만 어떻게 할 수가 없었다. 그를 그대로 보낼 수 없었지만 발만 동동 굴렀다. 하늘은 기어이 한창 인 젊은 그의 목숨을 앗아갔다. 굉음을 울리며 그의 목숨을 거둬 갔다. 섬뜩한 찬바람이 볼을 내리쳤다.

긴급 신고를 했고 헬기가 떴다. 한 번 누운 사람을 일으켜 세우기에는 시간이 부족했다. 시간을 파는 곳은 세상천지 어디에도 없었다. 회사 안전부서에 전화를 걸고 도움을 청했다. 가족에게 사실을 알렸다. 가족의 안타까운 음성이 산 능선을 넘나들고 있었다. 그는 여전히 곤히 잠들어 꿈쩍을 하지 않았다. 동료들이 그를 위해 할 수 있는 것은 아무것도 없었다. 그저 벌떡 일어나기를 기다리는 것밖에 없었다. 홀로 헬기를 태워 내려보냈다. 나뭇잎을 흔들며 세찬 바람이 끊임없이 불었다. 오한이 들고 온몸이 떨렸다. 죽음에 대한 두려움으로 떨었다.

처음 출발했던 장소로 하산하는 길은 사람들로 꽉 막혔다. 사방은 나무들로 꽉 차서 길은 막혔다. 돌아오는 길은 멀게만 느껴졌다. 시간은 인파의 한 가운데에서 발이 묶여 있었다. 동료들의 발걸음은 천근만근으로 무거웠다. 주검은 응급차에 실려 울산병원의 영안실로 옮겨졌다.

곤히 잠든 그를 상상해 봤다. 신비하게도 그의 얼굴이 평온해 보였다. 죽은 사람의 모습이 그렇게 평온한지 몰랐다. 죽을 때는 순수해진다는 말은 들었지만, 꼭 그런 것 같았다.

사고 경위 조사를 마친 그는 차가운 설악을 뒤로하고 울산에 도착했다. 졸지에 주검을 맞이한 아내와 아들의 절규가 한참 동안 식장을 뒤엎었다.

나는 발인 때 죽은 그의 영혼을 달래기 위해 장문의 추도문을 썼다. 천상나라에 보내 달라는 추도사였다. 닭똥 같은 눈물을 쏟으며 오열했다. 울음은 삼킬 수 없어 목에 걸렸다. 영혼을 달래려 마음속에 십자가 묘비를 세워주었다. 묘비를 세워 기리는 이유는 산을 타는 사람들에게 날리는 경고장인 것이다. 재발 방지를 바라는 그의 소망을 산을 타는 사람들에게 전달해 줄 것이다.

등산 길섶에 또 다른 묘비에 눈이 멈췄다. 묘비명은 이름과 사망한 날짜가 있었고, '산을 사랑하다 여기 잠들다.'라고 적혀 있다. 묘비와 대화를 했다. 산을 사랑하다 간 산우기에 많은 암시를 준다. 황량한 묘지 앞에 누군가 놓고 간 조화가 묘비를 지키며 비에 젖은 채 애도하고 있다. 그 꽃에서 피어올라 승천하는 망자의 영혼이 보이는 듯하다. 보인다는 것은 가까이 있음을 암시한다. 하늘이 낮게 내려와 산봉우리와 손을 잡는다.

네덜란드를 여행하며 마을교회 정원에 가득한 묘비들이 있었다. 공무원 신분인 목사가 관리했다. 묘비명을 새겨 하늘나라로 떠나려는 일행 같았다.

내 묘비명을 어떻게 쓸까? 묘비는 그 삶의 마지막 한 문장이 아닌가. 인생관과 철학이 들어있고 삶과 정신을 보여주는 경구가 들어가야 한다. 묘비명은 치열했던 인생 표식이며 또한 남은 사람들과의 대화가 되어야 한다. 묘비명은 세상을 살다가 이승에서 하직하는 마지막 인사다. 묘비에 이름을 새기는 것뿐만 아니라 자신이 하고 싶은 말을 남긴다. 한 사람의 인생을 압축해 설명하고, 어떻게 기억되고 싶은 마음과 바람을 기록한 것이다.

한이 많은 민족 정서는 유언이나 묘비명에도 '팍팍하게' 반영된다. 반면 서양은 냉소적이고 재치 있는 형식을 갖추는 것이 일반이다.

누구나 업적이나 살다 간 흔적을 남기고 싶어 한다. 그중에 이름을 떨친 사람들은 거의 묘비명을 남긴다. 묘비명은 망자의 정신이 담겨 있다.

신력이 살아 있는 바윗돌에 새긴 묘비명이 한 사람의 일대기를 짧은 글귀로 요약해 놓은 것이다. 묘비명은 일필휘지로 쓴 시 한 편이다.

내 묘비에는 어떤 문구를 새겨야 좋은지 심사숙고하며 고안하고 있다. '~ ㅇㅇㅇ, 여기 잠들다.' 이런 묘비명이 마음에 들기도 한다.

'좋은 세상에 후회 없이 살다 가노라.'

나는 이런 묘비명을 쓰고 싶다.

무명의 묘비가 "산에 대응 말고 순응하라"고 일침을 놓는다.

38년 현대중공업을 떠나며

여보게, 이제 정든 현중 엔진사업부를 떠나 더 넓은 세상으로 가려 하네. 세월의 모래밭에 발자국만 남기고 떠나려니 아린 마음이 거슬러 오르네. 가슴 뜨거운 기억이 끝내 여린 나의 눈물을 흘리게 하고 마네그려. 미지의 세상에서 내게 어울리는 것을 찾기 위해 유리창을 맑게 닦아 보려 하네. 되돌아올 수 없는 한 시절의 강을 건너 넓은 세상에서 또 다른 인생의 바람개비를 돌리기 위해 앞으로 달려가려 하네. 경사진 곳에서 자라는 수박이 굴러 떨어지지 않기 위해 더 싱싱하게 자라듯 내 남은 영혼을 불살라서 소중하고 괜찮은 제2의 인생을 맞으려 하네.

어스름 같은 미래가 다가오더라도, 지나간 시간을 들여다보면서 내일을 질문해 보면서 희망을 무기로 무릎을 펴고 앞으로 달려가려 하네. 미련함을 직시하며, 치우친 고집을 바로 잡고, 응답이 오가지 않는 벽을 부수고, 구석진 곳도 마다하지 않고 고난에 동요하지 않는 인생을 살고 싶네.

살면서 '첫'이 들어간 일이 많았는데, 1978년 12월 4일! 첫 직장 현대중공업은 내 인생 제1막의 파노라마였다네. 묵직하고 우렁찬 현대가가 울리고, 왕회장님의 철학으로 가득한 현대중공업 엔진사업부에 첫 출근을 했다네.

38년을 기계 가공, 공작기계, 사업기획, 영업 기획 업무를 수행하느라 젊음과 꿈과 희망을 아이콘으로 내 영혼을 발휘했네. 내가 미처 세상을 읽지 못하던 세월에는 속울음 우는 밤과 거센 물살을 헤치고 오르는 연어의 시간들로 혼재된 희로애락이었다네. 때로는 걸인이 모자를 머리맡에 놓고 엎드려 구걸한 것처럼 위선의 아부도 해 보았네. 약한 동물인 코뿔소가 코끼리에게 밟히지 않기 위해 순종하듯이, 물고기가 물과 다투지 않고 흘러가듯이 그런 처세술로 살 때도 있었네. 어두운 시절에는 소나기는 피하고 바람 부는 방향으로 살아온 셈이네.

변화와 개선 없이 사람이 하던 일만 길게 계속하면 부정적인 생각을 갖게 된다고 했네. 우리는 소매를 걷어 올려서 용감히 싸운 결과 어두운 시절의 병폐를 타파하고 노동의 자유와 권익을 쟁취했네. 소매로 가린 노와 사의 손목은 미래를 도외시한 채 현실에

만 안주했어. 그 결과 변화와 개혁을 저버리고 나태와 방관으로 위기에 처한 오늘의 현실을 잉태했다고 생각하네.

배가 항구에 머물면 안전하지만 배의 존재 이유는 출항임을 잊은 셈이지. 현대중공업 제복을 입고 있으면 그 자체가 꿈의 직장이고 누구도 함부로 하지 못할 거라는 착각을 한 거네. 내부의 적을 쇄신하지 못하고 우리는 모두 부정적인 적으로부터 인정을 받아 어려움에 처한 셈이네. 불쑥 찾아온 기회가 혁신하는 때라는 사실을 느끼지 못하고 지나쳤어. 쓸데없는 갈등에 시간 뺏기고 기업 체력을 미리 마련하지 못한 것은 깊이 반성을 해야 하네.

일터는 일을 통해 서로 배우고 성장하는 공간이기에 모두가 열정으로 재무장하면 현재의 난국은 이겨 낼 수 있지. 지금 현대중공업이 처한 어려운 상황은 현실적인 목표로는 위기를 극복할 수 없다네. 혁신과 시스템 구축을 동시에 해야 하네. 쉽고 편안한 길이 가장 위험한 것은 누구나 덤벼 경쟁이 치열하기 때문이라네. 시련과 역경을 극복하며 단련해야 절망이 사라지네. 그래야만 풀무질로 소문을 내지 않아도 희망은 용케 찾아올 걸세.

무리 지어 나는 철새의 풍경은 장관이지만 질서와 협동으로 분주하고 긴박한 몸짓을 하고 있는 새들의 노력을 잊지 마시게.

자네의 건강은 돈 주고도 어디에도 빌릴 수 없으니 스스로가 챙겨야 하네. 재능을 숨기지 말고 열정을 쓰는 장한 전문가 정신으로 살아가길 바라네. 동료가 고기를 가지고 있으면 채소를 준비하는 자세로 근무를 하시게. 웃음이 피어 풍요로움이 툭툭 터지는 삶을 살다 영예로운 정년까지 마치게.

국립부산기계공고에 온 회사 버스를 타고 정문에 내렸던 38년 세월! 공채로 입사하여 엔진공장을 세우고 기반을 다졌던 때가 추억이 되었네. 회사 초창기부터 세계 최대 엔진공장을 이룩하기까지 주역을 담당한 거네.

야학 등 부단한 자기계발과 재테크를 생활신조로 미래를 준비한 건 최고의 선물이네. 인제 보니 지나갔기에 더 자랑스럽게 감회가 오는 것은, 내가 현대중공업을 너무 사랑했기 때문이 아닐까 여겨보네.

이제 현대중공업 제복을 벗고 나면 자신감이 줄고, 빈틈이 없어 닫힌 마음이 올까 두려운 생각이 드네. 혹시나 자네의 기억과 생채기 속에서 누를 끼친 나를 발견 하더라도 혜량바라네. 이제 울산 신정동 다가구 주택에 터를 잡았다네. 내 인생의 전설로 남을 역사를 두고 다시 시작하는 제2기 인생!

울진이 안태고향이지만 제2의 고향 울산에서 그 2막을 펼쳐 보려 하네. 살면서 터를 잡는 일은 매우 중요하네. 울산이란 터가 내게 맞는 것 같네. 마지막 꽃망울을 피우지 못한 내 글을 완성하며 기다리며 살아갈 걸세.

누가 아는가? 내가 글쟁이가 되어 자네에게 [현중인으로 살아보니]를 읽게 할지도 몰라. 함께해 참으로 감사했네. 잘 있게. 그리고 참하게 사시게.

제3부

울산에 살면서

울산에 살면서

호수 산책

범서 옛길을 걷다

귀향(歸鄕)

악극 갯마을

기다림에 대한 단상

숯불을 피우다

울산에 살면서

추석 다음 날 울진 고향에 모인 가족들과 정 나눔을 한 뒤 서둘러 울산으로 돌아왔다. 울산에 43년을 살았으니 귀소는 본능적으로 일어난 탓이다.

친가가 지금은 읍내지만 15년 전만 해도 겹겹이 산으로 에워싸인 두메산골이었다. 눈감으면 낙원 같은 터에 자리 잡은 안태고향이다. 노루며 멧돼지 뛰어놀고 순둥이 자연이 숨 쉬는 은빛 왕피천에 메기, 피라미, 은어, 쏘가리가 헤엄치는 무릉도원이다. 중학교 졸업하고 고향을 떠나 온 지 43년이다. 유달리 향수가 짙은 왕피천은 유년기 보고이자 그리움이 여여한 곳이다.

13년 전, 25년 살았던 동구를 떠나 울산시청 부근 신정2동으로 이사했다.

40년 전, 울산에 첫발을 내디디면서 언젠가는 울산을 떠나리라 생각했다. 고작 떠난 곳이 공해가 심하고 좀 더 넓고 다양한 문화와 삶을 살아가고 있는 신정동이다. 태화강과 남산을 지척에 둔 아담한 곳에 터를 잡았다. 정자가 딸린 다가구주택에서 또 다른 고향을 만들어 가고 있다. 태화강을 걸으며 화려한 야경에 감동했다. 강태공들의 낚시질에 유유자적 풍류를 느끼며 태화루까지 걸어가 풍류와 소풍을 즐기는 날이 잦았다. 십리대밭에서 노니다 심심하면 마주 있는 남산 정자에 오른다. 굽이쳐 돌아 동해로 흘러가는 태화강 물길을 조망하며 울산이 제2의 고향임을 느낀다. 돌아오는 길에 신정시장 장터에서 손칼국수 한 그릇 비우며 진한 울산의 맛을 느끼곤 한다. 반세기 가까이 살면서 정이 물씬 들어버린 울산이다.

전국 방방곡곡에서 생업을 찾아온 사람들이 집합처가 산업수도 울산이다. 현재 울산 인구의 약 70% 정도가 전국 각지에서 이주해 온 사람들과 그 후손들이다. 넓은 가슴과 튼실한 어깨에 객사 기둥처럼 우람한 다리와 강인한 팔뚝으로 저마다 한가락씩 하던 범강 장달 같은 산업 전사들이 모여들었다. 그들은 초기에 신발끈도 풀지 않고 불철주야 일을 했다. 험난한 세파를 헤치고 헝그리 정신으로 살아온 그들이 산업수도 울산을 건설했다.

40년 지난 지금 전통산업이 깊은 불황에 허덕이지만, 회복의 희망이 보인다. 예년의 영광을 회복하기는 어렵지만 긍정적인 신호가 나타나고 있다. 울산을 만든 초석인 그들은 지금 일선에서 물러나 제2기 인생을 살아간다. 그리고 울산은 어느새 그들과 그 후손들의 정 붙이 고향이 되어 버렸다.

싱싱한 회도 맛볼 겸 방어진으로 향했다. 바닷바람이 생기를 불어 넣는다. 잿빛 갈매기 무리를 지어 진을 치고 있는 비린내 자욱한 바닷가를 걸었다. 건어물을 팔기 위해 노점에 전을 펼친 촌 노인의 얼굴에 누룩 빛 고뇌가 흘러내린다. 어설픈 삶의 끈을 이어가려는 늙은 아낙의 가쁜 외치는 소리가 메아리 되어 돌아온다. 삶의 현장에 흐르는 희로애락이 실루엣으로 흐른다. 바다 물결은 정처 없이 철썩이며 기구한 삶의 고뇌를 씻어 낸다. 그 틈새에 한 무리 바다오리 떼가 유유히 먹이를 쫓는 광경이 영화처럼 스쳐간다.

슬도 방파제에 바다를 응시하며 대어를 기다리는 낚시꾼들이 진을 쳤다. 강태공의 꽉 다문 입술 사이로 침묵의 시간이 흐른다. 만파식적 음률이 흘러나오는 슬도와 5개 등대가 희망의 운을 띄운다. 문 닫힌 낮은 어촌 가옥들이 씁쓸하게 눈에 띈다. 줄에 묶인 개 울음소리가 한바탕 마을을 돌고 나면 이내 파도 소리에 묻힌다. 으쓱한 해변에 파도가 인다. 아기자기한 모습을 드러낸 바위들 사이로 해산물 향연이 펼쳐진다. 신비의 세계를 탐험하는 기분이다. 길섶에 모난 바다돌과 모질게 질긴 소나무가 뿌리를 내려 샤먼을 자아낸다. 신비한 전설이 있는 해변 길을 걸었다.

둘레길, 자락길, 마실길 걸으며 기쁨인 원더러스트(wanderlust)를 얻었다. 사색과 사유를 느끼면서 걸었다. 모처럼 자유를 만끽하며 낭만을 즐겼다. 내가 살았던 방어진 반도 해변을 걷으며 신비의 전설을 음미했다.

교육공무원 연수원 앞바다를 경유하여 울기공원 대왕암에 당도했다. 인파로 붐비는 대왕암은 썰물로 본색을 드러낸 풍경이 펼쳐졌다. 기묘한 바위와 너울지는 파도가 만들어 내는 풍광이 파노라마다. 황홀한 풍경이 영혼의 넋을 앗아간다. 파도가 대왕암을 호위하며 춤을 추고 있다.

아름다운 바다는 짙은 청록색을 띠어 하늘과 닮아 조화를 이루고 있다. 바다 중앙에 시운전 나온 대형 배가 떠 있고 깊은 조선업 불황으로 가동을 멈춘 현대중공업의 모습이 한 폭의 풍수화로 비쳐져 희망을 노래했다. 바라만 보아도 뭉클한 바다! 대왕암에 부딪히는 포말에 혼을 빼앗긴다.

파도가 연출해 내는 공간은 가슴 울리는 감흥을 내뿜게 한다.

하얀 포말과 청록색인 물빛이 배색을 이루어 극한 기쁨을 뿜어낸다. 바위마다 각각 다르게 나는 오묘한 파도 소리는 Live 음악이 되어 버렸다.

내가 가장 좋아하는 검푸른 동해를 품고 날 선 사유를 해 본다. 설핏한 바닷가에 홀로 긴 낚싯대를 드리우고 앉아 있는 낚시꾼의 모습이 유유자적하다. 바다를 바라보는 순간마다 감흥이 일어 신이 났다. 홀로 된 낚시꾼을 보트가 태워, 넓은 바다 위를 쏜살 같이 달려간다. 긴 파도의 흔적이 풍랑을 만들며 지평선으로 사라지는 광경이 환상적이다. 울기공원 해변을 한 바퀴 돌면서 두 시간 넘게 걸었다. 삶의 터전이 펼쳐지고 넓은 동해에서 역동이 전해지고 있는 방어진반도 파노라마!

꼭 미지의 세계를 탐험한 기분을 강하게 들게 했다.

풍수 전문가들은 울산은 수많은 용이 주안상을 차려 놓고 모여 있는 '주안반취형'이라 풀이했다. 방어진은 금빛 소반에 음식을 가득 차려 놓은 형상. 방어진은 용들이 회의를 마치고 동해로 입수하는 형상이라 했다. 용들이 타고 갈 배를 만들 장소가 필요했다. 그래서 지금의 현대중공업과 중소형 조선소 들어섰으니 풍수 이치가 들어맞는 것이 신기하다. 방어진항의 비린내를 맡으며 꿈틀대는 문어 한 마리 사들었다. 대한민국에서 가장 젊고 생산적인 도시 해변에서 벅찬 술 한잔을 했다.

도심에서 30분만 차를 달리면 청정한 바다와 준수한 산들이 있는 울산. 늘 돈 벌면 고향으로 돌아가 살리라던 생각을 했던 타향땅 울산이다. 울산에 뼈를 묻기로 한 뒤로 스치는 사람들조차 정겹고 사랑스럽다. 10년 전만 해도 돈 벌어 고향 가서 살 거라던 사람들 많았다. 요즘은 깊은 불황을 겪고 있는 조선과 자동차 영향으로 울산을 떠나는 사람들이 늘고 있다. 조만간 울산은 떠난 사람들이 연어처럼 돌아오는 도시로 바뀔 것이다.

두 아들도 직장이 있는 창원과 서울로 떠났다. 떠난다는 것은 고향으로 돌아오기 위한 전환점이 된다. 울산의 가족이 그립고 산하가 그리운 것이다. 두 아들의 본향은 울산이다. 그들은 고향에 자주 올 거라 믿는다. 귀소본능은 신이 인간 부여한 보물 같은 것이다. 본향을 찾아 회귀한다. 국내외 대학을 졸업한 대졸 신입 사원과 젊은 기술자들이 대거 현대중공업 그룹을 비롯한 울산에 있는 회사에 취직해 삶의 둥지를 만들 것이다. 그들은 내가 그랬던 것처럼 훗날 타향을 제2의 고향으로 여길 것이다.

검푸른 동해와 천혜의 영남알프스를 오가며 놀이터를 만들어 가고 있다. 흐르는 세월을 헤아리며 물처럼 바람처럼 울산과 더불어 함께할 포부를 가지고 있다. 울산은 싫던 좋던 부동의 제2 고향이 되었다. 고향으로 돌아가기 위해 울산을 떠나는 연어가 될 자신과 용기도 없다. 두 아들이 고향에 귀향하면 세상에서 시달린 마음을 치유해 줄 것이다. 안태 고향으로 훌쩍 돌아가고 싶지만, 울산에서 여생을 즐기며 보낼 각오다.

제2기 인생 꿈은 글 작가다. 울산에서 한량이 작가로 살아갈 예정이다.

호수 산책

한적한 오후에 아내와 함께 박상진 호수공원 물길을 따라 산책했다. 호수 뒤로 무룡산 줄기가 길게 뻗어내려 발을 호수에 담그고 있다. 줄기를 타고 산은 생명수를 꿀꺽꿀꺽 끌어당겨 올리고 있으리라. 연꽃을 닮은 호수는 푸른 물을 끌어안고 달콤한 휴식을 취하고 있다. 호수에 내려앉아 반짝이는 윤슬을 만드는 독이 빠져 온순한 해를 끌어 안아본다. 해가 기울어 산 그림자를 호수 속에 거꾸로 비추면 여유 가득한 풍경이 감흥을 일으킨다.

소꿉놀이하는 호수와 산 그림자도 덩달아 환호를 외치는 아름다운 호숫가. 호수가 하늘을 품는 풍광에 세상 풍진을 내려놓고 삶의 잠언을 듣는다. 침묵하는 호수에 비추어진 내 얼굴에서 숭엄한 나르시스를 느낀다. 호수가 불러준 대로 마음에 풍경화를 그리면 영혼을 보듬는 행복을 느끼게 한다.

포근하게 안아주는 호수는 모성을 소환해 아린 상처를 치유해 줄 것 같다. 바라만 봐도 위로가 되는 호숫가 물길 따라 산책과 순례를 해본다. 차면 내릴 줄 알고, 과하면 버릴 줄 아는 호수는 자연의 섭리에 순응한다. 은빛 물비늘을 우렁우렁 내린다. 뱀처럼 내려오는 그 장면이 장관이다.

호수의 물도 처음에는 무룡산 산속 작은 옹달샘에서 시작되었을 것이다. 둥치를 떠난 물의 여정은 수많은 지류들과 합쳐 계곡을 만들었다. 물머리는 경계를 지우며 길을 만들어 오직 낮은 곳으로 흘러내렸다. 산허리를 감아 돌며 물길을 틔우고, 생명체를 불러 모아 모유를 먹였다. 바위를 깎는 풍상의 칼날을 견뎌온 물줄기는 마침내 호수를 이루었을 것이다. 무룡산 지류가 모여 일군 호수를 독립운동가를 기리려고 '박상진 호수'라 이름 지었다.

손 없는 바람에 등 떠밀려 일렁이며 손을 흔들면 만개한 연꽃이 춤을 춘다. 보이는 호수는 아름답고 의연한 자태는 명상에 잠긴 수도자 모습이다. 오늘이 가장 아름다운 날인 것은 눈이 푸짐하고 마음이 젊어졌기 때문이다. 마력이 있는지 호숫가를 산책하는 시민들의 표정이 한껏 여유로 가득하다. 시나브로 푸릇한 나무숲을 안고 있는 호수를 마음에 품었기 때문일 것이다.

호수는 스스로 보물을 내보이며 사유를 아낌없이 하게 한다. 득음을 들려주는 나무가 중모리와 자진모리를 부르면 흥겨운 해일을 온 몸으로 느낀다. 물고기 풀쩍 뛰어 오르는 신비를 깨친다. 걸음은 가뿐하고 날선 사유는 한량을 만든다. 알싸한 제피나무 향기는 청량한 기운을 빈 가슴에 담아준다. 한 번쯤 호수 물머리를 산책해볼 일이다. 환희를 만끽하러 걸어볼 일이다.

몸을 낮춰 물속을 들여다본다. 물고기들이 무리 지어 지느러미로 율동하며 유영하고 있다. 그곳에는 격한 생존경쟁도 없는 평온한 천국이다. 가지를 호수에 떨어뜨린 소나무가 열병 앓는 산음소리를 낸다. 줄기는 하늘로 향하고 나이테는 옆으로 뻗어 균형을 이룬 나무들이다. 나이를 옆으로 먹어 장수한 나무의 비경에 눈은 호강하고 마음은 흥으로 가득 차오른다.

태양의 역광을 받아 엽록체를 보여주는 환상적인 숲이다. 그냥 기분이 팔딱 일어서게 만든다. 걷기를 멈추고 호숫가 안쪽까지 나무로 된 휴식처에 앉아 본다. 호수에서 신선을 만난 기분이다. 마음을 진정시키고 차분하게 만드는 샤먼을 일으킨다. 마음속 혼탁을 씻어주는 청아한 물소리가 들린다.

새소리, 바람소리, 매미울음 소리에 마음은 몰입과 환희를 반복한다. 신앙을 여미게 하는 시퍼런 호수가 내 마음속에 관성처럼 흥을 몰아넣는다.

비경과 문경을 머금은 물길이 호수로 흘러 들어와 명경지수를 만든다.

물길은 멈추지 않는 끈기로 무두질하는 동안 힘이 부치도록 불어났을 게다. 생경한 지류끼리 만나 동행이라는 동반자의 이름으로 서로를 격려하며 호수까지 닿았지 싶다. 수없이 바위를 넘고 폭포에 떨어지기를 반복한 물길. 신랑의 한복가랑이처럼 흐르다 다시 만나기 위함이라 항변하고 있는 것 같다.

호수는 산을 품고 나무를 품고 나를 품어 사랑을 나눈다. 받아들이기 위해서는 나를 버리는 일을 먼저 해야 빈 공간이 생기는 법이다. 경계를 허물고 호수는 아릿한 통증까지 조곤조곤 다독이며 열애를 한다. 어둠이 오기 전에 세상에서 꼭 닮은 호수와 그림자의 이야기는 전설로 남으리라.

우수에 젖은 표정을 하고 있는 호숫가 외로운 듯이 나에게 말을 걸어온다. 심오한 대자연이 묻은 질문과 득음을 글로 옮긴다. 운명이 내 글을 읽고 감동하도록 자연이 일러준 대로 글을 옮겨 적는다. 호수와 하늘과 산을 베끼면 위대한 작품이 나오지만 깜이 못된 나는 포기한다. 호수가 차린 저녁 성찬 위로 황홀한 저녁놀이 잔치를 벌인다. 나도 한량이 되어 춤을 춘다.

바람이 물결에 칼을 만들면 호수는 근엄하고 묵직한 에너지를 안겨준다. 호수를 돌아 나왔다. 몸만의 나들이가 아닌 생각과 사유의 호수 산책이다. 살며시 마음을 사로잡아 삶의 에너지를 준다. 자유는 호숫가에 머물러 있다. 침묵하고 있는 영험한 호수가 내 안의 불행을 거두고 행복을 건넨다.

범서 옛길을 걷다

울산과기대에서부터 오솔길 같은 가파른 길을 따라 산을 오르기 시작했다. 태화강 100리길 2구간인 왕복 6km '범서 옛길'걷기에 아내가 동행했다. 뭇 나무들로 가득하고 흙이 풍부한 육산을 타고 올랐다. 나뭇잎이 나무의 발목을 가득 덮고 있는 '범서 옛길.'밟힌 낙엽 부서지는 소리가 들린다. 밟히는 지렁이처럼 꿈틀거리며 본능으로 반항했다. 밟혀야 강해지는 법. 밟혀서 망가지는 동료를 바라보는 길섶 나뭇잎이 부러운 눈으로 바라본다. 망가져야 흙이 되는 이치를 낙엽은 안다. 흙이 되기 위한 과정이다.

낙엽 밟히는 소리는 어깨를 펴고 건강한 제2기 인생을 살라는 득음이다. 나이 60까지는 훈육과 배움에 매진하며, 밟히고 담금질하면서 살아왔다. 순탄한 삶도 있었지만 신분 상승 욕구를 위해 인내로 이겨내며 인생이었다. 나무 득음은 밟히고 굴곡진 인생을 치유하고 위무하기 시작한다.

인생 2기를 옹골차게 살아가라고 일러준다. 삶은 적절히 밟히고 고통을 가해야 찰지는 법이다. 건실한 노후를 위해 숨 고르기를 해본다.

그 옛날 대곡과 한실마을 사람들이 범서 오일장을 오가며 걸었던 길을 걸었다. 인적 드문 산은 묵상에 들었고 나무들은 앙상한 민낯을 보이며 길손을 맞이했다. 빼곡히 들어선 나무들이 묵언으로 하늘을 향했다. 나무는 살아서나 죽어서도 평생을 지낼 운명임을 알고 있다. 줄지어 선 나무들과 함께 땅속에 뿌리를 내리고 오직 승천을 꿈꾸며 살아가야 한다. 참나무 껍질은 흉측하게 거칠게 보인다. 더러는 옹이를 앓고 있었다.

인생을 톺아보면 상처는 전환점이었다. 아픈 압핀 상처가 희망을 주었다. 날 세운 칼바람에 몸을 떠는 나무도 아픔을 밀어내고 희망을 가질 것이다. 고목은 선명후성의 요가 자세로 넘어지지 않았다. 쓰러지면 동료 나무들을 부러뜨려 죽이기 때문에 공작자세로 수련하며 하늘에 구원하고 있다. 죽은 나무도 겸손하게 선 채로 있었다. 남을 배려하는 군자의 자태다. 산 가운데를 가로질러 사붓사붓 걸었다. 범서 옛길은 수많은 애환과 신비한 전설이

이 묻혀있다. 산바람이 나뭇가지에 멎으며 득음이 되어 들려온다.

첫 재에 오르니 선사유적지 반구대를 품은 사연댐이 침묵하고 있다. 장장 3km 길이에 물을 담고 있는 댐이 겨울을 나고 있다. 겨울 가뭄 때문인지 물을 비운 댐의 외곽에 흉측하게 황토색 상처를 드러냈다. 물을 담았던 흔적이 댐 가에 층층이 나 있어 역사를 대신해 주고 있었다. 속을 드러낸 댐 한복판에 모래톱이 섬처럼 외로이 앉아 수행하고 있었다. 드러낸 바위는 두꺼비가 헤엄치는 형상이다. 가뭄에 앓아누운 댐은 기근에 신음소리를 냈다. 배고팠던 내 유년을 소환해 동병상련을 느끼게 했다.

1기 인생을 살아오면서 더러는 댐처럼 아픔과 번민을 안겨준 일이 많았다. 영혼 없이 마음을 내팽겨 놓고 있는 순간 전환점을 가져온 일도 있었다. 사회에 첫발을 내디딜 당시 주야간 근무는 나에게 최대 시련을 안겼다. 코피를 흘리는 육신의 고통을 이겨냈다. 제대로 먹지 못해 영양부족으로 깡말라가는 몸과 벌인 치열한 투쟁에서 이겨 냈다.

변화는 혁신을 내포하고 고통을 동반했다. 가슴앓이가 치유될 때까지 했다. 물이 지배하는 댐처럼 혁신으로 바뀌는 세상에서 오체투지로 적응을 했다. 벼랑에서 자라는 식물이 비바람에 살아남는 저력이 내 모습을 보는 듯했다. 수몰 지구 마을인 한실을 향한다. 급경사진 산을 내려섰다. 그 옛날 사람이 오간 흔적이 아직 온기로 남아있는지 뿌연 먼지가 일어났다.

갑자기 멧돼지가 나타날지도 모른다는 일말의 공포심이 생겼다. 공격해오는 산짐승을 퇴치할 가상연습을 그려 보았다. 살면서 늘 무기를 지니고 살아왔다. 지금 순간 양손에 잡고 있는 등산용 지팡이가 유일한 무기였다. 표피가 강해 권총도 못 뚫는 멧돼지만 지팡이 끝이 날카로워 믿음이 갔다.

확신은 할 수 없지만 그래도 방어기제가 되어 주었다. 늘 닥칠 위험에 대비하는 유비무환 정신으로 살고 있다. 바람에 나뭇잎 소리조차 신경을 예민하게 만들었다. 시간이 지날수록 두려움의 번뇌가 쌓여가는 것 같았다. 다행인 것은 잎을 떨군 나무들이라 속이 훤히 보여서 안심이었다. 속을 훤히 보이면 대처가 쉬운 법이다. 내 속을 들여다볼 혜안을 가지고 싶어졌다.

고염나무 열매가 가득 달려 있는 고염나무 군락지를 만났다. 짐승과 사람도 따먹지 않는 고염열매가 땅바닥에 떨어져 말라가고 있었다. 이곳에 사람이 살았다는 흔적일 수 있다. 흔적은 다양한 사유를 하게 했다. 괜찮은 열매를 주워 먹었다. 감 맛을 띤 열매가 먹을 만했다. 내 유년에는 열매를 단지에 넣어 보관했다가 추운 겨울에 간식으로 먹었다. 꿀맛을 띤 고염이 엉켜 범벅이 되고 맛이 살짝 언 얼음과 어울려 아이스크림이 되었다. 달콤했던 그 맛은 애옥한 빈농인 유년의 추억을 되씹게 했다.

댐의 수몰되지 않은 한실마을에 도착했다. 눈앞에 댐이 보였다.

겨울에 가동을 멈춘 경운기가 길가에 도열해 있었다. 빈집을 지키는 개들이 묶긴 채 길손을 울음소리로 맞아 주었다. 반가움의 소리인지 침입자를 내쫓으려는 울음소리인지 분명하지 않지만 개는 자기 지붕 위에 올라가 목청을 높였다. 구출해 달라고 애원하고 있는지도 모른다. 일개 짐승이 내는 소리에도 사유가 묻어났다. 마을은 고인 댐과 시간이 지배해 한적했다.

걷기로 예정한 길은 한실마을 초등학교가 있던 자리에서 끝났다. 높다랗게 서 있는 은행나무 꼭대기에 까치집이 걸려있었다. 오랜 세월 비바람에도 부서지지 않고 그대로인 둥지를 지은 까치의 기술이 놀랍다. 아이들에게 꿈을 준 둥지 탓인지 정감이 갔다. 둥지를 떠난 까지는 돌아오지 않았고, 비둘기도 살지 않는 빈집으로 남아있다. 유년의 정다운 까치 울음소리가 그립다. 소리는 형태가 없어도 마음에 남았다. 따지 않아 감나무에 따개비처럼 남아 얼어버린 감이 한 폭의 풍경화로 다가왔다. 화려함 뒤에 아픔이 있는 법인지 감은 끝내 비우지 못하고 악전고투를 하고 있었다. 감은 세상을 떠나는 날 죄다 비우고 빈손으로 가야 함을 일깨워 주었다.

눈을 감고 그 길을 오갔던 흔적을 더듬어 본다. 장돌뱅이 행렬이 봇짐을 지고 가쁜 숨을 내쉬며 길을 걸었다. 어깨에 진 삶의 무게가 느껴지는 5일 장날은 세상과 소통하는 시간이었을 것이다. 시장 모퉁이에서 소고기국밥으로 배를 채우는 순간이 세상에서 가장 맛있는 음식이었을 것이다. 약초와 곡식을 팔아 손에 쥔 금싸라기 같은 돈으로 막걸리 한 잔을 나누는 기쁨은 인생이 살만

한 것임을 일깨워 주었을 것이다.

날이 저물기 전에 끼리끼리 모여 산길을 따라 집으로 돌아왔다. 키운 소를 팔고 새로 산 큰 소를 앞세우고 길을 걸었다. 소를 앞세우면 산짐승의 공격을 피할 수 있고 걱정을 덜어 줄 수가 있기 때문이다.

걷기는 처음 들머리로 회귀했다. 길을 걸으면서 내 고향 고갯길을 걷던 추억을 하분하분 소환했다. 골짜기를 타고 엄습해오는 향수를 잠재웠다. 길에 드리운 내 그림자를 영혼은 한 치의 오차도 없이 나를 따르고 있었다. 걸어 얻는 기쁨인 원더러스트(wanderlust)를 얻고 사유하며 자아를 읽었다.

무한한 자유를 느끼며 길에 묻어있는 날 선 미학과 신비한 역사를 음미했다. 옛길은 나무와 잡초로 푸졌지만, 풍광에 거나하게 취해 멀미가 났다. 몸은 산에서 내려왔지만, 마음은 한동안 한실 마을과 범서 옛길에 남아있다.

귀향(歸鄕)

서울에서 직장생활 하는 차남이 오랜만에 집에 온다고 연락이 왔다. 울산에서 살 때는 별다른 관심이 없었는데 멀리 떨어진 서울이어서 그런지 보고 싶은 생각이 더 들었다. 둘째 아들이 서른한 살 연륜이지만 완전한 독립을 하지 못해서 관심이 더 가는 지도 모른다. 원하던 서울에서 살게 되었고 유망사업인 3D 프린터 직장에 재직하고 있다. 내심 내키지 않는 일은 결혼에 별로 관심을 없는 일이다. 자식의 분가는 부모자식 경계를 짓는 숭고한 절차여서 서두르고 싶은 과제다.

어버이날이라 창원에 살고 있는 장남도 6살 손녀와 세 살 된 손자를 데리고 온다는 기별이 카톡방 '위대한 가족'을 통해 전해져 왔다. 서울과 창원에서 이동하는 동선이 실시간으로 중계되고 관심은 온통 휴대폰에 가 있다. 벌써부터 여섯 살 손녀의 들뜬 아우성이 동영상을 통해 전파되었다. 내심 온다니 기쁘지만 손자 손녀를 돌보느라 몸살을 앓을 일에 이르자 즐거움이 삭감된다. 과거 이틀 몸살을 앓은 선입감이 벌써 소심하게 만든다.

아내는 아침부터 집 안 청소를 하느라 여념이 없다. 오랜만에 만날 귀요미들을 생각하면서 피곤한 줄도 모르고 노동을 한다. 할머니 마음이 그렇다. 그래도 손자 손녀가 뛰어노는데 집안이 운동장만큼 넓어서 마음에 놓였다. 애들이 놀 장난감을 챙기고 그림 그릴 준비하느라 내 마음도 분주하다.

옛날 아버지가 그랬던 것처럼 부모라는 위치가 참 묘하다는 생각이 든다. 서산에 해지는 대청마루에 앉아 자식을 기다리는 아버지 마음이 되었다. 내가 성인이 되어 본향에 가는 날이면 달빛이 비추는 길을 따라 홑저고리 바람으로 나를 맞아주시던 아버지의 모습이 나를 감동시켰고 지금도 잊을 수 없다. 가슴 조이며 기다린 아버지 마음은 표출되지는 않았지만 그리움이었다. 동백꽃 잎처럼 진하게 문신이 되어 반짝이는 아버지 마음이 저무는 저녁 하늘에 별이 되어 빛나는 것을 보았다. 마음 깊은 곳에서 넘실거린다. 피붙이 아이들이 오면 아버지가 그랬던 것처럼 그리움을 표출할 것이다.

두 아들과 손자 손녀가 오는 시간이 가까워 올수록 잊고 있던 그리움이 밀려오기 시작한다. 그리움은 묵직한 피붙이에 반응하는 본능이다. 오랜만에 만나게 되면 혈육만큼 반가운 존재가 이 세상에 없을 것이다. 소통하는 방에서 연락을 자주 하고 동영상으로 만난 탓에 그리움은 크지 않을 것이다. 떨어져 있으면 그립고 그리움이 쌓이고 늘어나는 법이다.

고향이 주는 이미지는 어머니 품속 같은 안정과 포용 그리고 그리움이다. 고향을 찾는 것은 단순히 태어나고 자란 장소를 확인하는 의미 이상이다. 고향을 찾는 일은 살아오면서 엉킨 실타래를 촉수로 더듬는 일이다. 타향에서 겪은 기쁨과 슬픔, 희망과 절망을 위로받고 치유하는 안식처다. 아파트에서 자라고 컴퓨터로 유년을 보낸 그들의 고향은 그리움이 적다.

독일 철학자 하이데거 말처럼 현대인은 고향을 떠나 밤의 심연에서 유리하고 있는지도 모른다. 문명에 희생이 되어 고향은 원래의 가치를 잃어버렸다. 돌아갈 고향도 없고 돌아갈 여유조차 상실했다. 두 아들에게 돌아올 고향과 부모가 살고 있어 퍽 다행이라는 생각이 든다. 두 아들도 울산이 마음을 기대고 치유가 되는 고향이라 생각했으면 좋겠다. 가장 포근하고 아늑하고 편안한 느낌이 드는 고향이 되었으면 한다. 고향이 없다고 여기는 것은 원적을 상실한 외로운 고아가 되는 일이다.

마음의 고향도 기댈 고향도 잃어버리는 일이다. 있어야 할 부모와 친지와 조상을 뿌리째 잃어버리는 일이다. 유년이 있는 무대가 없어지는 일이다. 영혼의 안식처를 잃어버리고 가슴앓이를 하는 환자가 되는 일이다.

애들이 도착하자 차례대로 와서 가슴에 와락 안긴다. 팔은 더 힘이 들어가 품에 감기고 감정이 울컥해져 온다. 묵직한 혈육의 정으로 상봉하는 순간이다. 반가움과 기쁨의 향연이 한동안 집안을 맴돌았다. 기쁨은 인간이 바라는 최고 높은 감정 상태에 해당한다고 한다. 내면의 생각, 마음과 영혼이 하늘로 날아갈 법한 최고조의 기분을 말한다. 손자 손녀에게는 누가 가르쳐 주지 않는 선천적인 기쁨이 담겨져 있다.

세 살 손자 얼굴에서 영혼의 미소가 나오면 내 속에 있던 기쁨이 솟구친다. 손자 손녀가 웃는 소리와 모습은 천상의 소리요 영혼의 미소다. 잊고 있던 기쁨이 우리 집안 가득하게 별처럼 반짝이고 환희가 왔다. 절간처럼 조용했던 집안은 손녀 손자 웃음소리로 활기를 띤다.

우리 가족도 두 아들이 품을 떠나 핵가족이 된 지가 여러 해 되었다. 전통으로 이어온 엄부자모와 효심은 박물관 유물로 전락했다. 그래도 아직은 가족이 보이지 않는 정신적인 버팀목이라는 진실은 사라지지 않았다. 괴이하고 소름 끼치는 말이지만 일본에서는 '가족 대행사업'이 성행 중이다. 외로운 사람이 계약을 거쳐서 일정 기간 가족 역할을 해주는 사업이다.

누군가 가족은 '남이 안 보면 내다 버리고 싶은 존재'라 치부했다. 부모를 폭행한 자녀가 40%인 세상에 살고 있다. 건강 가정이 파괴되고 있다. 기력을 다한 부모가 자식에게 기대지 않고 건강하게 사는 일이 노인 과제다. 두 아들의 고향을 만드는 일이 나의 제2기 인생에 할 일 중 하나다.

제1기 인생 중간부터 미래에 서서 늘 '노후생활 마련' 준비를 했다. 그 당시 형편으로는 엄두도 안 되는 노후준비였지만 희망으로 준비했다. 미래에 서서 두 아들의 안락한 고향을 준비하는 제2기 인생을 살고 있다. 고향은 두 아들에게 원초적 본능을 느끼는 그리움 원천이기 때문이다.

연어의 귀소본능처럼 여우의 수구초심처럼 자식들에게도 고향을 찾는다. 마음 깊은 곳에서 드러나지 않는 젖빛 교감의 그리움은 귀소를 종용한다. 애써 부정한다 해도 고향은 어떤 것과도 비교 할 수 없는 보물이다. 내가 그렇게 그리워하듯이 두 아들도 그리워할 고향을 그리워했으면 싶다.

빈농으로 가난했던 유년을 회상하면 어딘지 일그러지고 어두운 모습을 한 추억들이 더 뚜렷이 기억된다. 가뭇없이 사라지는 고향의 기억을 붙잡기라도 하듯 향수는 연기처럼 피어오른다. 향수를 꿰어 마음속 귀향을 해본다.

벅찬 행복을 신고 온다. 세월을 거슬러 올라가 향수 언저리를 더듬고 서성이며 행복에 취해 본다. 눈앞에 선한 생생한 고향 풍경을 소환했다.

눈 감아 천리안을 보듯 온 사방 산이 병풍을 친 곳에 안태고향을 만난다. 고등학교 때 부산으로 유학한 나는 향수병으로 고생한 기억이 있다. 두메에 있는 안태고향집은 잡초 무성해도 마음속에 신화처럼 살아있다. 고향 집은 서걱거리는 소나무 득음을 들으며 여백을 채워 가고 있을 것이다. 지금도 그렇지만 연륜이 늘면 고향 추억을 떠올리는 일이 더 늘어날 것이다.

마음속 젖 냄새를 맡은 자식들은 다시 각자의 출발지로 돌아갔다. 아픈 상처를 몸에 새기면서 단단히 여물어가는 삶을 살아갈 것이다. 품에서 천천히 벗어나 멍 자국이든 껍질을 벗기면서 자신과 만날 것이다. 그러다 지치면 고향을 찾아와 아픔을 달래고 치유해 복귀할 것이다. 귀향은 치유를 위해서 그리고 에너지를 충전하기 위하여 필요한 존재다. 저마다 안부 인사를 톡방에 쏟으며 일상으로 돌아갔다.

손녀손자의 떠들며 노는 소리가 귓가에 맴돈다. 손녀가 그려서 거실 벽에 전시한 그림이 살아 움직인다. 만나면 놀아주느라 힘들고 안 보면 그리운 내 피붙이들이다. 묵직한 혈육의 정이 쏟아지는 불빛을 타고 서걱거린다. 그들이 떠난 빈터에 그리움이 자리 잡는다. 아버지도 그랬을 것이다.

악극 갯마을

오랜만에 저절로 흥이 유발되어 엉덩이춤을 추게 하는 악극과 만났다. 해 저문 정자 바닷가 방파제 공연장에서 악극 갯마을 공연을 만났다. 해녀들의 삶과 애환을 노래와 춤으로 펼친 공연은 엉덩이를 신명 나게 했다. 울산 북구 정자 남방파제 특설무대는 기분만으로도 이국정취를 자아냈다. 여름 바다의 풍광이 낭만을 불러와 악극의 기분을 실감 나게 했다. 더위를 쫓아낸 악극이 시종일관 흥겹고 엉덩이춤을 추며 즐기게 했다.

울산문화예술회관에서 주최한 이번 공연은 울산 출신 난계 오영수의 소설 갯마을을 시민 친화적으로 악극화한 작품이다. 일제 강점기를 배경으로 한 악극은 울산 고유의 독자성과 서정적이고 감동적이란 보편성이 담겨 있었다.

배우들의 수준 높은 연기력이 시종일관 분위기를 압도했다. 자기 흥에 기반을 둔 배우들의 열연은 예술세계의 오묘함을 느끼게 충분했다.

변사역을 맡은 최주봉의 연기가 가슴을 쓸어내게 했다. 울산 출신 배우로 드라마 야인시대 등에서 활동한 박영록이 상수역으로 열연해 많은 박수를 받았다. 드라마 왕건, 대조영에서 실력파 배우로 인정받은 김학철과 비련의 여주인공 해순역에 곽명화, 시어머니 역에 박승태 씨와 울산지역에서 활동하는 배우 김현정, 하광준, 김민주 등 연기자가 출연했다. 울산시립무용단 등 50여 명이 출연해 아담한 무대를 채워 준 감동적인 공연이었다.

악극은 동해의 H라는 조그만 갯마을에 사는 해순이를 중심으로 연출 된다. 갯마을 여인들의 인정 어린 삶을 그렸다. 해순이는 남편 성구와 사별 한다. 해순이가 상수와 재혼 후 산골 마을로 들어간다. 그러나 상수는 징용에 끌려간다. 마지막 장면은 해순이 남편 상수 제삿날 다시 갯마을로 돌아온다. "수수밭에 가면 수숫대가 모두 미역밭 같고, 콩밭에 가면 콩밭이 온통 바다만 같고…" 바다를 그리워하는 해순의 대사가 심금을 울렸다.

악극의 특성에 맞게 출연 배우들이 펼치는 춤과 흘러간 옛 노래가 시종일관 어깨춤을 추게 했다. 특히 비련의 여주인공 해순역을 맡은 곽명화의 열연과 노래가 큰 감동을 더했다. 낮게 웅얼대는 해조음이 더 구슬프게 눈시울을 적셨다. 일제 점령기 바닷가 갯마을의 삶을 엿볼 수 있는 무대였다.

바다를 가르지 않고 품어 안은 너그러운 밤바다가 안식을 취하고 있었다. 바다가 조용해 열연하는 배우들의 외침과 오열이 더 감동으로 다가왔다. 솟구치는 동해의 일출을 볼 때처럼 열연과 열창이 흥을 일으켜 세웠다.

동백 아가씨, 물새 한 마리, 여자의 일생. 비 내리는 고모령 등등 친숙한 옛 대중가요가 흥을 일으키고 엉덩이춤을 덩실덩실 들썩이게 했다. 고래가 춤을 추듯 흥이 나게 했다. 엉덩이를 좌우로 실룩샐룩 흔들었다.

배우들의 열연에 동화되어 춤을 추고 함께 노래도 불렀다. 여름밤을 달군 악극은 몸 언어의 위대함을 각인시켜 은근히 중독되게 했다. 놀이마당 감동을 진하게 느낄 수 있는 기회였다. 흥과 춤사위가 저절로 나오게 한 악극이었다. 오랜만에 근질근질한 전통의 신명과 흥을 즐겼다. 흘러나오는 남도창에 맞춰 어깨춤이 절로 나고 엉덩이를 붙이고 있을 수 없어 일어나서 덩실덩실 춤을 추었다. 한국인의 서정이 나에게도 있었다.

우리 조상들은 오랜 전통 농경 생활의 고난을 이겨내기 위해 신명 나는 춤사위를 추었다. 몸 언어로 흥을 유발해 고민과 반목을 극복했다.

흥은 고난을 이겨내기 위해 자연스레 신체적 반응을 보인 것이라 했다. 한국인 특유의 신명과 흥은 생활 속에서 자연 발생한 것이다. 노랫말에는 삶의 현장의 가사가 많다. 삶과 흥은 자석 극과 같이 붙어 다녔다.

흥의 DNA가 흐르는 나도 생활에서 그런 체험을 자주 하곤 한다. 산에 오르며 숲속을 지날 때 울창한 나뭇잎 사이로 햇빛이 비쳐서 황홀한 감흥이 저절로 날 때가 많았다. 찰랑대는 풍경이 가락에 맞추어 현란하게 춤추는 것과 같은 착시현상을 일으키는 경우가 많았다. 리드미컬한 감흥을 일으키며 기쁨의 극치로 몰아세우기도 했다. 향긋한 풀 냄새며, 어머니 냄새 같은 흙 내음이 덤으로 나면 흥에 흠뻑 빠져 버린다. 쌓인 스트레스가 싹 풀리고 가슴이 뻥 뚫리는 카타르시스를 느끼곤 했다.

38년간 회사에 전념하느라 나는 이런 춤의 표현을 억누르고 살았다. 가슴 뛰는 감성을 체통이라는 프레임에 욱여넣어 무디게 만들었다. 동료들과 노래방에 가더라도 점잔을 빼며 몸동작을 억제해야 했다. 체면이라는 굴레가 통제를 가했다. 젊은 친구들은 발라드풍 노래를 부르는데 나처럼 나이가 있으면 대중가요 일색의 노래를 불러 면박을 받았다.

첫 곡으로 한 곡 부르고 젊은 친구들에게 마이크를 넘긴 뒤 자리를 피했다.

초등학교 시절에 배운 피리 덕분이기도 하다. 운동회 때마다 나는 피리를 부는 악사였다. 악기를 다루며 흥과 율동을 체득하며 자란 것이다. 악기와 음악 기구가 없었던 시골에서 어울려 놀 때 젓가락 반주는 음악성을 높였다.

휘영청 밝은 명절 달밤이면 친구들과 모여서 인적이 드문 냇가에 모여 목이 터지라 유행가를 구성지게 불렀다. 라디오에서 나오는 노래를 그대로 반복 연습한 탓에 가수에 버금가는 대중가요를 잘 부르는 끼를 발휘하는 친구도 나타났다. 젓가락 반주에 맞추어 변성기 목청으로 부른 그 노래로 젊은 날 추억의 소야곡을 만들었다. 보이지 않는 추억의 소야곡은 그리움 대상이다.

아내가 시집을 오면서 낡은 풍금을 천연기념물인 양 가져왔다.

초등학교 시절 피리로 배운 음률 실력을 풍금으로 발휘했다. 기분이 울적하거나 심심할 때면 최고의 놀이 기구였다. 부를 수 있는 음만 있으면 풍금으로 연주를 할 수 있을 만큼 능란했다. 은은한 풍금 소리에 마음속으로 노래를 부르며 흥겨워했다. 음률은 신이 들린다는 깊은 의미를 알게 했다.

휘영청 달 밝은 밤에 풍금 음을 타며 덩실덩실 흥 놀이를 했다. 벅차오르는 내 안의 흥을 악기와 몸 언어로 표출해 쌓인 스트레스를 날렸다. 스스로 리듬을 깨워 어깨와 손, 다리로, 엉덩이를 통해 춤을 춘 것이다. 마음에 담아 둔 사랑, 기쁨, 슬픔, 우울함, 스트레스 등 감정 언어들이 춤을 빌려 본능을 드러냈다. 풍금의 음률을 타고 스스로 몸 밖으로 표출되어 생성되거나 소멸하여 정신건강을 부릴 수 있었다.

나이가 들면서 몸 언어를 표출시킬 기회가 감소했다. 자투리 시간조차 없는 탓도 있다. 몸을 흔들어 마음을 풀고 흥 나는 일이 적은 탓이다. 친구들과 나이트클럽에 가서 흔들어 보지만 단순한 육체 운동에 불과했다. 감흥이 일지 않는 춤은 피로감만 더해 주었다. 즐거움과 여유가 없는 것은 불행이었다. 표출 못 해 메말라진 몸 언어들이 정신건강을 괴롭혔다.

놀이문화에 어울릴 기회가 줄어들어 몸 언어 표출을 못 시켜 아픔을 겪었다. 술과 유흥으로도 몸 언어가 해소되지 못해 신열을 앓기도 했다. 기분을 발산해 메말라가는 정서를 안정시켜줄 수 있는 음악치료가 필요했다.

악극 갯마을과 햇살 좋은 숲속에서 발견한 희열과 흥은 몸 언어들을 발산할 수 있는 새로운 계기가 되었다. 내 안에 잠자던 흥 DNA를 깨운 것이다.

제2의 인생은 악극처럼 소소한 것에도 즐거움을 느끼고, 그 감흥을 노래하고 어깨춤을 덩실덩실 추면서 살아갈 참이다. 정서 활동을 더 함양해 본능적으로 일어나는 신명과 흥을 깨워서 즐거운 인생을 살아갈 것이다.

단막극 인생에서 당당한 주인공이 되어 열연하는 삶을 영위 할 것이다. 작가로서 내 인생 스토리텔링을 악극무대에 올릴 수 있다는 희망을 얻었다. 신명 나는 흥을 선물해 준 오영수 소설 갯마을 악극이 가능성을 제시했다.

기다림에 대한 단상

여태껏 성미가 급해 기다려 주지 않고 바삐 흘러가는 세월 속에서 살았다. 초고속 산업화와 고도성장시대에 오로지 전진이 대세였기 때문이다. 빠름이 유전자처럼 내재된 그 세월에 순응하며 제1기 인생을 살아왔다. 몸부림쳐서 하나의 채움을 성취하게 되면 끝이 아니었다. 욕구를 내려놓을 생각을 애써 회피하고 더한 몸부림을 치며 살아왔다.

내 안에는 오로지 출세를 위한 상승 욕구로 가득했다. 내 강렬한 욕구가 만족 될 때까지 매듭이 끝나면 기다림도 잠시이고 다시 달렸다. 빠른 속도에 유린 된 탓인지 내 삶의 언저리는 늘 허접

하고 편치 않았다. 내 기다림의 대상을 굳이 말하자면 상급 학교 진학과 적성에 맞는 대기업 취업, 원만한 결혼, 회사에서 순탄한 승진, 내 집 마련, 단란한 가정을 꾸리고 행복한 사회생활을 영위하는 일 등 보편적인 일이었다.

두메산골 오지에서 태어난 나는 별다른 기다림 없이 초등학교를 졸업했다. 중학교는 면 소재지에서 하숙을 하면서 처음으로 기다림을 체험했다. 기다림은 당장의 장애가 제거되어 마음의 평온이 지속되기를 목표로 한다.

기다림을 달래기 위하여 달력에 새겨진 날짜를 지우기도 하고 가슴앓이를 달래 보려고 속울음을 하거나 일기 쓰기를 하면서 애면글면했다. 집과 어머니의 그리움을 달래기 위해 눈물을 머금는 집중력으로 공부했다. 어린 아들을 기다리는 어머니도 토요일 오후가 되면 몸짓이 다급해졌다. 부둥켜 안아주는 참으로 포근한 어머니의 품이 내 기다림의 보상이었다. 그리고 3년 동안 기다림을 벗어나려는 노력이 우등생인 나를 만들어 냈다. 기다림에 사무친 어머니의 그림자가 나를 훈육해 우등생으로 키운 것이다.

고등학교 합격 소식은 생애 가장 피를 말리는 기다림으로 기억된다. 전국 중학교를 대상으로 총 900명을 내신과 추천으로 선발하는 국립부산기계공고는 1차 합격에 이어 최종 신체검사를 하여 선발했다. 가난 때문에 가정 형편상 자력으로는 진학이 불가능했고 국가에서 육성하는 학교라서 여기서 떨어지면 진학은 아예 포기해야 했기 때문이다. 혹시나 다가올 불합격과 상급 학교 진출을 못 할 경우 좌절감으로부터 오뇌처럼 벗으려는 기다림으로 내 몸의 살을 도려내는 아픈 나날을 보냈다.

두려운 기다림을 잊기 위해 하숙집 아주머니를 따라 침례교회 가서 내 식의 기도를 하곤 했는데 마음을 다스리는 것이 평온을 가져옴을 알게 했다.

국립공고 진학은 어렵사리 합격했지만 기다림은 지속 되었다. 머나먼 타향에서 겪어야 하는 향수와 부모님을 향한 그리움은 또 하나의 기다림이었다. 견딜 수 없는 그리움과 기다림을 녹여 평온을 찾기 위해 많이 울었다. 내 가슴에 가득 차 있는 것을 배출하기 위해 엉엉 속울음을 반복했다. 모교가 있는 해운대 바닷가는 내가 우는데 적절한 장소를 제공해 주었다.

말로는 못 하는 깊은 대화를 위해 고향에 있는 부모님과 친구들에게 편지를 써서 보내고 받으며 기다리는 법을 배웠다.

그리움의 앙금을 손과 생각으로 씻어 내는 편지는 큰 위안이었기에 더한 기다림으로 이어졌다. 슬하를 떠나온 아버지의 깊은 사랑과 자식을 향한 마음을 깊숙이 알게 한 편지가 많았다. 기다림은 늘 내 주위를 맴돌았다. 그때 글쓰기 훈련이 지금의 나에게 작가의 길로 가게 만들었다.

우등학교 덕분에 대기업 취업과 야간대학 진학은 기다림 없이 성취했다. 직장 내 경쟁에서 살아남기 위해 고군분투해야 했다. 주어진 스케줄에 허겁지겁 쫓아가다가 때가 되면 가슴앓이를 해가며 기다리는 것이 승진이었다. 나이가 들면서 점점 위협을 가해 오는 승진에 대한 두려움은 컸다. 사회적인 체면과 명퇴 없이 살아남기 위한 승진은 노력과 기다림으로 이어졌다. 치고 올라오는 후배들 때문에 승진은 자신감을 잃어갔다. 그래도 일말의 기대로 기다렸다. 승진에 실패하게 되면 겉으로는 태연해도 온 신경이 기다림에 유린을 당하게 된다. 긴 기다림은 스트레스를 만들어 방황을 유인했다.

연애 시절, 사는 곳이 떨어져 있어서 주고받았던 손편지의 기다림은 속마음을 소통시켜 주며 사귐의 촉매 역할을 했다. 밤새워 쓴 연애편지에 대한 답장의 기다림은 점점 연분 강도를 더해갔고 천생연분의 가약을 맺게 했다. 영업부에 근무하면서 기다림의 대상은 입찰에 이겨서 수주하는 일이었다. 최상의 노력을 기우려 준비한 공사가 수주되기를 기다림은 혹독했다. 열심히 준비하여 제출한 제안서가 성공되기를 마음조이며 기다렸었다.

마케팅 작성한 보고서가 수정 없이 결재라인을 통과하기를 기다렸다. 퇴근 시간의 불규칙은 가족에게 기다림의 고통을 안겨주곤 했다. 지아비가 퇴근해 오기를 기다리는 색시의 마음과 대문 밖에서 한없이 바라보며 기다리는 아내의 기다림은 나에게 안타까움을 유발시켰다. 늦게까지 오지 않는 지아비를 향해 아내는 얼마나 많이 가슴을 졸였을까. 야근으로 퇴근이 늦은 추운 밤에 오토바이를 타고 오는 남편이 염려되어 바람 소리에도 가슴 졸이던 아내의 기다림은 헌신이었다.

아버지를 기다린 아내는 두 아들에게 기다리는 참 의미를 일깨워 주었다. 이웃집 지붕 위를 오가는 비둘기 숫자를 헤아리며 기다림의 시를 가르쳤다. 엄마의 풍부한 정서에 영향을 받아 감성이 풍부한 아이로 성장했다.

아버지는 명절 때가 되면 며칠 전부터 자식을 기다리기 시작했다. 동네 어귀에 나와 자식이 오기를 한없이 기다리시는 아버지 마음은 사랑이었다.

부모님이 소천하시고 형님이 지키는 고즈넉한 고향 집은 기다림이 만연하다. 토담 옆 사립문에 설치된 낡은 우체통이 여전히 정겨운 편지를 기다린다. 세월에 그을려 벽면에 걸려 있는 색 바랜 흑백 사진이 주인을 기다린다. 나이를 먹어 어른이 되어가는 지금은 그 기다림의 의미를 알 것 같다. 어머니는 지금 하늘나라에 가셨고 나는 어머니 산소에 갈 날을 기다린다.

임종 순간에 눈을 못 감으시고 애절하게 나를 기다렸다. 자꾸만 감기는 초췌한 눈으로 한참을 나를 주시 하며 온몸으로 유언을 말씀하시고 천국으로 가신 어머니의 기다림은 닻을 내렸다. 가슴 졸이고, 그리워하고, 피를 말리던 기다림을 내려놓고 평온하게 가셨다. 어쩌면 사람들은 기다림을 내려놓기 위해 사는 것인지도 모른다.

이어져 오는 전통생활문화는 기다림의 진수를 알게 한다. 서서히 가열되는 온돌의 주거문화가 그렇다. 된장, 고추장, 등의 장류

나 김치, 젓갈 등 오랜 시간 숙성시켜 깊은 맛을 우려내는 음식 문화도 기다림의 산물이다. 사노라면 기다림의 연속이다. 기다림 없이 성취 못 하는 세상에 살고 있다.

파리 루브르 박물관 앞에서 길고 긴 줄을 서서 차례를 기다릴 때도 있었다. 중국 상해와 여수에서 엑스포 입장을 위해 약 3시간이 넘게 기다렸다. 짙은 안개로 백령도 출항이 통제되어 인천항에서 반나절 기다릴 때도 있었다. 대마도 여행 때 풍랑으로 섬에 갇혀 배가 오기를 기다렸던 사례들이 그랬다.

산다는 것은 그렇게 또 하나의 기다림을 위하는 것이고 설령 기다릴 것이 없어도 기다림을 준비하는 것이다. 그날이 빨리 오기를 기다리고, 그 일이 성공적으로 이루어지기를 희구하는 기다린다. 하나의 기다림이 이루어지면 멈추지 못하고 더 진보적이고 나은 기다림이 이어진 지난날이 얼비친다.

모두는 행복하기 위해 기다림을 시작한다. 최선을 다한 땀의 대가를 얻기 위해 기다린다. 내공도 키우고 마음도 굳건히 하여 지금껏 해 온 기다림과는 사뭇 다르게 기다리는 법을 익히고 싶다. 다스려 성취되고 행복이 다가오는 기다림을 하고 싶다. 지금도 나는 뭔가를 기다리며 살아가고 있다.

숯불을 피우다

별이 빛나는 여름밤에 우리 집 옥상 방갈로에서 숯불을 피운다.

삼겹살을 구워 먹기 위해 어둠 속에서 활활 타오르는 참숯불을 피운다. 프로메테우스에게 받은 불이다. 신이 준 불이라 찬란하게 빛난다. 인류문화를 만든 원동력이 되었던 그 숯불을 내가 손수 피우기 시작한다.

불은 성냥개비 끝에서 발화되었다. 섬광으로 지펴진 불쏘시개가 타오른다. 자신을 태워 불을 지피고 재로 사라지는 화끈한 뒷모습이 숭고하다. 재가 되기까지 불꽃 시간은 황홀하다. 불꽃 생명은 활활 타올랐다 사라지는 일이 아닌가. 숯불 빛은 어둠을 삼키는 채도가 높아 유달리 눈에 띈다. 어둠 속에서 영롱한 불꽃이 환희를 주기 시작한다. 아름다움에 대한 기준은 느끼는 사람 마음에 따라 다를 수 있지만, 그 불빛은 무아지경이다.

불은 숯의 검은 눈동자를 태워 뜨겁게 달군다. 열기에 역동성을 느낀다. 숯불이 타는 온도에 따라 불빛이 다양하다. 빛 파장에 따라 다양한 색깔 띠로 나타난다. 어둠을 물리며 별을 불러들이고 달을 초청해 환상의 여름밤 하모니를 연출한다. 사위가 어두워지자 제 본능을 드러내기 시작한다.

불꽃이 세지자 어둠에 숨어 살던 뭇 생명체가 정체를 선명하게 드러낸다. 최고조로 피어오르는 불빛에 눈과 마음이 반응해 호사를 하고 있다.

숯불의 눈은 불덩이 중앙에 있다. 용융점 1,530℃ 쇠붙이를 녹이는 엄청난 고온이 있는 곳이다. 푸른색 띠는 중앙 온도가 그렇게 높은지 처음 알았다.

죽은 나무가 그렇게 강력한 위력 있는 마법을 지녔는지 새삼 놀랍다. 물상을 태우고 익히며 녹이는 숯불. 소멸과 창조를 하는 신이 내린 불이다.

코끝을 파고드는 참숯 냄새가 좋다. 잘못 품었던 세상 오니를 태우는 냄새다. 참나무를 구워 숯을 만드는 모습이 무성영화처럼 연상 된다.

신성한 붉은 숯불 불빛이 더 세게 피어오른다. 오묘해 정염을 일으킨다. 마음속 열정과 희망을 자극해 사유를 할 기회를 주고 에너지를 준다.

불빛은 내 거친 생채기를 따뜻이 어루만져 주며 쉬 범접할 수 없는 기운을 뿜어낸다. 어둠과 불빛 경계에는 그윽한 고요가 흐르기 시작한다.

'삶에도 불꽃 시기와 재의 시기가 있다'는 프랑스 시인 레니에 말이 연기에 스쳐 간다. 황홀한 시간 주인공이 되어 내 가슴에 잠재해 있는 풍진을 밀어낸다. 타오르는 불꽃이 번뇌를 태운다. 불꽃은 보이지 않는 나를 응시할 기회를 준다. 뭇 어둠을 몰아내고 내 안에 군림하고 있는 권력도 생채기도 태워서 정화를 시킬 태세다. 불의 사명은 태워서 사라지게 하는 게다.

사악한 기운과 액운을 쫓는 '쥐불놀이'하던 숯 불꽃이 피어오른다. 불꽃은 오직 위로 타오른다. 소멸과 환생을 꿈꾸며 하늘로 향한다. 바람을 빌려 불꽃은 커지고 바람이 그치면 이내 원래로 회귀해 올곧게 타오른다. 영롱한 불빛은 빛이 제 몸을 사르는 고통으로 만들어 낸 걸작이다.

숯불 불빛 색이 다른 이유는 표면 온도가 다르기 때문이다. 육안으로 식별 가능한 숯불 색깔 온도는 대략 1,100℃다. 불은 빨간색이지만 실제는 노랑과 파랑이다. 타는 물질 가연성에 따라 불꽃은 여러 형태로 피어오른다.

세를 불인 숯불이 소리를 낸다. 빛을 만들기 위해 참숯이 내는 소리다.

가늘고 촘촘히 박힌 숯은 타면서 짧지만 강한 불꽃을 발산한다. 살이 굵은 숯은 타는 속도가 느리고 불꽃이 오래 지속된다.

숯불이 만들어지기까지 숨겨진 참숯 고통은 숭고하다. 자신을 불태워 사위를 밝히는 숯불은 인생의 낙과, 고통을 극복할 용기와 신념을 준다.

인생도 고통이 없으면 빛을 발휘할 수 없지 않은가. 죽은 사람은 고통이 없다, 고통이 있다는 것은 살아 있다는 증거가 아닌가.

타다 남은 숯을 꼬챙이로 불 속으로 밀어 넣는다. 구렁이 담 넘어가듯 천천히 타들어 가 어둠을 밝히는 숯불과 불장난을 쳐본다. 빛과 어둠 경계를 오가는 숯불 장난으로 동심에 젖어 본다. 이슬이 내리는 음률이 바람 소리에 묻히고 밤은 깊어만 간다. 숯불은 어둠 속에서 여전히 눈이 부시도록 빛을 낸다. 태우는 작업을 끝낸 숯은 한 줌 재로 남는다. 재가 되기 위해 사박사박 불 꺼지는 소리가 귓가에 와닿는다. 마치 낭창낭창 흐르는 소야곡처럼 들린다. 재는 숯불이 오랫동안 살아있도록 보호를 한다. 다시 살아날 수 있는, 살아 있는 생명을 재가 보호한다.

재는 성냥이 없었던 시절 불씨가 꺼지지 않도록 화덕에 잘 묻어 보호했다. 불씨를 꺼트린 며느리는 집에서 쫓겨났을 만큼 소중히 다루었던 존재였다.

옛날에는 귀하게 여겼던 불씨를 '신(燼)'이라 불렀다. 깜부기숯에서 불꽃 없이 붙어서 거의 꺼져 가는 불을 말한다.

모질고 끈질긴 나무의 생명력은 죽어서도 역할을 하며 흙으로 사라진다.

나무는 타서 재를 남기지만 재는 사라져 버리는 것이 아니다. 흙으로 돌아가 다른 생명체가 태어나도록 자궁이 되어 준다. 재는 새로운 생명체의 삶을 재창조하는 원천으로 작용하고 있어 숭고하다. 그래서 한 줌의 재가 갖는 의미를 인생에 비유하면 심오한 맛을 느끼게 한다.

숯불에 구운 삼겹살 미각이 혀를 농락한다. 참숯에 구운 삼겹살은 별미다. 숯의 화력이 좋아 삼겹살 속까지 균일하게 익혀주기 때문에 제맛이 난다. 숯은 나무의 무거운 짐을 죄다 비우고 단련해서 만들어진 결과물이다.

유년 시절, 두메산골 고향에는 산속에서 참나무로 숯을 만드는 일이 많았다. 숯을 만들려면 반지하식 굴광을 파서 가마 형태를 만들어야 한다. 가마 벽에 점토와 돌로 쌓아 진흙을 바르고 바닥에 자른 나무를 세워서 적재했다. 진흙을 이겨 발라 지붕을 완성한 후 화구를 통해 불을 지펴서 연소시켰다. 목탄화가 이루어지면 화구를 완전히 밀봉하여 소화되기를 기다렸다.

가마를 개방하여 목탄을 꺼냄으로써 제탄공정이 마무리되었다.

만들어진 숯을 운반하는 수단은 지게였다. 땀을 뻘뻘 흘리며 무거운 숯을 짊어진 지게꾼들이 줄지어 이동하는 모습이 눈앞에 아롱거린다.

숯을 만들게 되면 자연적으로 고용 창출이 되는 구조였다. 생산과 운반 판매에 이르기까지 일련의 제조업 시스템이 이루어졌다.

산골 겨울은 위풍이 강해 방안 화로에 늘 숯불이 재에 덮여 살아 있었다.

화롯불은 방안 보온을 유지하는 난로 역할을 했다. 긴 담뱃대에 불을 붙이는 데도 요긴하게 이용되었다. 참나무를 태워 나온 숯불은 필수품이었다. 긴긴 엄동설한에 화롯불을 쬐며 끼리끼리 모여 대화 창구 역할을 했다.

고구마를 숯불에 구워 먹던 유년의 추억을 되새김질해 본다. 알불에 묻어 둔 잘 익은 군고구마를 먹던 추억이 새록새록 난다. 불똥에 구멍이 난 적삼에 콧물을 닦으며 군침 흘리며 먹어 치우는 생각을 하면 미소로 번진다. 보이지 않는 화롯불은 늘 그리움이 된다. 숯이 타서 남은 재 속에 고구마를 묻는다. 검게 탄 고구마 껍질을 벗겨 김이 모락모락 나는 군고구마를 먹는 맛은 먹거리가 부족했던 산골 아이들 특식이었다.

그윽한 녹말 미각은 열여드레 하현달과 어우러져서 그리움을 빚는다. 날 선 혹한에 사윈 몸을 보듬고 살벌한 영혼을 숯불에 쬐인 추억이 그립다.

밤은 깊어가고, 은하수 자잘한 별 무리 자분자분 헤아리며 불은 꺼져간다. 숯불은 꺼지지 않은 생명 불씨로 살아왔다. 새로운 인류문화를 만들어 낸 숯불을 피우며 나를 반추했다. 숯불처럼 빛났다 한 줌 재의 삶을 음미했다.

숯불에 비친 삶의 궤적을 들여다보며 옹골찬 새 삶을 다짐을 해본다.

헝클어지고 흐트러진 감정을 가다듬고, 허허한 자아도 가지런히 해본다.

숯불이 소구춤을 추는 울산 도심 여름밤에 멋진 인생의 희망을 사유했다.

제
4
부

자세를 고쳐 잡다

한량이

칼을 갈다

지겟작대기

자세를 고쳐 잡다

나무 도마

노인과 개나리

불꽃

휘파람 노래

빗장을 열다

한량이

태화루 누각에서 흥겨운 노래가 들리고 거문고와 장구가 장단을 맞춘다. 가녀린 무녀의 춤사위가 섬세하고 느린 율동에서 굵고 빠르게 옮겨간다.

저절로 흥이 나는 춤이다. 우아한 춤사위가 이는 옷깃에서 섬광이 나온다. 누각에 꽃등불이 터졌다. 달빛을 온몸으로 받은 무희 춤동작이 격조를 높인다. 회전하면서 나풀거리는 옷맵시 동작에 감정이 살아 움직인다. 노래와 춤 재주가 비범한 한량들이 태화루에서 달빛놀이를 하고 있다.

태화강 물소리가 누각에 부딪히고, 은은한 달빛이 실루엣으로 다가온다. 춤 향기와 풍류, 달빛에 취한 퇴계와 김삿갓이 덩실덩실 춤을 춘다. 졸면서 꿈을 꾸었다. 중년 한량이 잠에서 깨어나 멋쩍은 미소를 짓는다. 비록 꿈이었지만 한량으로 살고 싶다는 욕구가 뇌리를 강타한다.

2년 반 전부터 한량(閑良)생활을 시작했다. 새로운 도전과 자유를 꿈꾸며 2기 인생은 한량으로 꾸려가기로 했다. 한량이 생활 핵심은 자유분방이다. 자유는 한량이 특허다. 문학과 자연은 무한한 자유를 느끼게 하는 매개다. 자유가 주는 고귀함을 인지하면 진정한 자아를 발견할 수 있다. 자유에 대해 끝없이 질문해야 하는 이유가 여기에 있다. 자유는 보이지 않는 숭고한 경지다. 자유롭고 아름다운 삶은 한량이 꿈꾸는 최고의 경지다.

그 옛날 퇴계 이황, 이덕무, 이익, 김시습, 김삿갓을 닮은 한량이고 싶다. 한량이 초, 수십 년 회사생활에 굳어있는 몸이 바뀐 환경에 적응하는 시간이 필요했다. 두어 달이 무척 힘들었다. 약을 복용한 환자처럼 비실거렸다. 사계절 내내 일정 온도를 유지하는 회사사무실에서 살다가 기온 변화가 심한 집안에서 생활하니 시차 적응을 하느라 몸 멀미가 심했다.

한량이 길은 자유가 있지만 외로운 삶을 사는 일이다. 스스로 선택과 집중을 해야 하고 홀로서기를 해야 한다. 누가 뭐래도 한량은 가장 오래 짊어지고 가야 하는 직업이 아닌가. 길게는 인생 절반을 안고 가야 한다. 그냥 사는 게 아니라 흥미 있고 유익하게 살아야 하는 직업이다. 한량은 아침부터 저녁까지 눈치 보지 않고 마음대로 누릴 자유가 주어진다. '백수가 과로사한다.'는 조롱처럼 정신없이 바쁜 시간을 보낸다. 한량은 몸살이 나도록 온종일 각종 모임과 봉사활동에 참여를 한다. 빈둥빈둥 노는 이미지 한량이 아니라 과로사할 만큼 바쁜 한량이다.

대기업 근무를 마치고 재취업을 고려했지만 냉정하게 포기를 했다. 여태껏 해왔던 일에 얽매이기 싫었기 때문이고 일탈하고 싶었기 때문이다. 일이 있으면 있는 대로 없으면 없는 대로 재미있는 한량으로 살기로 했다. 즐겁게 노는 것도 쉽지 않은 영역이다. 풍류를 즐기고 저술 활동을 하며 자유인 삶을 살았던. 역사 속에 남은 선인 한량 길을 뒤 따라갈 참이다.

제대로 놀 줄 알아야 한량이 할 수 있다. 게으르지 않게 놀고, 성실하고 정열로 놀아나야 한량이라 할 수 있다. 노는 일도 기술이 있어야 하고 노는 방법을 알아야 제대로 놀 수가 있다. 춤과 음악도 즐기고 향유할 수 있어야 한다. 음악은 시적이어여 한다. 한량이 추는 무희는 자연이 하는 동작을 따라 한다. 바람에 흔들리는 나뭇가지 동작을 따라 해야 춤꾼 소리를 듣는다. 자연이 주는 춤과 음악은 감흥이 있다. 그래야 즐거워진다.

한량도 자기가 놀 적절한 장소를 찾는 일이 중요하다. 그 옛날 수도승들이 자기에게 맞는 공부 할 터를 찾기 위해 수십 년을 찾아 헤맸던 것처럼 장소를 찾아야 했다. 한량이 찾은 놀이터는 무릉도원이 펼쳐지는 등산이다. 17년 전에 선택한 시민을 대상으로 하는 무한산악회 산행에 줄곧 참가를 해오고 있다. 회장도 4년 해서 다져 놓은 터다. 한량이 되어 노는 장소가 미리 정해진 셈이다. 등산이 아름다운 인생임을 느끼고 살아왔다.

산과 산우는 늘 가까이에 있으니 한량이로 그냥 가면 된다. 산에서 만난 사람들은 산을 닮아 순수하고 복잡한 이해관계를 따지지 않는 친구다.

한량은 온몸으로 온몸을 밀어 산을 오른다. 찬란한 햇살을 받으며 코와 귀를 활짝 열어 허기진 영혼을 채운다. 이 산 산자락에 누워 있는가 하면 저 산 계곡에 두 다리 뻗고 있다. 그렇게 산에 오르고 감흥을 글로 옮긴다. 고민하지도 꾸미지도 않는다. 느낀 그대로 옮기면 한량이 글이 된다. 괴롭게 글을 쓰면 괴로워하는 이는 독자들 몫이기에 한량은 그대로 쓴다. 한량이 소명은 산 감흥과 포효를 글로 독자들에게 전염시키는 일이다.

예술과 조화롭게 결합시킨 삶은 한량이 특권이 아닌가. 한량이 관계구축은 대자연에 동화되고 친구가 되는 데서 출발한다. 진정한 예술은 잘 놀아야 경지에서 이를 수 있다. 아름다움을 추구하지 않으면 자격 미달이다.

고급 백수 고교동창생들과 모임을 만들어 골프를 즐긴다. 스코틀랜드 목동들이 유래시킨 그 골프를 한량이 즐기고 있다. 탁 트인 잔디를 밟으며 신나는 운동을 즐긴다. 어울림과 우정과 멋을 즐기는 골프로 우아하고 고상한 정취인 아취(雅趣))를 느낀다.

골프가 주는 인생의 참 의미를 헤아리며 의리가 있는 신사가 되어 골프를 즐긴다. 골프에는 인격자들이 가져야 할 철학과 수칙이 담겨져 있다. 골프는 정신 스포츠로 과욕하면 백전백패한다.

경쟁하고 위로하며 인격을 수양하며 스포츠정신을 함양한다. 남들이 일하는 허구한 날 골프 놀이에 빠져 노는 한량이다. 한가하게 보이지만 골프는 결코 쉬운 스포츠가 아니다. 숙련과 지략이 필요한 운동이다. 한량이 골프를 치면서 집중을 하지만 매사에 매달리는 집착도 없다. 꼭 해야 할 일이 없고 꼭 하지 말아야 할 일도 없다.

한량은 쌀 300석 수입이 있어야 가능하다. 한량이 삶도 능력 있어야 한다. 여태껏 인생의 주연으로 연기를 해보지 못했다. 궤도를 벗어난 별이 되어 은둔의 삶을 살며 세상 어느 모퉁이에서 지친 하루를 보냈다. 살아온 날들을 뒤돌아보면 한량 기질이 있는 사람이 남자다운 사람이다.

역사에 이름을 남긴 선현들도 한량이 삶을 살며 즐거움을 추구했다. 그들은 구속받지 않고 재미있게 사느라 욕심도 적고 가진 일도 작았다. 욕심을 버리고 소박하고 멋을 추구하는 문화 한량으로 살아가고 있다. 문학을 가꾸고 숭상하며 선현들이 했던 한량이 발자취를 따라 하고 있다.

꼭 필요한 곳, 있어야 할 곳에 있는 귀한 한량이다. 세상에서 제일 좋은 직업이 한량이다. 제일 어려운 직업이기도 하다. 일생에서 가장 오래 가져야 할 직업이 한량이다. 싫다고 내팽개칠 일이 아니다. 가치 있는 직업의식을 가지고 세상을 살아가는 것이 한량이다.

시너지를 내는 여러 직업을 갖는 시대가 도래했어도 한량이 직업이다. 이 산 산자락에 올랐다가 저 산 계곡에 두 다리 뻗고 풍류를 즐기며 호방하게 살아가는 한량이다. 한량으로 살다 보면 묵직한 사유가 떠오른다.

자연을 벗하며 등산을 하고 자유로이 글쓰기를 즐긴다. 글은 자유분방한 사유에서 나온 것이 묵직하다. 한량이 쓴 글은 걸작이 많다. 글을 벗하는 한량이 풍류를 즐기는 삶을 살아가고 있다.

한량이 살아보지 않는 아름다운 내일을 즐기기 위해 자세를 고쳐 잡는다. 한량은 혼자서 인생의 길을 걸어간다. 묵묵히 걸어가며 여유를 즐긴다.

떠도는 나그네 되어 놀이를 즐길 장소를 좇아가고 자유분방하게 살아간다. '내 가는 곳이 집이요 하늘은 이불이며 목마르면 이슬 마시고 배고프면 초근목피가 있다.' 황진이가 그토록 사모한 한량 서경덕의 시 가사처럼 살아간다.

한량은 선비의 지조가 있고 사내의 의리가 있다. 스스로 깨닫고 실천하는 무사지오로 여문 삶을 살기 위해 오늘도 마음가짐을 고쳐 잡는다.

칼을 갈다

방어진 어시장에서 멧돼지만 한 대구를 샀다. 고기를 장만하는 할머니 칼부림이 검객 수준이다. 칼을 부리는 동작이 절도가 있고 묵직한 리듬을 탔다.

싱싱한 대구에 배를 따고 자르는 칼부림이 그 옛날 아버지가 부리던 칼솜씨와 버금갔다. 생선 장수가 휘두르는 칼이 칼춤 추듯 능수능란하게 움직였다. 칼의 사명은 자르고 가르는 일이다. 칼이 스친 자리에 묘한 정적이 흘렀다.

3년 전에 소천 하셨지만 20년 칼을 부린 적이 있는 아버지를 떠올렸다. 고향에는 집에는 아버지가 부린 묵직한 대형 부엌칼이 그대로 남아 있다. 반달형 형태이고 한쪽에 서슬 퍼런 날이 있는 두툼한 칼이다. 칼등은 망치 자국이 수묵화처럼 남아있어 예술품으로 현현한 칼이다. 슴베를 끼운 칼자루에 애환이 어린 조선 식칼이다. 어시장 할머니가 부리던 식칼과 흡사하다.

뭇 짐승 멱을 땄던 칼이다. 노파가 객귀를 물리려고 마당에 던졌던 칼이다. 아버지가 몽땅 연필도 깎았고 대나무를 세로로 가를 때 사용했던 칼이다. 조자룡이 헌 칼 쓰듯 휘두른 칼이 아니다. 휘두르는 칼에는 힘이 있다.

칼은 의도하는 대로 잘리는 권력이다. 잘못 휘둘리면 권력은 자비가 없다. 낫이 집 밖에서 사용했던 도구라면 칼은 집안을 전담했던 살림 도구다. 세라믹으로 된 현대식 칼에 밀려 유물로 전락한 칼이다.

아버지가 사용한 칼은 주인을 잃고 쓸쓸히 퇴출을 준비하고 있는 듯해 아쉬움을 곱씹는다. 한 시대를 풍미했던 기개와 권력을 죄다 내려놓았다.

몸을 낮추고 처분을 기다리는 날은 녹이 슬어 무디고 날이 빠졌다. 아버지 타계로 고향 집을 지키고 있는 칼도 주인을 그리워하고 있을 것이다. 검붉게 녹은 쇠붙이가 낫이 되던 그때를 그리워할 것이다. 세찬 풀무와 망치 소리 울리며 대장장이 손에 명품으로 빚어졌던 날을 그리워할 것이다.

다시 제 몸을 녹여 새로 태어나는 칼이기를 갈구하고 있는지도 모른다. 닳아서 빛이 나는 칼자루에서 아버지 모습이 무성영화처럼 흘러간다. 무덤덤하게 칼을 부리던 아버지 모습이 눈앞에 선하다. 칼날에 가끔 손이 베여 흘린 핏빛 같은 아버지 애환이 그리움으로 다가온다.

두메산골이라 산짐승들을 잡아 요리를 장만하는 경우가 많았다. 겨울철 눈이 많이 내리면 멧돼지나 노루가 대량으로 잡혔다.

아버지는 짐승을 잡기 전에는 꼭 칼을 갈았다. 마당 세면대에 쭈그리고 앉아 숫돌 질을 하던 아버지 모습이 선하다. 승려들이 좌선하는 '심금당'에서 수행을 하는 마음으로 칼을 갈았다. 산짐승을 살생하는 두려움을 없애기 위해, 독한 마음을 먹기 위해 칼날을 갈았다.

엄지손가락으로 갈아진 날 정도를 감각으로 측정하여 균형을 맞추었다. 날을 숫돌과 15도 기울어 밀 때 80%, 당길 때 20% 힘을 주며 갈았다. 칼 가는 소리가 사악 사악하게 난다. 칼날을 몇 등분으로 나누어서 날을 갈았다. 밀고 당기는 동작에 칼날과 숫돌은 서로 자신을 내어 줌으로 만들어진다.

장인정신 없이 앞뒤 칼날 균형을 맞추기 매우 어렵다. 머리카락이 잘릴 만큼 날카롭게 칼날을 갈았다. 칼에는 질투가 심한 영혼이 살고 있다. 아버지는 숫돌에다 칼날을 다듬으며 마음속 칼을 가셨는지도 모른다. 칼을 가는 시간에 당신부터 내공을 기르고 강함을 길렀으리라.

칼 갈리는 소리가 고향 집 정적을 깨우기 시작한다. 파리똥이 묻어 빛이 바랜 가족사진 앨범에서 그리운 피붙이들이 금방이라도 뛰쳐나와 재회할 태세다. 그리움이 칼에 삭아 사악 소리 내며 갈리기 시작한다.

조선 식칼은 가녀린 여인네 손에 쥐어진 비수가 아니다. 중국집 주방에 있는 사각으로 된 그 칼도 아니다. 장수 손에 들린 칼과 버금가는 칼이다. 조선 식칼은 결코 사람을 찌르거나 베어 버리지 않는 절제력을 지니고 있다. 모기보고 칼 쓰듯이 하잘 일 없는데 쓰지 않다. 있어야 할 곳에 있다. 칼 속에 무서움이 숨겨져 있기에 겸손하고 신중하게 다룬다. 사용하기 전에 준비를 끝내고 늘 처분하게 기다리는 자세가 있다.

칼 다룸에 있어서도 마구 휘두르지 않는 절제와 침착성이 있다. 칼끝을 과시하며 깝죽대며 남을 업신여기는 팔불출 행동은 배제한다. 조선 식칼은 보기에는 묵직하다. 아버지가 움직이는 동작은 부드러웠다. 최고경지에 오른 대가처럼 능수능란하고 부드러움을 겸비한 동작이었다.

베고 찌르는 무기인 검(劍)은 조선 식칼과는 다른 개념을 가진 칼이다. 박물관에 남아 있는 그 칼은 세상을 지배하고 호령했던 칼이다. 칼 몸이 곧고 양쪽에 날이 있는 긴 칼을 말한다. 이순신이 차고 있던 긴 칼이다.

세계를 제패했던 나폴레옹과 정복왕인 칭기즈 칸이 찼던 명검을 이름이다. 검은 파괴와 약탈보다 권력을 향유했던 칼이다.

장수 칼은 적을 베는 칼이 아닌 부하와 자신을 다스리는 칼이다. 아군을 지휘할 때 사용하라는 칼이다. 명령에 복종하지 않거나 배신자를 베는 칼이다. 장수로서 과오를 범했을 때 자신을 찌르라고 주는 칼이다.

두 해 반 전에 제1기 인생인 직장생활을 명퇴했다. 1기 인생은 40년 가까이 직장에 보내면서 보람을 찾았다. 직장에 살아남기 위해 칼을 갈며 살았다. 청춘을 내주고 열정을 허여했다. 나를 위한 칼을 갈 기회가 없었다.

제2기 인생에 필요한 무기를 만들기 위해 서슬 퍼런 칼을 갈고 닦고 있다. 스님이 선방에서 참선을 하듯 수행을 하는 마음으로 칼을 갈고 있다. 탐스러운 내 마음이 생긴다면 가차 없이 베어버릴 칼을 갈고 있다. 가슴에 비수를 갈며 살아간다. 해를 끼치려고 칼을 갈지 않는다. 어리석고 게으른 태도를 자르기 위해 날마다 비수를 갈고 있다. 결코 남을 해할 목적으로 비수를 품지는 않았다. 그런 칼은 나를 해하는 독이 된다는 사실을 알고 있기 때문이다. 녹슨 칼을 갈고, 내팽개쳐진 마음을 잡기 위해 칼을 간다. 날이 뭉개지면 날을 갈아 오롯이 세운다. 오염된 마음을 자를 칼날을 시퍼렇게 간다. 버릇과 타성과 번뇌를 가차 없이 자르는 반야검이 되도록 칼을 갈고 있다.

나를 호령하는 칼이 되도록 칼을 갈며 살아간다.

칼은 엄중히 내게 명령을 하고 있다. 성난 내 마음이 생기면 베어버린다고. 어리석은 마음이 생기면 단칼에 베어버린다고. 자신감과 겸손함이 공존하는 손놀림으로 칼을 사용하며 살아가라고 날을 세우고 지켜보고 있다.

오직 자신을 다스리는 용도로 사용하며 준엄하게 살아가라고 명령을 한다. 칼자루를 쥔 권력자가 되어 제2기 인생을 감시하고 이끌어 준다.

살아보니 칼은 간다고 끝이 아니었다. 골프가 그랬다. 기본을 다지고 자세를 고치는 칼을 갈아 봐도 날 단련되지 않아 금방 무뎌졌다. 무뎌진 실력으로 무뎌진 칼을 가는 우를 범했으니 당연했다. 참선하는 마음으로 내공을 기르고 자세부터 고쳐 잡았다. 우련했던 칼날을 세웠다.

칼날에 내 단점을 잘라 버렸다. 단점은 다시 나타났지만 칼을 갈아 잘랐다. 다시 숫돌에 물을 붓고 조선 식칼을 갈았다. 아버지가 했던 자세를 취하며 마음을 다스리는 칼을 갈았다. 내 안에 숨어있는 침묵의 자아를 발견했다. 침묵은 하던 행동을 멈춤으로써 비로소 발견하는 기쁨이요 재발견이다.

인생길에서 엇길 나지 않게 단단히 자세를 고쳐 잡아 본다.

아버지 얼굴이 화현(化現)하여 보이고 서슬 퍼런 날은 세워지기 시작한다. 날을 숫돌과 15도 기울어 밀 때 80%, 당길 때 20% 힘을 주며 갈아 본다.

우련한 나를 칼에 가는 소리가 경쾌하게 들린다. 후회하지 않는 자유와 참한 인생을 준비할 참이다. 자세를 고쳐 잡고 무딘 칼을 갈며 살 참이다.

지겟작대기

책장 안에는 기념품점에서 산 작은 모형 지게가 지겟작대기에 받쳐져 있다. 당장 책장을 뛰쳐나와 켜켜이 쌓인 역사를 말해줄 태세다. 만든 솜씨가 정교하고 빼어났다. 지게가 생활의 무기였던 내 유년 스토리텔링을 소환했다. 고향 집 마당에 있었던 지게가 아슴푸레 떠오르고 아린 애환을 일게 했다.

손재주가 좋으신 아버지는 내 체형에 맞게 아담한 지게와 지겟작대기를 만들어 주셨다. 튼튼하고 가벼워서 좋았고, 볏짚을 엮어 만든 지게 멜빵도 수작이었다. 특히 머리 부분이 Y자인 지게 작대기가 마음에 들었다. 가는 나뭇가지를 베어 낫으로 매끄럽게 다

듣은 지겟작대기는 내 삶 지휘봉이었다.

내가 지게를 지는 기술을 익히는 데는 시간이 꽤 걸렸다. 처음에는 넘어지고 중심을 잡기가 어려웠다. 지게기술 핵심은 지겟작대기를 잘 이용하는 일이었다. 작대기는 지게를 받치는 버팀목도 하지만 지게를 질 때 균형을 잡아주고 힘을 모아 주는 역할도 했다. 특히 짐을 지고 일어설 때나, 높은 곳을 오르내릴 때 균형 잡기는 안전을 위해서 매우 중요하다. 얼핏 보면 지겟작대기는 악단이 연주할 때 지휘자 역할을 했다.

아버지가 패놓은 장작을 지게로 부엌으로 나르는 일이 첫 체험이었다. 어깨에 와 닿는 무게를 줄이고 쉽게 일하는 데는 몸동작과 지겟작대기를 적절히 이용해 힘 조절을 잘해야 했다. 지게 지는 법을 익힌 나는 겁도 없이 산으로 오르내리기 시작했다. 나무를 지고 다닐 때는 위험이 도사리고 있었다.

탯줄같이 좁고 돌부리가 많은 산길과 낭떠러지는 지겟작대기로 중심을 잡지 않으면 위험한 곳이었다. 셀 수 없는 생의 명과 암이 지배하고 있었다.

당시 두메산골에는 맹독성 독사와 살무사가 많았다. 무서운 독사를 잡을 땐 Y자 머리로 목을 눌러서 생포해 뱀 장수에게 팔아 용돈을 벌었다. 어릴 때부터 야성이 강해 야생짐승이나 맹독성 뱀으로부터 자신을 보호하도록 훈련이 잘되어 있었다. 산에 갈 때는 끝이 뾰족하고 머리 부분이 집게 역할을 하는 지겟작대기가 요긴한 무기였다. 야생동물은 사람이 먼저 해치지 않으면 잘 덤비지 않는 습성이 있다.

막다른 골목에서 마주치는 일이 없도록 짐승들을 미리 피하도록 해야 한다. 사고를 미연에 방지하기 위해 장님이 지팡이를 앞세워 방해물을 확인하듯, 지겟작대기로 길 앞을 툭툭 치며 걸어가야 한다. 벌집을 피하기 위해 작대기를 휘두르지 않고 가볍게 툭툭 땅을 치며 가야 한다. 말벌을 만나면 본능적으로 납작 엎드려서 그 자리를 벗어나는 일이 상책이다. 독사에 물리고 말벌에 쏘이면 목숨이 위험해진다. 살기 위해 항시 유비무환을 해야 했다. 지게를 지탱하면서도 호신용으로 지겟작대기가 있었다.

약용식물을 채취할 때도 요긴하게 활용했다. 흙 속으로 뾰족한 작대기 끝을 찔러 산도라지, 더덕, 약초를 깨며 보물찾기를 할 수 있었다. 아궁이에 고구마를 구울 때 알불을 다스리는 데도 지겟작대기를 활용했다.

학교에서 배운 동요를 부를 때 박자와 장단 맞추는 도구도 지겟작대기였다. 사로잡고, 물리치고, 두드리고, 때리고, 뒤집고, 부수고, 고르기 하는데 쓰는 지겟작대기라 지게를 지고 집을 나설 때는 늘 지니고 다녔다.

지겟작대기는 전장에 나가는 군졸 무기인 칼처럼 다양하게 다스리는 요령을 터득해야 했다. 사람 사이에 작대기에 힘을 주는 사건이 생기면 죽음을 부를 수 있기에 다스림을 잘해야 했다. 실제로 동네에서 외지인과 싸움을 하면서 지겟작대기로 살인에 가까운 사건이 발생한 일이 있었다. 마당에 금을 그었다. 밟아도 여간해 지워지지 않았다. 끝이 날카로운 촉으로 기억을 다시 쓴다 해도 행복할 게다. 위험을 물리칠 호신용이 된 지겟작대기는 두려움을 쫓는 강한 담력과 자신감을 심어주었다. 지겟작대기는 늘 아버지처럼 내 곁에서 든든한 보호자 노릇을 했다.

지겟작대기가 되려면 파란과 곡절을 겪어야 한다. 인생도 마찬가지다. 지게에 실린 짐의 고임을 해야 하고 굴레를 벗지 못하는 운명을 타고났다. 작대기 각도로 잘 세워 가해지는 압력 세례를 이겨내야 한다. 잘못 몸을 비틀리게 되면 힘이 한곳에 몰리면서 부러져서 못쓰게 된다. 부러지면 뜨거운 불에 타서 재가 되어 사라져야 한다. 인생은 지겟작대기와 흡사한 것이다.

곧게 자란 나무는 지겟작대기가 되기 쉽다. 비틀어지거나 잡목으로 자란 나무는 땔감도 되기 어렵고 대지 위에서 썩어야 한다. 단단하고 쭉쭉 하늘을 향해 뻗어간 나무가 지겟작대기로 선발된다. 사람 세상도 다를 바가 없다. 지게의 버팀목이 되기 위해 뭇나무들의 특사로 세상에 내보내진 것이다.

곧게 뻗은 박달나무나 몸집이 단단한 나무가 우선으로 선발된다. 조금 비틀어져도 지게를 잘 잡아주고 내려치는 괴력에 부러지지 않으면 된다. 사람 사는 것과 진배없이 세상을 살아간다. 끝이 뾰족하며 지겟작대기처럼 튀게 되어 기별도 없이 몰매를 맞는다. 몸을 다 내주어 지게를 지탱하는 일은 하지 않으면 안 되는 일이다. 지게에 짐이 많이 올라가면 그 충격이 얼마나 큰지 알고 있는 지겟작대기는 모른 채 눈을 감아버린 것인지 모른다. 지겟작대기는 지게의 중심을 잡아내 정확히 중심을 잡아야 힘을 덜 받는다. 나무에 결점이 없으면 잘 부러지지 않는다. 지겟작대기를 잡는 것만 봐도 지게질 역량을 가늠한다.

숙련된 지게꾼은 가볍게 자루를 잡고 중심을 잘 잡아 조련한다. 힘이 세다고 지게를 잘지는 것은 결코 아니다. 지게도 처음부터 잘 졌던 것은 아니다. 수많은 연습과 실수를 하며 익혀야 어느 수준에 도달한다.

지겟작대기는 지게를 먼저 생각한다. 지게와 한 몸 되기 위해 몸을 낮춘다. 자신을 잊은 채 지게에 모두를 다 내준다. 거센 압력에 등이 굽고 허리가 휘어져도 자신만을 탓한다. 몸집에 움푹 상처가 나도 내세우지 않는다.

사회생활은 그 지겟작대기 정신이 야무지게 내 삶 아래에 매달려 용기와 도전을 지원했다. 그 정신은 세파로 헤진 마음까지 바느질하여 꿰맸다. 가보지 않은 길이라 두려움도 많았다. 세상 풍파에 대응과 적응을 위해서 지게작대기 정신으로 돌아가 담력과 자신감 회복에 주력했다. 벌에 쏘였던 어린 시절처럼 속울음을 우는 일도 많았다. 지겟작대기를 두드리며 세상 속으로 갔지만 역부족이었다. 회사는 나에게 지게에 무겁고 큰 짐을 얹혀서 험준한 길을 가도록 강요를 했다. 그 옛날 지게작대기를 다시 들었다. 지게를 지탱할 버팀목이자 무기인 지겟작대기를 만드는 일에 몰두했다. 솔개 변신처럼 환골탈태를 했다. 지겟작대기는 그때 그때 잘 다듬어져 내가 38년간 한 직장에서 생산, 생산관리, 영업, 기획업무를 무난히 수행하게 하여 부장으로 명퇴하기까지 버팀목이 되었다. 일반직 최고봉에 올랐으니 엇나가지는 않았다.

막대기는 가늘고 갸름한 나무이고 작대기는 긴 막대기를 뜻한다. 무거운 짐을 편하게 질 수 있도록 하고, 힘든 일에 흥을 돋아주는 자신만의 지겟작대기를 가져야 한다. 어른이 되어 짊어지고 가야 할 무거운 짐을 든든하게 지탱해 줄 수 있는 지겟작대기를 가져야 한다.

베토벤의 운명 교향곡을 있게 한 작은 작대기처럼 운명을 바꿀 수 있는 나만의 '작대기' 하나를 만들어보고 싶다. 현실을 이겨낼 에너지를 주는 돌보미를 간직하고 싶다. 지겟작대기는 나에게 삶의 전쟁을 알려준 보물이다.

우렁우렁 흐르는 왕피천 회양목 돌아 앉은뱅이 숲에 지겟작대기가 자란다. 나무의 내음. 고향을 떠올리며 추억의 망원경으로 황홀을 누려 본다.

지겟작대기로 툭툭 두드리면서 동생들을 훈계하던 모습과 장단에 맞춰 한 곡조 부르던 모습을 떠올리며 피식 웃어 본다. 어느새 평생 나를 지탱 해 줄 지겟작대기를 만들었다. 백만금 지겟작대기가 나를 바라보며 웃는다.

자세를 고쳐 잡다

둥근 골프공이 포물선을 그리며 창공을 차고 날아 푸른 잔디에 떨어졌다. 여기저기서 '나이스 샷' 함성이 들린다. 드라이버로 200m 가까이 날아갔다. 여태껏 좋지 않았던 자세도 퍽 안정적으로 잡힌 듯했다. 기분이 좋아졌다.

초구 드라이버 샷을 끝냈으니 캐디가 운전하는 카터에 몸을 싣고 두 번째 샷을 하는 위치까지 이동했다. 목표를 정하고 어떤 채로 쳐야 할 것인지 구상을 했다. 우드라는 채를 선택하고 자세를 바로 세웠다. 집중을 해 목표지점에 공을 올렸다. 홀컵에서 10m 지점에 도달해 버디 찬스였다. 침착성이 필요하고 집중이 필요한 순간이었다. 자신감도 필요한 순간이었다. 버트로 치자 공은 홀컵에 근접하여 멈춰 섰다. 첫 홀은 무난하게 파를 기록했다.

내가 골프를 시작한 것은 친구들의 권유와 놀이의 유혹 때문이었다. 시작은 했지만, 연습장에 갈 때마다 공이 잘 맞지 않아 스트레스를 받았다. 골프가 두렵고 그만둘까 고민도 했다. 요상하게 생긴 골프채에 주눅이 들어 치는 자세마저 천방지축이었다. 잔뜩 긴장해서 몸까지 굳어 사면초가였다. 코치가 가르쳐 준 대로 자세를 제대로 갖추고 골프채를 휘둘렀으나 허공을 스치는 바람 소리만 되돌아올 뿐이었다. 제대로 된 자세가 잡히기까지 여러 달 헤맨 뒤 교정을 한 뒤 겨우 안착을 했다.

하나 과정을 넘으니 또 다른 과정이 기다리고 있는 것이 골프였다. 내 몸이 익숙하게 인식을 해야 했다. 기능연마를 위해 반복 동작 연습이 필요했다.

드라이버와 우드를 정복하는 과정은 너무 가파른 언덕을 오르는 일이었다. 발을 어깨너비로 벌리고 상체의 축이 흔들리지 않도록 하여, 체중 이동을 하면서 골프채를 쳤지만 번번이 땅을 치거나 공 근처에서 헛스윙을 했다. 배꼽 아래에 긴장감을 주어 하체를 견고히 했다. 어깨와 팔, 상체에 부드럽게 힘을 뺀 뒤 천천히 호흡하면서 자세를 고쳐 잡아 치니 겨우 볼을 원하는 방향으로 보내는 데 성공했다.

문제는 자세였다. 자세를 고쳐 잡는 일이 내게는 무척 난이도가 높았다. 친구들보다 늦게 골프를 시작한 탓도 있었다. 굳어 버린 허리에 유연성이 없고 허리 회전이 잘 되지 않아 허리통증 등 고초를 많이 겪어야 했다.

지금까지 살아오는 동안 정해진 자세에서 벗어나 본적이 없었다. 수십 년 동안 엄한 규칙에 따라 회사근무를 해 온 터라 자유롭게 자세를 바꿀 수가 없었다. 부모님의 바람에 거세를 해본 기억이 별로 없었다. 엇부루기 사춘기에도 나 스스로 자세를 가다듬고 정해진 틀 안에서 못 벗어나 시계 톱니처럼 자세가 유연성을 잃고 굳어 버렸다. 학교라는 울타리에서도 정해진 학생 본분의 자세를 벗어나지 않았다.

회사를 명예퇴직한 뒤 제2기 인생을 준비하는 과정에서 변화없이 굳어 있는 내 모습을 새삼 돌아보게 되었다. 늘 같은 방식으로 익숙한 회사생활의 타성에 젖어 있어 인지 세상에 비친 내 그림자가 허약해 보였다. 마음속 저편에서 욕구에 허기가 지고 덜 숙성된 인격의 냄새가 났다. 계속 같은 수준에서 덧난 자세만 견지하다가는 수렁에서 빠져나오지 못할 것 같아 용기를 내서 지금의 골프 자세를 고쳐 잡기로 작정을 했다.

골프 자세를 고쳐 잡는 것은 타성에 젖은 과거를 탈피하는 일이었다. 제2의 인생도 골프처럼 자세를 고치는 것이라 중대사였다.

친구들과 버금가는 골프의 수준을 높이겠다는 목표로 시작했지만 정작 나이와 허약함이 제약을 가했다. 이를 극복 하는 방법은 오직 자세를 고쳐 잡고 연습밖에 방도가 없었다. 방에 누워 있을 때도 천정에 골프 치는 형상을 그리며 마음속으로 자세를 가다듬었다. 힘을 빼야 했고, 고정된 자세를 유지해야 제대로 된 골프 칠 수 있었다. 자세를 고치고 다듬는 일이 오래 걸렸다. 마음을 다스리고 단련하기 위한 숙성의 시간이 필요했다. 골프에 중요한 자세가 기본기지만 쉽게 고쳐지는 것이 아니기 때문이었다.

처음에는 코치가 자세를 설명을 해주어도 적응이 쉽지 않았다. 굳어버린 몸이 골프 자세를 방해했다. 자세 유지가 제대로 되지 않아 실력이 쉽게 늘어나지 않았다. 그날 몸 상태에 따라 공이 맞는 정도가 다양했다.

자세는 머리, 척추, 골반, 하지 및 조절 역할을 하는 인대 근육의 상호작용을 조화롭게 숙련시켜야 했다. 정신력이 매우 민감한 골프는 미세한 자세와 기분 변화에도 쉽게 반응했다. 목표를 정하고, 골프채를 잘 잡아, 바른 자세를 취했다. 천천히 골프채를 들어 올리고 잠시 멈추어 기를 모아 빠르게 휘둘렀다. 그러나 자식 농사처럼 골프도 생각대로 되지 않았다,

인생의 길목에도 골프처럼 수많은 함정이 줄줄이 기다리고 있었다. 행운과 불운이 함께 교차하기도 했다. 시행착오를 겪으며 삶의 자세를 고쳐 잡고 다듬다 보면 언젠가는 만족할 수 있는 날이 올 거라 여겼다. 만족은 꾸준한 연습과 고쳐 잡지 않으면 오래 유지되지 못하는 법이다.

심판 없는 골프 점수는 스스로 기록하기에 자신과 하늘에 정직해야 했다. 좋은 점수를 내기 위해서는 반복 연습으로 몸이 마음대로 따라 오도록 숙달시켜야 했다. 양심을 키우는 도장이기에 방자한 행동이나 언동은 삼가고, 매너와 규칙을 준수해야 했다. 잘 맞더라도 겸손해야 했다. 자기감정을 잘 통제할 수 있어야 좋은 골프다. 골프의 기본자세를 익히기 시작했다.

'가장 단순한 것이 가장 어렵다.' 인생이 그렇고 골프가 그렇다. 삶의 학습장인 것이다. 사람의 됨됨이는 골프를 함께 해보면 본성이 드러난다.

수없이 고쳐 잡고 다듬는 사이 자세가 조금씩 잡힌다. 골프를 바라보는 시야가 넓어졌다면 제대로 자리 잡히는 것이다. 골프는 정년 없는 운동이다. 오래도록 건강을 유지하면서 우정을 즐길 수 있는 운동이라는 매력이 있다.

한동안 자세를 고쳐 잡고 연습을 게을리하지 않은 탓에 골프 실력이 늘었다고 생각했다. 몇 달 전에 무슨 이유에서 인지 공이 잘 맞지 않았다. 슬럼프가 빠르게 찾아왔다. 즐거운 골프가 갑자기 스트레스와 환멸을 느끼게 했다. 열정이 없으면 포기도 빠르다고 했는데 그런 것도 아니었다.

잘못된 자세가 원인이었다. 성급한 수준 향상 욕심이 만들어 낸 합작이었다. 그것이 골프의 함정이라는 사실을 나중에 알았다.

자세를 다시 고쳐 잡고 강도 높은 연습을 했다. 바른 자세로 몸의 중심점을 느끼며, 스윙 밸런스를 좋게 했다. 잘 치겠다는 욕심이 잔뜩 들어간 팔에 힘을 빼고 자세를 다시 고쳐 잡는 교정을 했다. 멘탈에 집중하고 그 고비를 잘 넘기자 새로운 골프 재미가 만들어지기 시작했다.

골프의 슬럼프는 예고 없이 찾아왔다. 제2기 인생의 슬럼프도 예고 없이 올 것이다. 자세를 가다듬고 마음도 고쳐먹어 슬기롭게 해소할 것이다. 골프처럼 인생도 가끔 마음을 다스려 자세를 점검하고 교정을 할 참이다. 그래야 재미있는 인생을 산다. 골프는 스코틀랜드의 목동들이 지팡이로 돌을 쳐서 구멍에 넣던 재미있는 스포츠가 아닌가. 그들이 무척이나 재미있게 즐겼을 것이기에 대중적으로 이어지고 있는 스포츠가 아닐까 여겨진다.

그 옛적 귀족들의 놀이만은 아니다. 자세를 고쳐 잡고 인생을 배우고 즐기는 도장이다. "둘째 샷을 칠 때 자세를 조심하라"는 유명 골퍼 '아놀드 파머'의 충고가 귓전에 들려왔다.

골프 실력이 부족해 환대받지 못해도 자세를 고쳐 포기하지 않을 것이다. 골프와 풍류를 즐기며 호방하게 살아가는 한량이고 싶을 뿐이다. 자식을 다스리는 일보다 어렵다는 골프를 위해 자세 고쳐 잡기를 계속한다.

나무 도마

방어진 부두에 있는 생선전에서 싱싱한 초대형 대구 한 마리를 샀다. 칼을 부리는 아낙이 나무 도마 위에 생선을 올려놓고 동강나게 잘랐다. 칼날에 찍힌 대구는 살점이 떨어지지 않고 곧게 잘려나갔다. 칼은 대구의 몸을 정확히 네 등분해서 잘랐다. 칼날이 정확히 잘릴 부위를 찾아 자르자 잘려 나갔다. 칼날도 도마와 직각으로 힘을 모아 칼질해야 훼손되지 않고 한 번에 곧게 잘렸다. 칼과 도마 경계를 잘 이용해야 한다.

아낙은 오랜 세월 숙련된 칼자루와 도마를 적절하게 이용해 칼질했다.

그녀는 힘들이지 않고 가볍게 칼을 부렸다. 그녀가 칼 부리는 솜씨는 능수능란했다. 생선의 육질이 정연하게 잘려 나갔고 도마도 칼자국이 보였다.

칼의 모탁 같은 역할을 한 나무 도마가 잘 받쳐 준 덕분이라 생각된다. 잡아 온 산짐승을 능수능란하게 칼로 부리던 아버지 솜씨가 떠올랐다. 두꺼운 등뼈를 잘라내게 견뎌낸 우리 집 나무 도마가 소환되었다.

나무 도마는 칼날에 무수히 맞아 제멋대로의 빗금 모양의 상처가 낭자하다. 흉물처럼 보이는 몰골처럼 보인다. 나무 도마의 사명은 쉼 없이 칼날에 맞으면서도 칼을 보호하고 무사히 작업을 끝내야 하는 일이다. 칼날이 상하 운동을 하며 생선을 자르는 동안 나무 도마는 묵묵히 그 자리에서 매서운 칼날을 견뎌내고 있다. 우직하게 칼을 맞는 나무 도마가 장하다. 날 선 칼날이 도마의 몸을 가르듯이 오갈 때 두려워 모른 척 두 눈을 감았을지도 모른다. 칼날이 꽂혀 자국이 남아도 함구하고 싶었는지도 모른다.

도마의 고마움을 아는 사람은 거의 없다. 쓰다가 닳으면 버린다는 생각으로 마구 칼질을 해댄다. 불쌍한 도마는 누구 하나 알아서 챙겨주지 않는다. 하찮아 보이는 나무 도마도 없어서는 안 될 중요한 역할을 한다. 도마가 될 자격이 주어지는 나무는 특별히 모질게 살아가는 놈이라야 한다. 재질이 단단한 나무에 음식물이 끼이지 않는 느티나무가 많이 선택된다. 모질게 견뎌내는 도마 같은 사람이 많다. 도마는 사람들을 떠올리게 한다.

어릴 때 아버지는 옻칠 소나무로 도마를 만들었다. 통나무로 만든 도마라 나무의 결이 자연스럽게 살아 있고, 두드리면 청명하고 목탁처럼 맑은소리가 나고 가볍다. 세균 번식을 막아주는데 탁월한 효과가 있다. 많은 종류의 나무 중에서 문양, 색깔, 모양, 질감 등 도마의 모든 조건을 갖춘 느티나무를 따라올 나무는 없다. 토종 느티나무는 못이 잘 들어가지 않았다. 단단하고 질기며, 물기가 쉽게 제거되어 빠르게 건조되는 최상의 재료다. 칼자국이 잘 남지 않기 때문에 이물질이나 세균의 침투를 예방하고, 곰팡이도 잘 끼지 않으며 독성도 없다.

제대로 된 도마는 토종 느티나무로 죽은 고사목으로 만든다. 적어도 5년 이상 길게는 10년 동안 자연 건조를 거친다. 혹독한 건조 과정을 거쳐 살아남은 나무라야 도마로 만들어진 뒤에도 무수한 칼질을 버텨낼 수 있다. 자른 나무는 사포를 이용해 갈고 닦기를 반복하면 나뭇결이 선명해지고 모서리 곡선이 살아난다. 여기에 정통 방식으로 들기름을 바른다. 막이 생겨 불순물이 잘 묻지 않도록. 조직이 단단한 느티나무는 들기름을 머금고 고운 빛깔이 배로 살아난다. 죽었던 느티나무가 다시 살아나는 과정이다.

도마는 지내 온 세월과 함께 숱한 사연을 담고 있다. 도마는 조리를 위한 도구를 떠나 인생의 교과서로 의미심장한 물상이다.

도마처럼 살아가는 헌신적이고 봉사 정신이 투철한 사람들이 많이 있다. 이것저것 내 주고도 늘 모자란다고 생각하는 부모님이 대표적인 도마다. 오랜 세월 자식들 뒷바라지를 하느라 희생하고 다 한 부모님은 도마였다. 가진 것을 자식을 위해 다 주었다. 도마 정신은 잘 드러나지 않는다.

아픈 누나를 위해 모든 방법은 다 해보셨던 불굴의 정신을 지닌 부모셨다. 완쾌를 보지 못하고 이승을 하직하신 부모님 도마 정신에 고개 숙어진다.

행복은 우환이 없어야 누릴 수 있는 특권이다. 부모님 생에 행복은 없었다. 도마처럼 온몸에 상처투성이로 살다가 한을 남긴 채 소천을 했다.

음성 꽃동네에서 손발도 없이 이목구비만 살아있는 사람들의 손발이 되고 어쩌면 그들을 대신해서 살아주는 수녀들의 희생정신은 진정한 도마라고 주저하지 않는다. 장애인들 배변을 향기처럼 맡으며 봉사하는 그녀들은 하늘이 보낸 천사다. 구토가 날 만큼 악취를 몸으로 받아주며 기꺼이 도마 정신에 저절로 감동을 받았다.

장애인 자식이나 부모와 살아가는 사람을 도마라 하는 데 주저하지 않는다. 오랜만에 만난 지인이 피곤함에 지친 듯 탱탱했던 얼굴이 까칠했다. 미인이던 그녀 얼굴은 도마 자국처럼 여기저기 주름이 지고 골이 깊었다.

고생을 많이 해온 그녀는 칼날이 내리찍은 흔적이 수없이 많아 보였다. 인생을 즐겨야 할 때 집안에서 수발을 드는 그녀 모습이 그렇게 변했다. 힘을 소진하여 쓰러질 것만 같은 상황도 참고 견뎌야 했다 한다. 몸을 추스르기도 힘든 나이라 울컥울컥 서러움이 도마에 난 자국처럼 남았을 것이다. 그녀는 도마이기를 작정하고 희생하고 있어 후회 없다 한다.

사회복지사 자격증 취득을 위해 15일간 치매노인요양센터에서 실습하면서 요양보호사들을 만났다. 어르신 돌봄 희생 정신을 도마라 하는데 주저하지 않는다. 직업의식이 강한 탓도 있지만 기본은 희생과 봉사정신이다.

치매에 걸려 살아있는 부처처럼 좌중하고 있다가도 가끔씩 정신이 돌아오면 행패를 부리는 환자들과 한바탕 씨름을 해야 한다. 무조건 저항을 하고 보는 환자들을 달래느라 진땀을 흘리며 돌보는 도마 정신이 마음을 움직였다. 아이들처럼 울고 불며 치매 치료 프로그램에는 거부부터 하는 환자들과 매일 씨름을 해야 한다. 사람을 다스리는 일은 내공이 없으면 어렵다.

대소변을 못 가리는 환자들에게 목욕시키고 먹거리를 챙겨주는 케어는 도마 정신이 없이는 할 수 없는 노동이다. 인생 마지막을 그곳에서 보내야 하는 부모 같은 환자들을 동본 다는 것이 마음같이 쉽지 않은 중노동이다.

남들이 알아 줄듯 말듯 자신을 드러내지 않고 묵묵히 소임을 다하는 도마 같은 사람에게 존경을 보냈다. 도마처럼 크기가 작아도 속은 넓고 깊은 사람들이다. 그들은 도마가 되어 시퍼런 칼날을 받는다. 예리한 아픔도 피하지 않는다. 향나무처럼 자기를 찍는 칼에 향을 묻히면서 받아들인다.

도마는 몸을 내주며 잘되도록 배려하는 자기희생을 사명으로 한다. 그러나 뭇 사람들은 도마의 희생 정신을 쉬이 본받으려 하지 않는다. 도마는 요긴하기는 하나 대게는 인정받지 못한다. 대우는커녕 고마워하지도 않는다. 여간한 차별에도 화를 내거나 저항하지 않는다. 칼날에 도마가 동강아 나면 내버려 지고 내동댕이쳐지는 것으로 끝이다.

내 주변에는 도마 같은 사람보다 칼을 드는 사람이 늘고 있다. 칼을 들면 없던 힘도 생겨 갑질을 해댄다. 하는 일에 거슬리면 그냥 찍어 넘겨버린다.

도마는 칼날을 받아주기도 하지만 칼이 무뎌지지 않도록 해준다. 도마가 된 사람도 거친 칼질을 감당하며 날이 무뎌지지 않도록 희생하는 일이다. 두 자식과 커가는 손자 손녀의 굳건한 도마가 될 준비를 마쳤다. 가족들이 세상과 부대끼는 칼질을 받아 줄 품격 있는 도마가 되기로 했다.

인생 이모작에 필요한 나무 도마를 준비하기 위해 자세를 고쳐 잡을 것이다. 찍혀 흠이 생기는 나무 도마가 되어 시퍼런 칼날도 죄다 받아 줄 참이다. 나무 도마처럼 살갗이 찢어지는 상처가 생기더라도 굳건하게 견뎌낼 것이다.

노인과 개나리

우리 집 앞 담장에 노란 개나리가 꽃망울을 틔웠다.

볼수록 탐스럽게 핀 개나리가 뭇 사람들 시선을 유혹한다. 볼을 붉히며 살며시 미소 짓는 새색시 같은 모습이다. 뭇 남성이 존경하는 꽃을 피웠다.

갑갑한 병실에서 일탈해 소풍이라도 나온 한 노인이 연신 꽃을 어루만지며 뚫어지게 바라보고 있다. 노인의 얼굴에는 환희가 돌아오기 시작한다. 노란색 개나리 꽃망울은 허허한 노인의 마음을 달래주고 있다. 노인 마음이 노란 물결로 채워진 탓인지 두 손으로 꽃망울을 어루만지기 시작한다. 바람에 내둘리면서도 꽃망울은 부드러움을 잃지 않고 노인을 위로해 준다. 꿀을 핥고 꽃분을 따던 나비가 색동화음 날갯짓으로 시샘을 한다.

사람들 무관심 속에서도 봄은 때맞추어 왔다. 개나리꽃은 그런 봄이 왔음을 온몸으로 꽃을 피워 사람들에게 알려준다. 웃자란 가지가 긴 촉수를 흔들며 뭇 사람 마음을 감동시키는 개나리가 일렁인다.

춘삼월 찬바람에 꽃망울을 흔들며 봄볕을 쬐고 있다. 나뭇가지에 옹기종기 피어나 환상예술을 만들어 낸다. 꽃의 흔들림은 자신을 내려놓아 바람에 맡겼다는 신호다. 짓궂은 바람은 꽃망울을 흔들어 놓음으로써 자신의 존재를 확인시킨다. 바람에 흔들리는 것은 개나리 꽃망울만 아니라 벚꽃도 있다.

도심 한복판에 남아있는 어깨높이 공터 담장에 피어있는 개나리꽃이 뭇 사람들의 서정을 일게 한다. 비옥한 공터 담장에 터를 잡아 이른 봄 꽃망울을 아름답게 피워낸 개나리가 신령하게 느껴진다. 잎이 되기 위해 꽃이 지면 아름다운 문장은 사라지고 그리움이 될 것이다.

일장춘몽. 꽃은 한바탕 꿈을 꿀 때처럼 흔적도 없이 사라질 것이다. 화려하게 피어 뭇 사람의 심금을 울리는 꽃의 문장은 최고 금석문이 될 것이다.

작년 가을 개나리는 잎이 막 떨어질 무렵에 가지에 싸인 꽃눈을 만들었다. 길고 차가운 겨울을 이겨내고서야 비로소 꽃망울을 터뜨린 것이다. 꽃눈은 봄이 오기가 바쁘게 잎이 되기 위하여 꽃망울을 터뜨려 봄 전령이 되었다.

밤의 길이가 짧아지는 춘분부터 꽃을 피우는 단아식물 개나리가 비로소 세상에 화려하고 청순한 모습으로 선을 보인다.

길게 줄지어 아파트를 호위하고 있는 벚나무에서 눈부신 벚꽃이 피어 개나리와 조화를 이룬다. 정오의 역광을 받아 빛나는 봄의 전령들이 무도회처럼 율동을 시작한다. 연초록 잎이 되기 위하여 꽃은 그렇게 장엄하고 화려한 축제를 열고 있다. 지는 날이 길지 않았음을 알고 있는지 마음껏 끼를 발휘한다. 옆에는 살이 통통한 벚꽃이 바람에 날리며 화려한 카드섹션을 한다.

색상에 묻어나는 부드러움이 수줍게 웃던 내 어머니 미소를 소환했다. 기억을 따라가 두메산골 안태고향이 보이고 어머니를 만났다. 고향마을 지천으로 피었던 노란 개나리를 소환하면 유년의 추억이 향수에 젖는다. 소환된 기억은 개나리를 매개로 내 유년에 키웠던 병아리를 만나게 했다. 알에서 부화하여 어미 닭이 되어가는 병아리를 키우던 일들이 추억의 스토리텔링이 되었다. 하늘 저편에서 먹잇감을 노리던 매의 날카로운 발톱에 낚아채 갔다. 닭이 사라진 하늘만 멍하니 바라며 두발을 동동 구르고 울부짖으며 매를 저주했다. 눈 뜨고 당한 어머니는 닭이 사라진 곳을 향해 침을 뱉으며 영혼을 달랬다. 무속신앙의 하나인 토테미즘을 연출했다. 야성이 강하게 키워진 닭이지만 나는 매에게는 당해내지 못하고 먹잇감이 되었다.

유년의 그리움을 개나리가 떠올리게 했다. 인생의 뜰에 숨어있던 추억을 들추어내게 했다. 꽃망울이 흔들릴 때마다 그리움과 애환을 스토리텔링으로 이야기해 주기에 개나리는 그리움이 되었다. 개나리꽃망울은 어제와 오늘과 내일의 추억을 이어주는 마중물이 되었다.

인근 병원에서 나온 몸이 불편해 보이는 한 노인이 환자복을 입고 개나리 옆에서 상춘을 즐긴다. 어쩌면 인생의 마지막 과정을 살고 있는 노인의 일탈인지 모른다. 새색시 시절 한때 자신의 모습을 연상하고 있는 걸까? 노인의 얼굴 표정이 변화무쌍하게 바뀐다.

개나리처럼 살고 싶었던 삶에 대한 회의를 느끼면서 한때 화려했던 시간을 떠올리고 있는지 모른다. 여생이 많이 남지 않았음을 아는지 노인은 연신 수심이 가득하다. 화려한 날은 다시 오지 않고 삶의 끝에 서서 꽃처럼 살지 못한 지나간 시간을 개나리를 통해 위로를 받고 있는지 모른다.

사회 발전기를 살아온 노인 세대는 먹고사는데 처절하게 매진했을 것이다. 가족과 시간을 도외시하며 오직 가족을 위해 기계처럼 일했을 것이다. 스스로 눈을 모른 채 감고 가족과의 관계를 놓아 버렸다. 그 부모의 희생에 출세한 자식들은 그들의 삶에 방해가 된다고 부모의 봉양을 외면하고 사회에서 도태되기 시작했다. 가족관계에 소원했던 부모들의 탓이 크다.

사회는 갈수록 노인들을 잊어 갈 것이다. 계층 사회갈등은 증가

할 것이다. 노인들의 외침은 도외시 되고 멸시에 대한 항변을 한 것이다.

노인에게 그리움과 회한이 밀려온 듯하다. 개나리를 매개로 눈부신 청춘을 기억해낸 지도 모른다. 생기를 찾은 노인의 얼굴 위로 개나리는 계속해서 춤을 춘다. 하늘하늘 그리움이 꽃망울을 타고 내려앉고 있는지도 모른다.

그리운 듯 온몸을 흔들다가 꽃 자락에 살포시 스며드는 모습이 부드럽다.

개나리 꽃망울을 타고 봄의 촉감이 전해져 온다. 어머니 그리움과 겹친다. 개나리 꽃망울에 얼굴을 가린 노인은 휴대폰으로 전화를 걸고 있다.

누군가와 밀어를 나누고 있는 건가 노인의 표정이 밝아온다.

노인이 누군지 나는 잘 알지 못한다. 다만 진달래처럼 화려했던 시간을 떠올리고 있을 것이다. 꽃처럼 아름답고 화려했던 한 시절을 떠올리며 그리움을 삭이고 있는지도 모른다. 살아온 인생을 한탄하고 있는지 모른다.

병원 몰래 혼자 소풍 나온 노인의 처지를 아는지 진달래 꽃망울은 계속해서 온몸을 흔들면서 노인을 달래주고 있는 듯하다. 떠날 날을 미리 아는 꽃은 바라보며 노인은 일장춘몽 같은 인생을 여미고 있는지 모른다.

노란 개나리꽃망울과 노인이 찬란한 봄날 상춘을 즐기는 모습이 아름답다.

노인은 누군가의 부모다. 효가 사라진 부모 아닌 노인이기에 안타깝다. 효 행동강령은 명확하지만, 현대에 와서는 실천하기 어려운 영역이 되었다. 자식을 위해 평생을 다한 노인은 빈곤과 외로운 여생을 살아가는 세상이다.

보모에게 불효하는 자식이 늘어난 세상에 살고 있다. 노인을 혐오하고 박대하는 세상에 살고 있다. 언제부터인가 대한민국 동방예의지국은 사라졌다.

사회와 가족으로부터 외면당한 노인이 위엄 있게 살아가는 방법은 없는가. 성공한 노인은 공경받지만 실패한 노인은 넋두리로 취급하는 사회에 산다.

금방이라도 노란색 감흥을 일으켜 노인을 위무해주는 꽃망울이 나부낀다. 바람에 희롱당하며 아름다운 자태를 뽐내며 노인을 어루만져 주고 있다.

뭇 노인 세계를 잘 알지 못한다. 노인의 삶을 염탐하여 인생이모작 자세를 리뷰해 본다. 노인이 되었을 때 내 모습을 상상으로 이끌어내 본다. 안이 부드럽고 바깥은 딱딱한, 아름답게 살기 위해 부드럽게 고쳐갈 참이다. 입장을 바꾸어 노란색 개나리 앞에 앉아있는 노인이 된 나를 본다.

시 한 수를 읊조리며 삶의 즐거움을 노래하는 나를 만난다. 만연체로 풀어 쓴 수필처럼 인생의 향기가 가득한 내 삶과 만난다.

개나리 앞에서 즐기는 지성 있는 2기 인생을 위해 자세를 고쳐 잡아 본다.

남은 삶이라도 개나리처럼 아름답게 변하기로 결기를 다져 본다. 인력으로 막을 수 없는 노화지만 잃어가는 부드러움을 오래 유지하고 싶다.

불꽃

어디로든 뛰쳐나가고 싶었던 사춘기 열정이 아직 나에게 남아 있는 걸까?

작년 여름날, 폭염을 피하려 무작정 집을 떠났다. 현실의 따분함에서 도망친 것은 유년부터 이어온 일탈의 본능 탓이다. 인적이 드문 외딴 골짜기에 텐트를 쳤다. 멧돼지와 벌레 침입을 막기 위해 모닥불을 피울 준비를 했다.

주변을 뒤덮은 풀다지를 거두고, 엉거주춤 야산을 오르며 널브러진 묵직한 땔감 나무를 모았다. 칠흑 어둠이 좁은 골짜기를 뒤엎기 전에 성냥개비를 그어 모닥불을 만들었다. 마른 풀잎 불쏘시개에 불을 지피자 불꽃은 수줍은 모습으로 타오른다. 자신을 태워 불을 지피고 한 줌 재로 사라지는 불쏘시개 숭고함이 심장하다. 나무를 태우면서 어둠을 삼키는 불꽃의 영롱함이 환희의 아름다움으로 다가와 감정에 역동성을 주기 시작한다.

불쏘시개를 태우기를 끝낸 불꽃이 본격적으로 어둠을 뚫고 솟구쳐 오른다. 불꽃이 세게 타오르자 어두웠던 대지는 정체를 선명하게 드러낸다. 선홍색 불꽃은 어둠 속에서 유별나게 빛난다. 불꽃은 땔감의 가연성에 따라서 여러 형태로 피어오른다. 바람 힘을 빌려 불꽃은 커지고 바람이 그치면 이내 원래로 회귀한다. 세를 불인 불은 닥치는 대로 둔탁한 소리를 내며 모조리 태워 버린다. 8분음표를 냈다 4분음표를 내는 나무를 태우며 내는 소리는 자연의 음률이다. 마치 정치판 패거리 다툼처럼 살벌함을 느끼게 한다.

권력을 거머쥔 불은 강한 불꽃을 발산한다. 불꽃은 곧게 하늘로 오른다. 불의 권력은 물불을 가리지 않는다. 생 쑥을 태우자 향내를 머금은 자욱한 연기를 내뿜어져 나온다. 연기는 숲에서 우는 찌르기 소리도 멈추게 한다.

타다 남아 동강이 난 나무들을 긴 꼬챙이로 불 속에 밀어 넣는다. 구렁이 담 넘어가듯 천천히 타들어 간다. 어둠을 밝히는 모닥불과 동심으로 돌아가 불장난을 치며 개구쟁이가 되어 본다. 어둠 속에서 밝게 빛나는 불빛은 쉬 이 범접할 수 없는 기운을 뿜어

내며 대지를 밝힌다.

열매가 되기까지 꽃의 시간이 있듯이 숯이 되는 불꽃의 시간은 황홀하다. 삶에도 불꽃 시기와 재의 시기가 있다는 레니에의 말이 연기에 스쳐 간다. 내 가슴에 잠재해 있는 풍진을 밀어내듯 타오르는 불꽃에 번뇌를 태운다. 불꽃으로 인하여 보이지 않는 나를 응시할 시간을 가졌다. 엉클어지고 고민의 감정을 가다듬고, 흩어진 자아도 가지런히 하고 마음의 음정을 가다듬어 시름마저 잠재우자 평온이 찾아온다.

칠흑 같은 어둠 속에서 영롱하게 빛나는 불의 마력은 신력을 일으키며 영혼을 앗아간다. 토테미즘의 신앙심이 작용할 법한 기분이다. 밤이 깊어지자 사방의 어둠은 더 짙어지고 땔감도 소진이 되어간다. 짐승이 해를 끼칠 수 있다는 두려움도 무서움도 불로 인하여 사라진다.

통발로 잡은 물고기를 꼬치구이 해 소주 안주로 먹자 일품이다. 숯불에 구워 먹으며 저며 오는 유년의 추억을 되새김질해 본다. 밤은 길고 허한 심심함이 밀려와 불장난을 했다. 웃음 핀 동심을 불러온다.

가까운 곳에 와 있을지 모르는 멧돼지를 쫓으려 손전등을 사방으로 비춘다. 줄기로 날아가 산허리를 비추는 빛이 신비롭고 어둠의 파괴력은 경이하다. 이슬이 내리는 음률이 개울물 소리에 묻히고 밤은 깊어간다. 태우는 작업을 끝낸 땔감은 열정적인 숯덩이로 남아 어둠과 사투를 벌인다. 한 줌의 재가 되기 위해 사박

사박 불 꺼지는 소리가 귓가에 와닿는다.

낭창낭창 흐르는 물소리가 어둠을 타고 자장가로 들려오고 모닥불 빛은 열여드레 하현달과 어우러져서 추억과 회한과 그리움을 빚어낸다.

드문드문 고즈넉한 기억의 그림들이 마치 한 폭의 동양화로 다가온다. 늦가을로 들어서면 두메산골의 해는 짧아져 금방 어둠이 밀려온다. 어둠을 뚫고 산골 바람이 불어오면 두메 마을 공기는 금방 싸늘해진다. 거동이 불편한 할머니 화로에는 늘 군불 땐 숯불이 재에 덮여 살아 있다.

긴긴 엄동설한에 화롯불을 쬐며 긴 담뱃대를 빠는 할머니가 앉아 있었고 짙은 생각에 호젓이 잠긴 듯 연신 담배 연기를 내뿜곤 했다. 먼저 간 할아버지가 생각난 걸까. 긴 담뱃대 끝에 넣은 엽초를 숯불로 붙여 뻐끔뻐끔 빨아들이었다가 허공을 향해 담배 연기를 내뿜으며 숨을 삼킨다.

머리를 빗으로 훑어 내려 뜯긴 머리카락을 화롯불에 태우자 특유의 타는 냄새가 방안을 오염시킨다. 할머니는 머리카락을 태워 그리움을 화롯불에 태워 고독을 견뎠다. 시냇가에서 스케이트를 타고 놀다 온 손자를 위해 화로 깊은 곳에 있는 알불을 꺼내 몸을 녹여 준다. 손자는 이산화탄소가스와 담배 연기에 취해 머리가 아프다는 핑계로 이내 할머니를 피한다.

다시 방안은 적막이 흐른다. 착한 손자는 사랑채 아궁이로 가서 할머니를 위해 군불을 땐다. 마른 참나무 타는 둔탁한 소리가 요란하고 화력이 세다.

활활 타오르던 장작불이 기세를 잃고 사위어 들면 부지깽이를 뒤적거리며 멍하니 불꽃을 바라본다. 정열 같은 붉은 불덩이에 삶의 편린과 시름을 태워버리고 동안거에든 스님처럼 수련에 몰입한다. 이글거리는 황금빛 불꽃이 광배처럼 사뭇 몽환적이다. 눈이 부시도록 밝은 불꽃이 생명처럼 빛난다.

빨갛게 불덩어리를 낳는 장작개비에 살면서 주고 간 아픔을 태우기도 하고 그리움을 삭이기도 한다. 등은 찬바람에 차지만 뜨거운 불꽃의 열기와 마주하고 있는 얼굴은 화끈거린다. 얼굴에 묻은 그을음을 닦으며 불을 쬔다.

군불 때는 일은 눈물깨나 흘려야 한다. 바짝 마른 가지를 사용하지 않으면 매운 연기가 꾸역꾸역 밀려 나온다. 불을 빨리 키워 볼 욕심을 내면 안 된다. 세상에 공들이지 않고 되는 일은 없다. 산골 아이는 불을 부리는 법을 안다. 굴뚝을 향해 맹렬하게 치솟는 불길이 겁난다. 굴뚝에서 역풍이 불면 연기를 동반한 불길이 거세게 덤빈다. 잘 보이지 않는 아궁이 굴속으로 맹렬하게 빨려 들어가는 거센 불줄기가 역동적이다.

물기가 빠져 바싹 마른 참나무 장작들이 폭죽 터지는 아우성을 지르며 타들어 간다. 나무의 결마다 더껜 세월의 만장을 불에 태우고 있다. 포탄이 날아가듯 살인의 독기를 머금은 불길이 방 고랑을 향해 기세 좋게 날아간다. 물불 가리지 않고 달려갔던 젊은 날의 광경을 보는 것 같다. 뜨겁게 달구어져 온기를 지닌 구들방은 따뜻하게 추위를 쫓아낼 것이다.

잘 데워진 포근함처럼 내 삶도 뜨끈하기를 고대해본다. 불꽃이 사위어 가는 아궁이 속 알 불에 검게 타서 잘 익은 군고구마를 꺼낸다. 불똥에 구멍이 난 잠바에 콧물을 닦으며 군침 나게 먹었다.

요요한 골짜기에 환한 불빛을 빚고 밤은 깊어간다. 별빛이 총총한 밤하늘의 초대형스크린이 장작 냇내와 어우러져 여름밤의 감흥을 한껏 부추긴다.

내 인생도 어둠 속을 헤매다 피어오른 불꽃같은 존재다. 인생을 밝히는 불꽃 하나를 만들어 죽는 날까지 밝고 영롱하게 빛나게 하고 싶다. 가만히 밤의 대지에 귀 기울여 본다. 소야곡 멜로디가 풀잎과 함께 춤을 추며 우아하게 흘러나온다. 온갖 풀벌레가 노천 무대에서 울음 짓는 그곳에 모닥불이 탁탁 소구춤을 추는 여름밤 낭만은 행복을 창출하며 감회를 준다.

은하수의 자잘한 별 무리를 자분자분 헤아리며 모닥불은 꺼져 간다. 모닥불에 비친 삶의 궤적을 들여다보고 새로운 자세로 고쳐 본다. 삶이 아파도 긍정으로 받아들이며 극복해야 할 용기를 잃지 않고 싶다. 삶이란 모닥불과 같은 것이다. 활활 피어올라 정열적으로 세상을 밝히다가 한 줌 재처럼 사라지는 것이다. 영롱하게 피어오르는 불꽃처럼 내 삶도 그렇게 황홀하고 역동적이고 싶다. 내 인생의 불꽃이 활활 피어오른다.

휘파람 노래

휘파람 소리를 낸다. 입술로 내는 소리기에 다른 선율보다 파열음이 많다. 숨이 입술을 진동해 내는 휘파람 소리. 귀를 자극해 소리를 노래로 바꾼다. 음률을 타고 음악적 가락을 생산해 내는 휘파람 노래를 즐겨 부른다. 따로 휴대할 필요도 없이 몸에 있어 내킬 때 한 곡조 연주를 해서 좋다.

피아노의 아름다운 선율보다도 여타 악기 소리보다도 휘파람 노래가 마음을 더 울리고 치유해 준다. 어느새 입술이 만들어 낸 요술을 애호하게 되었다.

내 영혼의 소리기에 심금을 울리게 하는 음률과 가락에 동화 되곤 한다.

작은 오케스트라 같은 휘파람 노래에 미묘한 음색과 강약의 떨림에 감흥이 묻어난다. 애창곡 한 곡조 부르고 나면 그 후음은 지친 영혼을 달래준다. 휘파람 소리는 혼자만의 고독한 나를 달래주는 유희가 되었다.

간단해 보여도 휘파람 노래를 부르기 위해서 꽤나 많은 연습이 필요하다. 제대로 된 음악을 만들려면 많은 시행착오와 노력이 필수적이다. 입술을 손으로 잡아서 소리가 내는 세기와 각도를 조절하면서 연습했다. 가사를 두뇌로 기억하며 음률을 자유자재로 만들어 내는 일은 쉽지 않다. 그 소리는 심연에서 만들어진 현이 되고 공명이 되어 노래가 되어 진다.

내 안의 숨소리를 입술로 조련하여 내는 노래다. 마음을 조종하여 맑은 천상의 소리, 때론 울분 담긴 둔탁한 소리를 낸다. 어느 정도 수준을 높였지만 쉬이 세상으로 출범하기에는 아직 부족하다. 가슴이 늘 묵지근하면서 조바심이 생길 때마다 입술 각도를 달리하면 다양한 소리를 만들어 낸다. 두문불출하는 사이 세련미가 가미되기 시작했다.

보이지 않은 나의 또 다른 재능을 발견하는 순간은 나도 놀라곤 한다. 입술과 날숨이 서로 혼절하여 하나가 된다. 힘겨운 접목을 하는 아픔을 겪어야만 비로소 소리가 된다. 휘파람 소리는 마음속 울림을 아름다운 선율로 승화시켜 연출해낸 노래다. 노래의 사명은 감동을 주는 것이 아닌가.

기분을 달래고 불만을 내 뿜어 평정을 찾기 위하여 휘파람 노래를 부른다. 기분이 좋아 흥에 겨워 소리를 낸다. 기분이 우울하면 파열음을 낸다. 세상과 만나며 시달릴 때마다 들려와 구원의 소리가 되어주고 아픈 가슴을 치유해 주는 명약이 된다. 휘파람 소리에는 오묘한 득음이 들어있다.

휘파람 노래를 어릴 때 같은 마을에 사는 시각장애 형에게 배웠다. 그 형은 태어나면서부터 앞이 안 보이는 장애인이었다. 그에게 눈은 앞이 보이지 않아 그냥 달려있는 퇴화의 자국에 불과했다. 정상인이 보지 못하는 부분까지 읽어내는 혜안이 있었다.

그 형의 놀이는 소음이 나는 라디오였고 휘파람 노래였다.

한곳 기능이 부실하면 다른 기능이 뛰어난 경우가 많은데 장애를 앓았던 형은 넘볼 수 없는 특출한 재주가 많았다. 살아가는 비법을 스스로 지녔다.

신은 사람은 극한환경에 적응을 할 수 있게 만들어졌다는 말이 실감 났다. 정상인이 구현할 수 없는 초능력을 발휘한 그 형의 예능은 탁월했다. 재주 중에 휘파람 노래가 특출했다. 몸으로 쉽게 할 수 있는 재능이었다. 두메산골이라 잡음이 많이 났지만, 형 곁에는 늘 라디오가 있었다. 그 형이 라디오를 통해 알게 된 세상 돌아가는 사연과 유행가를 동네 청년들에게 구수하게 편집해서 들려주었다. 문화의 온기를 느끼게 해주었다.

덕분에 동네 청년들은 굳이 라디오를 듣지 않아도 됐다. 새로운 음악이며 스포츠 결과, 라디오 연속극 이야기를 전달하며 휘파람 노래도 불렀다. 이야기꾼 전도사는 그 형의 임무가 되었다. 어울릴 수 있는 재능을 지녔다. 그 형은 눈으로 볼 수 없는 감각을 이용하여 살아가는 법을 익혔다.

그 형을 보며 잊고 있던 내 재능을 가르쳐 주었다. 스스로 타인의 따돌림과 측은지심을 저어했다. 나에게는 세상 읽는 법을 일깨워 주었다. 시간이 날 때마다 눈이 감긴 형은 내게 휘파람 부는 방법을 가르쳐 주었다. 형이 가르쳐준 휘파람 노래는 나 혼자서도 놀 수 있는 도구로 사용했다.

그는 자신이 직접 알아낸 방법으로 반복연습을 하도록 종용했다. 그는 보지 못하고 듣기만 했던 노래를 끈기 있게 익혀서 나에게 전수했다. 어쩌면 그는 장애를 가진 자신이 남을 가르칠 수 있다는 것에 강한 자부심을 가지고 열성을 다했는지 모른다. 그의 가르침에는 강한 열정이 몸에 전해져 왔다.

처음에는 벌꿀처럼 소리처럼 맛이 달콤했지만, 뒤끝은 떫었다. 때론 주삿바늘처럼 따끔하게 가르쳐주기도 했다. 음악이 당기는 유혹은 강렬했다. 열기가 오른 내 마음에 재미를 붙이는 마음으로 연습을 계속했다. 기다림으로 맛을 내는 된장처럼 서두르지 않는 진득함도 있었다. 표백된 공기에 파장을 일으키며 휘파람 노래를 선뜻하게 불러본다.

소리내기를 저어했던 입술이 고집을 드러내도 혀로 밀고 깨물며 꺾었다. 소리는 고스란히 내게로 스며들었다. 충분히 조율하지 않고 강요하듯 맞춘 소리는 그저 잡음일 뿐 진정한 의미의 내 노래는 아니었다.

시간을 업고 휘파람 부는 능력은 소리는 틈을 헤집고 가뿐하게 스며들었다. 생기가 없었던 내 마음속에 우두커니 자리 잡게 되자 자주 휘파람 노래를 부르게 되었다. 소리조차 내지 못했는데 휘파람 노래를 부르자 감동이 일어났다. 입술소리를 내기 시작한 뒤 동요 중심의 노래를 불렀다.

처음에는 그 소리가 나에게 활력을 불어넣는다는 사실을 느끼지 못했다. 쫓기지 않고 음악과 어우러져 사는 여유가 느껴졌다. 더 센 음률의 한계를 견디고 인고의 시간을 통해 보람을 느끼기 시작했다. 욕망을 버무려서 소리를 만들고 인고의 열매를 만드는 과정이 참으로 새큼했다.

소리의 기척들이 얼기설기 얽혀서 취미라는 하나의 둥지를 만들었다. 저녁 냄새를 맡으며 출발지로 돌아온 나에게 휘파람 노래는 권태와 피로를 풀어 헤실헤실 씻어주었다. 노래가 본격으로 마음을 치유하기 시작했다.

휘파람 노래는 더는 소음이 아닌 유년의 놀이가 되었다. 내 영혼의 흔적이며 마음속에 켜켜이 쌓여 있던 생채기들이 표출되고 있다는 징표가 되었다. 떨어진 삶의 갓끈이 못내 아쉬울 때 휘파람 음률이 주는 감흥이 뭉클했다. 그 덕분인지는 몰라도 피리를 불게 되었다. 피리를 불면서 배운 노래를 휘파람 노래로 부를 수 있도록 알차게 연습했다.

입술에 힘이 들어가면 엇길로 새고 거친 파열음이 났다. 부드럽게 내는 휘파람 노래는 듣기가 편했다. 노래는 듣는 사람이 편해야 평가를 받는다. 웃음과 감동을 주는 노세 놀이 에너지를 지니고 있는 노래여야 한다. 한바탕 신나고 흥을 북돋아 주는 휘파람 노래는 행복을 파는 행위다. 휘파람 노래는 돕는 음악이고 말로 표현할 수 없는 감흥을 전한다. 가끔 오르간과 휘파람 노래로 협연을 할 때는 또 다른 음계를 느낀다. 차원이 있는 휘파람 노래를 내려면 입술의 각도를 잘 조율해야 한다. 각도를 달리하여 내는 고음의 노래가 묘미를 더해 주기 시작한다.

오롯이 휘파람 노래를 부르며 제2기 인생을 슬기롭게 살아가고 있다. 음악의 세계는 거대하고 멀다. 조금씩 꾸준하게 나를 다스리는 휘파람 노래를 연습한다. 내면의 참된 소리를 낸다는 것은 치유를 내포하고 있다.

어긋난 입술 자세를 고쳐 잡고 연습을 반복한다. 심금의 현과 공명을 이룬 휘파람 노래가 호탕하게 심신을 치유해 주는 느낌이다. 휘파람 노래는 흥을 부리고 유쾌한 쾌락으로 이끌어 감정을 다스려준다.

세상을 살면서 자세를 고쳐야 할 때가 많다. 휘파람 노래처럼 나를 가꾸기 위해 자세를 고쳐 잡는 일은 올곧은 인생길을 가기 위한 무기가 된다. 틈내어 휘파람 노래를 부르면 빠르게 만족으로 다가서는 나를 발견한다.

빗장을 열다

도저히 문을 열 수가 없었다. 할 수 있는 모든 방법을 동원해도 내가 묵고 있는 러시아 호텔방문은 열리지 않았다. 북유럽 6개국 12일 여행 중이었다. 소변이 마려워 고통이 밀려왔다. 더는 참을 수 없어 8층에서 1층까지 승강기를 타고 내달렸다. 참고 참았던 오줌보가 터지면서 바지를 타고 소변이 바닥에 흘러내렸다. 승강기에서 화장실까지 호텔 로비 바닥에 긴 영역을 그었다. 소변으로 그린 생애 최대 걸작을 남겼다.

러시아에 남긴 내 피로 그린 불후의 걸작이 되고 말았다.

급한 나머지 발가락이 문턱에 부딪히면서 상처를 입은 줄도 몰랐다. 흉측한 피가 발가락에서 나와 실내화에 스며들어 있었다. 붉게 스미어 나온 피의 반란에 나는 부끄러움을 감추느라 옥신각신했다.

다시 방문 앞으로 다가서서 문을 열기 위해 시도를 했다. 빗장을 단단히 걸어 둔 문도 아닌데 열리지 않는다. 끝내 문을 여는 것을 포기하고 호텔 안내로 구원을 요청했다. 8006호 실인데 8008호실 문을 열려고 발버둥 친 나를 발견했다. 방 번호를 잊고 동료의 방에서 제법 많은 맥주를 마신 것이 화근이 되었다. 열리지 않은 호텔 방문은 벽이었다. 철옹성 같은 벽이 가로막고 있었다. 철문이 전혀 반응하지 않는 외진 복도에서 나는 문을 열어보려고 발버둥 치고 있었다. 전자 카드를 이용하여 마음대로 열 수 있는 문인데 잘못된 방 번호로 문을 열지 못하고 낭패를 당했다. 짝이 맞지 않은 전자 카드는 소통하지 않은 벽이었고 빗장을 열 수가 없었다.

문을 열기 위해 카드를 댔다. 빗장 푸는 소리 경쾌하게 내며 문이 열렸다. 소리는 비밀을 알아냈다는 신호였다. 궁합이 맞아 마음을 여는 소리였다. 문은 안에서 열 수 있지만, 밖에서 열 수 있는 것은 궁합이 맞는 열쇠였다.

외롭게 방안에 갇혀있던 더운 공기가 파문을 일으키며 한꺼번에 밀려왔다. 갇혀 있으면 건조하고 삭막했기에 빗장이 열리자 필사적으로 탈출했다.

열린 문을 당기며 뒷걸음을 했다. 문은 뒤로 젖혀져야 열릴 수 있고 방 안으로 들어갈 수 있다. 문이 열리자 주홍빛 피로 묻든 발가락이 시려왔다.

어렵사리 구한 소독약과 붕대로 발가락을 치료했다.

코를 자극하는 약품 냄새를 밖으로 내보내기 위해 창문을 여는 걸쇠를 돌려 바깥 풍경을 바라보았다. 찬 북방의 찬 기운이 마음을 위무해 주었다.

내 마음속에 걸어 둔 빗장을 열어젖히는 손잡이를 돌려 보았다. 닫힌 마음의 문이 열리는 순간 봇물 터지듯 번민들이 밀려 나왔다. 세상과 마주한 나의 눈길이 감동으로 다가오기 시작했다. 빗장이 열린 마음은 자유롭게 여닫이를 했다. 비운 마음의 문을 열고 가뭇없이 다가오도록 빗장을 열었다. 문지방도 문턱도 없애고 뭇 사람을 반기려 준비하고 있다. 문은 닫히면 답답하고 안쪽이 궁금해지는 법이다.

문을 닫으면 경계가 없어지고, 단절되어 버린다. 소통을 위해서 문을 밀어서 열어야 한다. 민다는 것은 마음을 내려놓고 다가선다는 의미다. 마음을 내어주고 진정으로 다가가는 숭고한 행위다. 열린 문틈은 호기심 눈초리를 만든다. 알 수 없는 것은 관심을 가지게 만드는 것이다.

열린 틈새로 나쁜 것이 드나드는 것을 경계해야 한다. 악용에 이용당해 골방으로 몰리는 것을 단단히 방지해야 한다.

오래전, 차장 진급을 위해 부서장 문을 두드렸던 일이 생각났다. 부서장은 빗장을 단단히 걸어 잠가 버렸다. 본립도생(本立道生)을 강조하며 더 강하게 빗장을 쳤다. 부서원들은 부서장을 융통성이 없는 샤일록 같은 냉혈한이라 놀렸다. 승진하기 위해 문호를 열어 달라고 아부를 해도 아무런 답이 없다. 어떻게 하면 문을 열게 할 수 있는 것일까?

부서장이 마음의 문을 열지 않으면 절대로 승진을 할 수 없다. 로비를 하고 으름장을 놓아서라도 승진을 하고자 하는 내 욕구는 너무나 강렬했다. 부서장은 마음의 문뿐만 아니라 빗장까지 쳤다. 문은 공간을 이어주기도 하지만 사람의 마음을 이어주기도 하는 존재다.

오직 승진하기 위하여 빗장을 걸어 버린 부서장의 문 앞에서 열리기를 배회하는 내 심정은 강렬했다. 그냥 문이라면 망치로 부숴버리기라도 할 수 있지만 사람 마음의 문을 연다는 것은 어려운 노릇이었다.

내가 떼를 쓰고 노크한 문은 중역 단위로 기회가 있는 특별승진이었다. 부서장의 문을 열어서 포상을 받게 되면 승진할 수 있었기 때문이었다. 그러나 그 기회마저도 다른 부서에 넘어가고 나는 승진누락의 쓴맛을 봤다.

실패 쓰라림은 극도의 방황과 고통을 안겨다 주었다. 인생에 있어서 큰 실패에 속하는 승진은 눈물과 회한의 쓴맛을 보게 했다.

나는 부서장에 대한 증오심이 쌓여 오랫동안 마음의 문을 닫고 지냈다. 끝내 문을 열지 않았던 부서장을 원망했지만 그래도 거리감을 조금씩 좁혀갔다. 그러나 부서장이 부서 단합대회 등산을 갔다가 그만 사망하는 불상사가 일어났다. 돌연사는 젊은 부서장의 목숨을 무자비하게 앗아가고 말았다.

고민 끝에 부서장 장례식장을 찾았다. 열고 싶지 않은 문을 열고 들어섰다.

영정에 놓인 망자는 나를 비웃기라도 하듯이 환하게 웃고 있었다. 아량이라고는 눈곱만큼도 없던 모습이 나에게 미안하다고 사죄를 하는 것 같았다.

그는 나에게 마음의 문을 열었다. 그래서인지 눈이 녹듯이 닫혔던 내 마음의 문도 열리기 시작했다. 눈물은 그와 걸어 둔 빗장을 열어주는 마중물이 되었다. 싫었던 고인과 마주하며 내 어깨를 중압했던 빗장을 제거했다.

새로 부임한 부서장의 마음에 들어가 일탈을 하지 않도록 노력을 했다. 승진의 문은 두드려야 열리는 것을 알았다.

그 실패는 내가 굉장한 분발을 가속화 하도록 종용했다. 승진의 문을 열기 위해 한 해 동안 그야말로 가장 피눈물 나는 노력을 경주했다. 어학시험은 물론 전공과목 시험에 뚜렷한 두각이 나도록 노력했다.

고과의 부족분을 메우기 위하여 가산점수가 되는 문은 죄다 이수하고 열기 쉽도록 수준을 높였다. 대학 시절 입사시험 준비를 하는 마음으로 다시 공부에 매진했다. 누가 봐도 승진을 위해 눈에 띄게 노력하고 있다는 사실을 느끼도록 했다. 같은 동료끼리

보이지 않는 치열한 경쟁을 치르는 살벌한 회사생활에 회의를 느끼면서도 문을 열기 위해 노력을 했다.

승진의 문이 쉬이 열릴 거라는 안이한 판단을 버렸다. 우열을 가르는 상대평가 시스템을 간과하지 않고 충실하게 밀착했다. 얼마 후 인사권자가 된 나는 문턱을 최대한 낮추었다.

사람은 무수히 많은 문을 여닫고 살아간다. 문을 연다는 것은 마음을 여는 것이다. 문을 열어야 비로소 세상에 나아가고 등용하는 것이다. 경계를 이어주는 통로가 문이다. 문을 열지 않으면 외톨이 신세가 된다.

마음의 문은 열기가 쉽지가 않다. 스스로 문을 여는 훈육해야 한다. 문의 사명은 이어주기 위해 여닫는 것이다. 마음을 여는 손잡이는 안쪽에 있어 전자열쇠가 아닌 본인이 열어야 한다. 타인 문을 열기 위해 내가 먼저 문을 열고 다가서야 한다.

'열려라 참깨'로는 되지 않는다. 열리지 않으면 짝이 같은 열쇠를 만들어야 한다. 닫힌 문은 열기 위한 기다림의 대상물이다. 문을 열기 위해 부단히 노력해야 할 것이다. 자신을 낮추고 버려야 한다. 걸어 둔 마음의 빗장을 헐고 열린 만큼 세상이 주는 선물을 받아본다.

제5부

동행

동행

그림자

일본 회갑여행

과거 순례

비진도 유람

목포의 눈물

돌섬 독도

고교동기생 등산대회

신화를 만든 내 친구

내 친구

동행

“재록아! 지금 어디 가고 있니? 나는 회사에 들러 급한 일 처리했어. 네 덕분에 북유럽 6개국 여행 잘했어. 고맙다. 울산에 조만간 내려갈게”

긴 그리고 찡한 여운이 텅 빈 뇌리에 내려앉는다. 12일간 자고, 먹고, 마시며 내 여행 사진을 찍어준 동행자. 그 친구가 걸어온 여행 후 감사 전화였다.

정이 많이 들면 그리움으로 변하나 보다. 친구 음성이 한동안 마음을 움켜쥐고 정겨운 파동을 일으킨다. 헤어진 지 서너 시간인데 벌써 그리움이 번진다. 마음이 흐르다 멈춘 곳에 그리움이 시나브로 고였다. 어쩌면 영적 DNA 교감이 깊어 그리움의 둥지를 만든 건지 모른다.

친구와 나는 이름 무늬만 아는 고교 동창으로 만나 10박 12일 동안 북유럽 6개국 여행에 동행했다. 먼 옛적 대기업에 함께 근무하다 훌쩍 내 곁을 떠난 친구다. 고교동창생이라는 이유로 무턱대고 여행 가자고 한 제의가 흔쾌히 동행으로 이어졌다. 첫 단추가 그렇게 딱 들어맞았고 동행은 마지막 단추가 다 잠겨질 때까지 일사천리로 진행되었다. 그는 첫 단추 구멍을 능란하게 꿰었다. 편하고 캐주얼하게 동행했다. 서로가 편했기에 동행이란 단추는 쉬이 꿰어졌다. 일상에서의 동행처럼 끊임없이 양보하고 맞출 필요도 없었다. 서로의 시간과 마음의 문을 일치시켰다. 동행의 기회는 손님처럼 찾아왔다.

함께 여행 가기로 했던 첫 동행자가 사정상 못가 취소 위기에 맞았다. '소발에 쥐잡기'식 전화를 했는데 응답은 5분도 걸리지 않았다. 사업상 바쁜데도 흔쾌히 동행의 문을 열어준 그 친구에게 감복했다. 울산과 멀리 수원에 사는 친구와의 12일간 여행. 쉽지 않은 결정인데 친구는 쉬이 마음의 걸쇠를 열었다. 사전 광고도 없이 걸쇠는 고교동기생의 신뢰로 열렸다.

일상을 잠시 버리고 채움과 충전을 위해 여행하는 동행자가 되었다. 쉰 이편의 나이까지 꿈꾸던 동경의 드넓은 북유럽 6개국을 향해 다가갔다.

북유럽의 환상과 순수한 자연, 크루즈로 떠나는 유혹이 종용했다. 묶기고 억압된 중년의 삶을 치유하고 매듭짓고 싶었다. 허황된 무지개가 아닌 진정한 나에게 이르기 위해 문지방을 넘었다.

서로 불편한 일도 있었고 언짢을 때도 있었다. 닫혀있던 문 걸쇠를 열기까지 마음을 보태고 배려가 있어야 했다. 나를 보듬고 치유를 했다. 풍경을 쇼핑하며 생을 관조했다. 서로에게 스승이 된 동행은 우정의 세레나데였다.

친구와 동행하며 6개 국경을 횡단했다. 가는 곳마다 황홀하고 신비했다. 첫 동행의 시작지인 크렘린 궁전에서 옛 소련의 저력을 체험했다. 사회주의 상징인 붉은 광장은 소름 끼치는 두려움이 잠재되어 있었다. 끝없이 펼쳐지는 핀란드 푸른 산림지대가 상상의 한계를 파고들었다. 하늘을 향해 서로 엉킨 울창한 자작나무숲이 성자처럼 기립해 반겼다.

빙하 산 상징인 네덜란드 송네와 게이랑에르 피오르드는 천상의 세계였다. 가장 깊은 호수는 가장 높은 산봉우리에서 출발한다는 진리를 알게 했다. 햇살이 산 위 빙하를 녹여 내려오는 신부의 면사포 같은 7자매 폭포는 흥겨운 해일이 일게 했다. 릴리함메르 동계올림픽 현장과 호수 멋에 이끌렸다. 흑사병으로 8명만 생존한 오따마을 정상에서 천상의 밤 세계를 체험했다.

세 번에 걸친 크루즈 여행의 밤 정취는 세상 멋을 한껏 느끼게 했다. 북유럽의 대자연은 신비였다. 거울 같은 빙하호수는 예술의 극치였다. 안데르센의 동화에 나오는 덴마크의 인어공주 동상 앞에서 동화에 젖었다. 북유럽 베네치아 스톡홀름은 중세도시 진면모를 보여주었다. 발트해 여왕이며 유네스코 지정 문화유산인 탈린 문화의 극치가 동행의 맛을 높여 주었다. 정원도시 상트페테르부르크는 유럽 창이었다.

이동 시간이 많았지만 가혹한 환경이 북유럽풍의 문화를 낳고 발전시킨 원동력이었다는 생각이 들었다. 신이 사는 세상에 살다 온 북유럽 6개국 여행. 전설을 음미하며 신령한 신을 만났던 여행이었다. 신화로 포장된 풍광을 선물 받았다. 눈길 주는 곳마다 감동했고 사진을 남겼다. 뭇 세상은 낭창대는 매혹(魅惑)이 가득했다. 내면에 알곡 같은 기쁨을 누렸다.

친구는 나를 멋진 풍경에 노니는 왕자로 만들었다. 생경한 세상에 선 배우가 되어 친구가 누른 셔터에 찍혔다. 각본 없는 영화 한 편이 완성되었다. 본성이 충족될 때 느끼는 성취감인 기쁨을 친구에게 여러 번 느꼈다.

동행은 서로 시간을 맞추고 약속을 해야 했다. 서로가 내어 주어야 하는 행위였다. 때로는 약간의 희생도 필요했다. 서로에게 주어진 동행 규칙을 준수해야 했다. 행복을 위해서는 이기심도 필요로 했다. 서로 마음을 내려놓고 배려한 동행이었다. 믿고 배려하고 함께 있는 것이 서로에게 에너지가 되었다. 동행은 독박이 아닌 나누어 가면서 자아를 발견하는 행위였다. 그가 술을 사면 나는 안주를 샀다. 그가 노래를 부르면 나는 춤을 추며 함께 했다. 사진에 취미가 많은 그를 위해 나는 패션모델이 되어 구색을 맞춰 주었다. 동행은 시간이 지나면서 알게 되고 함께 즐거운 에너지를 선물했다. 함께 걸으면서 비로소 보이는 것들. 앞만 보며 달리느라 차오르는 숨을 참았던 과거. 남에게 추월당할까 봐 제대로 보지 못했던 인생의 풍경들이 경이로운 모습으로 다가와 화들짝 나를 깨웠다. 즐거움의 미학이 내 몸에 기생하며 혼탁한 생각들을 일거에 씻어 버렸다.

끝없이 펼쳐지는 숲길과 넓은 세상, 형형색색 아름다운 꽃과 코를 자극하는 향기. 오감을 자극하는 감흥을 누리느라 열병을 앓았다. 내가 잊고 있던 인생길이 되어 형태와 방향을 사유하게 했다. 어디로 가야 할지 몰라 고민하고 있던 인생길이 어렴풋이 그려지기 시작했다.

여태껏 여념 없이 전속력으로 달려 지나온 시간을 음미했다. 방향과 속도를 잊은 채 여기까지 달려왔다. 가야 할 인생을 어느 방향으로 얼마의 속력으로 달려야 하는지 가늠을 할 수가 없었다. 친구와 함께한 여행은 인생은 레이스를 벌이는 경주가 아니라 동행임을 확연히 알게 해 주었다.

인생은 '나 자신에게 이르는 길'이란 헤르만 헤세 명언이 이해되었다. 여행은 나의 앞길에 관하여 묻고 해부해보고 또 걸으면서 나에게 다가가는 것임을 깨닫게 했다. 새로운 내 자아를 발견하게 많은 해법을 제시했다.

내 2기 인생에 친구가 있어 외롭지 않을 것이다. 여행에 동행한 친구와 더 큰 우정 탑을 만들었다. 여행 사진 속 풍경처럼 매직아워를 이어갈 것이다.

"재록아! ~"정이 듬뿍 담긴 음성이 들린다. 벌써 그가 보고 싶다. 그리움은 내 힘으로 막을 수가 없다. 맑은 영혼을 나누는 그리움이 인다. 동행했던 여행객 얼굴들이 뇌리에 흐른다. 서툰 영어로 대화한 비행 객석 러시아, 일본 미녀가 스친다. 유혹한 노르딕 여인의 미소가 그리움 된다.

하루도 빠짐없이 마주한 정겨운 친구 얼굴. 멋진 추억 앨범으로 남으리. 손 스킨십에 찐한 진한 우정. 정은 잊혀 가는 얼굴을 불러온다. 여행과 동행은 살아가며 새로운 마디가 만들어 줄 것이다. 대나무 마디가 되어 부러지지 않을 것이다. 부러진 날개로 나는 법을 배운다는 비틀즈의 블랙버드 노랫말처럼 여행은 상승하는 인생을 위한 반면교사로 삼게 했다.

빙하가 녹으면서 만들어 낸 피오르드 물속에 비친 내 그림자까지 사랑할 수 있다는 나르시스를 느끼게 한 여행이었다.

혼자가 아닌 친구와의 마주보기 동행은 인생에 획을 긋는 매듭을 만들었다. 우리는 인생을 살면서 어깨를 마주해 함께 걸어가는 동행자가 되기로 했다. 마주 바라보며 인생의 마디에 에너지를 줄 수 있는 우정을 나누기로 했다.

북유럽 여행의 대미는 맑은 영혼을 얻어 출발지로 돌아오게 한 동행이었다.

그림자

태양을 등지고 아내와 범서 옛길을 걷는다. 그림자가 앞서가며 걸음을 종용한다. 앞길에 길게 드러누운 두 그림자가 선명하게 보인다. 흥겨워 그림자놀이를 하면 소홀하지 않고 그대로 따라 한다. 팔짱을 끼면 그림자도 팔짱을 낀 모습을 선보이며 따라 한다. 손가락으로 사랑 표시를 하면 따라 한다. 오랜만에 해보는 그림자놀이는 여태껏 잊고 있던 부부 사이의 스킨십을 빠짐없이 재현하도록 유인한다.

낙엽 밟히는 장단에 그림자는 부부의 아바타가 되어 각본도 없는 무성영화를 찍어내기 시작한다. 소박한 산길을 걷는 모습을

'빛으로 그린 그림' 그림자가 수만 가지 생각을 떠올려준다.

소나무 숲속에 접어들자 그림자는 그늘이 되어 아바타를 사라지게 했다. 그늘은 숲 그림자로 인해 생긴 공간이다. 그늘에 들면 그림자는 숨었다. 그늘은 지친 몸을 편히 의지하는 곳이자 치유해 주는 곳이다. 나의 가장 큰 그늘은 평생 빈농이셨던 부모님의 그늘이었다. 유년의 둥지였고, 투병으로 천상의 문턱까지 갔다 온 가림막이었다. 부모님 그림자 속에서 호연지기로 자랐다. 등 넓은 아버지의 그늘에서 올곧은 사람이 되기 위한 꿈을 키웠다. 꼭 필요할 때 빛을 준 그늘도 있었다.

소중한 그늘은 나를 바른길로 가도록 엇길을 가려주었다.

숲이 없는 범서 옛길에 접어들자 태양이 화창하게 투사해 그림자가 다시 영롱하게 앞질러 가기 시작한다. 그림자는 이별과 재회 숨바꼭질을 반복한다. 시간이 지나면서 태양은 이동하고 그림자 모양이 짧아지기 시작한다. 인생 시간이 그림자처럼 짧아지고 있다. 그림자가 미래를 예측해준다.

처음에는 그림자가 서쪽으로 길게 생긴다. 해가 높이 올라갈 수록 그림자는 점차 짧아지며 작은 모양으로 바뀐다. 해가 중천에 오자 제일 짧아지고 발아래서 자리 잡는다. 시간이 지날수록 이번에는 동쪽으로 긴 그림자가 생기기 시작한다. 그림자는 자연에 순응할 줄 아는 신비한 물상이다.

그림자와 인생은 닮은 점이 많다. 내 인생도 어느덧 서쪽으로 기울고 이제는 뒤에 그림자를 서서히 드리기 시작한다. 가보지 않은 미래지만 내 인생도 그림자처럼 시간이 흐를수록 짧아지고 변할 것이 분명하다. 동쪽에서 서쪽으로 가면서 그림자 길이도 줄어들기 시작할 것이다.

벌써 내 인생의 그림자는 태양이 중천에 떠 있어 발아래서 서성인다. 시간이 흐르면 앞에 있던 그림자가 반대로 몸을 돌려서 뒷모습만 보여 줄 것이다. 그림자의 앞모습과는 다르게 뒷모습은 베일에 싸여 인생의 좌표나 해답을 암시해 주지 않는다. 무조건 곁눈을 흘리지 말고 홀로 길을 걸어야 한다.

자신의 그림자 속에 있을지도 모르는 영혼을 찾아야 한다. 영혼이 외롭지 않도록 보듬고 가꾸어야 가치 있는 인생을 만들 수 있다. 앞으로 남은 내 인생의 그림자도 미리 짜놓은 시간표처럼 점점 짧아지고 옅어질 것이다. 짧아지고 힘 잃은 그림자 때문에 고독은 무게를 더하고 길게 느껴질 것이다. 인생 말년에 도달하면 그림자는 발걸음을 멈출 것이다.

바야흐로 인생의 황금기를 지나 노년기로 접어들었다. 이제는 일부러 신발을 되돌려서 지나온 삶을 읽어 볼 필요가 있다. 그런 다음 잃어버린 혼을 그림자에서 찾아낼 필요가 있다. 외롭지 않은 노후생활을 위해서 영혼과 아름다운 약속을 해야 하기 때문이다.

긴 걸음걸이 끝에 아내와 먼 옛날 삶의 터전이 수몰되어 있는 사연 댐에 선다. 하늘에 뜬 구름과 산 그림자가 댐의 물속에 빠져 있는 모습을 본다. 낮달이 떠 있는 거기 또 한세상이 고즈넉이 펼쳐져 있다. 수몰로 사라진 대곡마을 혼백을 달래 주려는지 산과 하늘의 그림자가 위령제를 지내고 있다.

내 몸에서 흘러나간 그림자는 절대로 없앨 수 없다. 영혼처럼 숨어 있다. 그림자는 그 어떤 것에도 지배할 수 없는 마법을 가진 신성한 영혼이다

빛이 비치는 물체의 반대편에는 그림자를 만든다. 빛을 막아선 물체와 똑같은 모형의 그림자를 만든다. 빛이 비치는 동안에만 존재하는 아바타다.

그림자는 나의 분신이고 아바타다. 나를 그대로를 베껴내는 3D 프린터기다. 내가 앉으면 그림자도 따라 앉고, 내가 똑바로 서면 그림자도 선다. 그림자도 보이지 않는 영혼이 있어 자신이 슬퍼하면 그림자도 슬퍼한다. 안타까워하면 그림자도 안타까워하고, 사랑을 표현하면 그림자도 사랑을 따라서 표현한다. 그림자는 신이 영혼을 다스리라고 똑같은 형상으로 둔갑 시켜 세상에 내보낸 것이다. 사는 동안 한 번쯤 신이 파견한 그림자를 유심히 바라볼 필요가 있다.

자신의 행동을 그림자를 관찰하며 평가하고 교정해야 한다. 행동하기 전에 손으로 만져 볼 수 없지만 정해진 규범과 양심에 눈을 돌리지 않고 행동해야 신의 눈 밖에 나는 것을 미연에 막을 수 있다.

영혼을 다스리는 신이 자신도 모르는 곳에서 감시하고 관찰하고 있다. 한 번쯤 삶을 제대로 살고 있는지 몸을 돌려 그림자를 되돌아봐야 한다. 신의 눈으로 감시하고 체벌을 가하기에 절제되고 건실한 행동을 해야 한다. 한 번쯤 자신의 몸에서 빠져나간 그림자를 보듬어 볼 필요가 있다. 어렴풋이 잡히는 존재감을 느낄 수 있어야 한다. 공기를 가르고 빛에 반응하는 영혼의 소리를 환청으로 들을 수 있어야 한다. 한 번쯤 몸의 각도를 비틀어 또 다른 자신 모습을 관찰할 수 있어야 한다. 관점을 달리해 여러 가지로 변하는 영혼을 볼 수가 있어야 한다.

매의 눈으로 무한한 가능성이 있는 영혼실험을 해볼 필요가 있다. 스스로 잠재력을 찾아내 창조 인생을 경영하는데 적용해야 값어치가 있다.

삶을 경영하고 어려움을 극복해낼 수 있는 무기 하나쯤은 지녀야 한다. 그 무기를 갈고 닦기 위해 한 번쯤 자신의 그림자 속으로 들어가 봐야 한다. 무뎌지면 정진하는 자세로 보듬고 무던하게 고쳐야 한다. 오체투지로 다스려야 한다. 빛 고운 날 자신을 비추어 그림자를 만들어 볼 필요가 있다. 그림자로부터 결코 도망치지 못하고 붙잡을 수도 없음을 명심해야 한다.

그림자는 빛의 각도나 방향에 따라 달라지는 마술을 지녔다. 표정도 짓지 못하고 색상조차도 만들어 내지 못하는 물상이다. 물상에 영혼의 옷을 입혀 자아가 어떤지 발견해 볼 필요가 있다. 빛을 밝혀 행동이 넘치게 요동칠 때는 잡아주고 달래줘야 한다. 슬

플 때는 위로해 줘야 한다. 기쁠 때는 격려를 해야 한다. 인생이란 만들어 가는 자신의 것이 아닌가. 빛이 비치는 날이면 한 번도 게으름을 피우지 않고 나를 따라다니는 내 분신이다.

제1기 회사생활을 하면서 일에 무조건 그림자처럼 따르며 근무를 했다. 영혼마저 회사에 맡겨놓고 종처럼 투철한 사명감으로 일을 했다. 나를 내려놓고 회사규율대로 따랐다. 빛이 머리 위에서 비치는 사무실.

그림자는 늘 발밑에 숨어서 정체를 드러내지 못했다. 그림자를 볼 수 없어 나를 잃고 38년을 근무했다. 그림자조차 드러나지 않은 것에 붙들려 청춘을 바쳤다. 그림자는 더는 아바타가 되지 못했다. 바쁘고 힘든 회사 격무를 수행하느라 파란과 곡절을 겪으며 보냈다.

그때마다 그림자는 외롭게 내 주변을 맴돌며 원망했을 것이다.

이제는 인생 오후도 저물어 해거름 시간이 다가온다. 빛은 줄어들고 그림자가 짙어진다. 마음을 비워 천천히 그림자를 뒤쫓아 미소를 짓고 싶다. 인생의 밝은 빛으로 선명한 최고의 그림자를 만들어 동행하고 싶다.

일본 회갑여행

회갑연을 주제로 초등학교 동기들이 함께 크루즈로 일본 여행을 떠났다. 세상은 보이는 것이 다는 아니었다. 아름다운 부산항에서 바라본 야경이 그랬다. 잠자는 뇌세포를 감흥 시켜 무한한 감흥을 느끼게 했다.

불빛이 만들어 준 항구 야경은 환상을 불러왔다. 아름다운 부산대교와 불덩이 용두산공원, 부산항 뭉클한 야경이 회갑 여행을 축하해 주는 듯했다. 거대한 바다 위에 떠서 항해하는 배처럼 우리는 모두 회갑까지 살아 온 것을 기쁨으로 생각했다. 살아온 친구들 사연이 가슴 울리고 억센 파도를 헤치는 삶이었다는데 감동했다. 파도가 잠잠한 바다는 우리들을 괴롭히지 않았다. 선실에 옹기종기 모여 지난 시간을 만지며 추억을 떠올리게 한 미팅이 우정을 불살랐다. 상큼한 울진의 문어를 안주 삼아 나눈 아름다운 우정. 울렁거리는 항수가 빛나는 대양의 밤은 그런 우정을 기쁨으로 유인했다.

살아온 과정과 환경은 달랐지만 모두 다 성공한 친구들의 마음 속에는 동기생이란 소중한 보물을 간직하고 있었다. 친구란 이름이 정을 한껏 뿜어 올렸다. 호적은 지울 수 있어도 학적은 지울 수 없는 법이 아닌가.

코골이 노래를 자장가 삼아 잠시 잠을 자며 우정을 나누었다. 가끔은 자신을 내려놓는 배려로 이야기를 들으며 공감을 나누었다. 배를 태평양 복판에 띄워놓고 모두가 잠이든 자정, 5명의 친구는 살아온 이야기로 날밤을 새웠다. 눈물범벅이 된 친구 따라 울고불고 각본 없는 연기를 했다, 술안주가 떨어지자 한 친구는 재주넘게 안주를 구해와 작은 덩어리로 내 입에 넣어 주었다. 세상에서 가장 맛있는 귀한 안주였다. 친구가 준 그 안주로 우리는 술이 거나하게 취할 때까지 만리장성을 쌓았다. 여행에서 가장 소중한 시간이었다. 몇몇 친구들의 자서전 이야기가 태평양에 전파되었다.

우리는 친구지만 지문처럼 달랐다. 동창생, 동향인 외는 나와 다르다는 것을 인정하지 않고 그냥 친구란 이름으로 대했다. 오래 떨어져 산 탓인지 서로 대하는 언행이 마음에 충격이 올 때도 있었다. 그때마다 친구란 이름으로 지우고 보듬었다. 우정으로 편히 받아들여야 갈등이 없을 것 같았다. 부산에서 시모노세키항까지 항해하는 배 안에서 60살을 살아오며 못 나눈 정을 나누고 가까이 다가가려는 우정이 고마웠다. 흔들리는 배처럼 마음에 멀리도 했다. 회춘할 수 없는 다리를 건너버린 우리들의 나이가 되었다. 살면서 투사가 된 친구들이 자랑스럽다. 이제 시간이 좀 더 흐르면 전사의 자리에서 물러나야 한다. 몇 년 후면 투사가 아닌 어른의 길로 가야 한다.

우리는 우정에 눈을 돌리지 않고 살다가 인생의 전환점에서 만날 것이다. 일본에 도착해 일본식 정찬을 차린 개인상을 받아 저녁 식사를 겸한 회갑연을 했다. 회갑이 지난 서너 명 친구들도 함께 축하했다. 60년을 살아온 친구들과 세상에서 가장 의미 있는 회갑연을 축복했다.

일본은 한마디로 줄이고 내려놓은 문화였다. 내려놓고 줄여야 한다는 것은 깨닫게 했다. 권력자 사무라이 마을에도 그랬고 판자촌 벽지 고을도 그랬다.

작은 고추가 매운 일본을 이해한 것은 애국이었다. 스트레스와 규제 때문에 세계에서 정력이 가장 약한 일본인이란 유머에 걸맞게 철저한 규제와 거기에 따르는 국민성이 보이는 듯했다. 화산이 살아있고 태풍과 지진이 비껴가지 않는 섬나라 일본. 그들은 자연에 순응하며 비우고 살고 있었다. 작은 규모의 자동차와 집들이 그것을 대변하고 있었다. 살아 있는 자연과 공생을 하고 있는 일본인들이 부러웠다.

청결한 시냇물과 천연수가 솟구치는 승천수는 신비했다. 잠을 자는 고기와 새들이 자유를 누비는 하천이 감회였다. 1km 아키요시도 동굴을 따라 바라본 감동은 지하세계 요술을 보는 듯했다. 계단식 논 모양 웅덩이는 환상적이며 석회 기둥은 장엄했다. 시간이 멈춘 듯 신비로운 경관이 펼쳐졌다.

지하의 신이 만들어 낸 걸작에 아름다움의 의미를 배웠다.

산 전체를 덮고 있는 화산돌 무리에 신비로운 경이를 느꼈다. 여행은 놀람을 발견하는 일이었다. 여행은 자신을 내려놓고 세상소리를 듣는 행위였다. 사진 속의 아름다운 모습처럼 여행은 소소함이 모여 감동이 되었다. 길은 두 발로 천천히 걸을 때야 여태껏 보지 못한 멋을 볼 수 있음을 깨달았다. 신화로 포장된 길을 걸으며 눈부시게 아름다운 이야기를 경청했다. 길 위에 펼쳐지는 신비의 역사와 인문, 생태학 기행은 감회를 불러왔다.

귀국하는 뱃길은 대낮이어서 색달랐다. 피로에 겨워 잠을 자는 와중에서도 우정의 대화는 꽃망울을 피웠다. 정치 이야기는 자제를 했지만 피할 수 없는 화제였다. 대화는 공감이 아닌 주장 위주여서 우리의 어두움 면모를 보는 듯해 아쉬웠다. 자신의 생각과 다르면 열을 내는 친구들의 저항에 더러는 살아오면서 맺힌 삶에 대한 저항의 시간이었음을 느끼게 했다. 잠시 빚어진 갈등이 풀리고 본연의 자세로 돌아온 우정은 기쁨을 엮었다.

우리는 귀를 세워 경청하고 격려하며 살아온 삶을 존중해 주었다. 친구이기에 가능한 일이었다. 이견이 있어 언쟁하다가 이내 멈추었다.

부산항에 도착해 친구가 양손에 들고 있던 짐 중 하나를 들었다. 무거워 보이는 짐을 들어주려 했지만 친구는 기어이 양주 두 병든 짐을 건넸다. 입국검색대 앞에서 세관신고서를 찾았으나 어디에도 없었다. 하다못해 문서작성대로 가서 문서를 작성한 후 짐을 그 자리에 둔 채 그냥 와버렸다.

검색대 앞에서 줄을 서서 기다리다 손에 들었던 짐이 생각났는데 없었다. 화급히 짐을 찾으려 했으나 안으로 들어갈 수가 없었다. 다행히 짐은 그 자리에 보였다. 구석에 위치해 있는 안내소로 가서 요청해 겨우 짐을 찾았다.

숙소로 돌아올 때까지 짐은 내 손에 떨어지지 않고 한 손에 들려 있었다. 수난은 여기서 다시 시작되었다. 회장 친구가 숙소에 돌아와 마시자고 하는 바람에 그냥 두고 저녁 식사를 하러 식당으로 향했다. 식사를 마친 친구들은 노래방에 간다고 공지를 했다. 미리 숙소에 왔던 몇몇 친구들이 하나둘 노래방으로 갔다. 나도 숙소에 남은 친구들에게 노래방에 가자고 종용했으나 한 친구는 부산 집으로, 해외에서 온 친구는 피곤하다고 휴식, 총무는 환자. 나랑 몇몇은 그들을 두고 노래방으로 가기가 난감했다.

두 병 양주 중 하나를 따서 남은 친구들과 한잔했다. 성질이 급한 친구가 숙소로 와서 남은 한 병을 노래방에 가지고 갔다. 숙소에 남은 친구들과 나누는 우정의 교감은 꽃을 피웠다. 성미가 급한 밤은 빠르게 흘러갔다.

익어가는 우정이 되기 위해서 친구들 사이에 취기 때문에 갈등도 엿보였다, 양주는 그들의 속내를 드러내게 하고 그들 뱃속으로 사라졌다. 아름다운 추억을 남기고 여행은 샘물처럼 솟아오른다. 취기가 오른 친구들은 노래방으로 내려가 잊고 있던 옛 노래를 부르며 오랜만에 신명 나게 놀아났다.

해운대에서 맞이한 마지막 날 밤. 몸은 3일 동안 피곤해도 즐거움으로 가득한 시간이었다. 보이지 않은 친구들의 속을 읽었고 만남의 기쁨에 과하게 취하기도 했다. 가슴에 박히는 말의 비수에 휘청거리기도 했지만 금 새 평정을 찾을 수 있었던 친구라는 이름. 일 년에 한 번씩이라도 만나 동행할 친구들이다. 마주 잡은 손으로 느끼는 우정은 순수하고 정이 깊었다. 기억 할 일은 친할수록 더 배려하고 실수를 남기지 말아야 한다는 점이다. 나와 다르다는 사실을 알면 다툼이 없는 품격 있는 친구가 될 수 있다. 쌀을 건드리면 먹을 것이 나오지만 말을 건드리면 싸움밖에 없다고 했다.

인생은 재회의 연속이다. 재회의 희망은 공짜로 누리는 멋진 축복이다. 지나간 추억은 그리움이 된다. 고향 친구들과 추억 하나를 더한 여행이었다. 재회의 시간이 돌아오겠지만 벌써 회갑 여행을 함께한 우정이 그리워진다.

과거 순례

과거를 걷는 첫걸음은 울산에서 부산행 열차 객실에 오르면서 시작되었다.

기억 속 40년의 복고감성을 읽었다. 과거를 걷는 일은 기억의 미로를 찾는 일이다. 그때 기억은 희미한 주관과 상상으로 어렴풋이 되새김할 뿐 객관성이 결여될 수 있다. 기억에 의존해 과거를 걷는 일은 큰 기쁨이다.

그때 매년 모교에서 열리는 동창회 체육대회 참가를 위해 객실을 통째로 대여해 울산과 해운대를 오갔다. 한 손에 우승컵을 들고 다른 한 손에는 축배의 잔을 들고 외쳤던 젊은 날의 함성이 들려오는 듯하다.

녹슨 과거 시간을 더듬으며 기차는 달린다. 기찻길마다 과거 애틋한 감성과 신비의 추억이 스멀스멀 뛰쳐나와 소리 높여 이야기해 줄 것 같다.

시끄러운 기차 소음은 그대인데 지나간 시간을 만지면 그리움을 불러온다. 창밖에 펼쳐지는 풍광은 아름다운 세상을 상영하는 무료 영화관이다. 무료로 공연되는 대자연의 영상은 과거 스토리텔링도 함께 방영해 준다.

쉼 없이 이어지는 기찻길 옆에는 오막살이 대신 수려한 봄꽃으로 변모해 한껏 기쁨을 준다. 싱그러운 햇살 아래 하얀 찔레꽃이 병풍처럼 펼쳐져 가난의 과거를 핥게 한다. 과거는 침묵하는 언어로 기억을 떠올리며 기차 객실을 가득 채워주고 간다. 과거의 향기가 한동안 객실에 머물렀다 사라진다.

부전역에서 내려서 부전 전통시장에 섰다. 시장은 과거의 가난이 고스란히 전을 펼쳐 보여준다. 허름한 시장, 가난이 흐르는 풍경은 예나 지금이나 흡사하다. 수많은 옛 기억들이 바닥에 겹치고 포개지느라 멀미가 났다. 바삐 움직이는 상인들의 모습은 정이 넘치고 활기차다. 부산 최대전통시장답게 예나 지금이나 가판대에 놓인 물품들은 값싸고 서민적이었다.

구수해 고픈 배를 울렸던 음식 맛은 사라지고 없지만 옛 모습은 남아있다. 남루한 서민 복장에 전을 펴 손님을 기다리는 노파의 간절한 눈과 마주쳤다. 미소 짓는 얼굴에서 꿋꿋이 장돌뱅이로 살아온 가난의 여정이 스쳐 갔다.

삶의 현장을 둘러보며 잘 사는 게 간단하지 않다는 다큐멘터리를 목도했다. 피난민들이 시작한 시장 애환과 굴곡 역사를 음미하며 사색에 젖었다. 사람들의 발걸음은 여전히 붐볐다. 변한 듯 그대로인 시장은 곱씹는 추억을 소환하여 시장을 누볐다. 40년 전 기억 끝자리에서 흩날리는 자질한 추억까지 기억에 맴돌았다. 부전시장은 과거와 현재의 삶과 문화 집결지였다.

부산의 상징인 용두산 공원에 올라 여태껏 남아있는 추억을 찾았다. 언덕길은 아직도 옛 건물과 미화당백화점 그림자가 서성이고 있었다. 그 옛적 그림자가 드리워져 있는 용두산 공원은 용이 머리를 들고 바다를 건너는 형태를 취하고 있다 해서 이름 붙였다. 전국 꽃시계 중 유일하게 초침이 있는 시계가 지금도 그대로 돌고 있었다. 태고의 그리움이 시곗바늘을 따라 밀려와 벅찬 감회를 주었다.

시계는 아름다운 꽃들로 장식되어 절묘하게 추억을 기념하고 있었다. 높이 120m로 지어진 부산타워는 옛 모습 그대로였다. 탑 아래 부산항과 영도다리에 얽힌 기억이 뱀처럼 기어 왔다. 영도다리는 억센 부산 사투리처럼 남아있었다. 경주 불국사의 다보탑과 부산을 상징하는 등대 모양으로 복합 디자인하였다는 부산타워 위에서 하나둘 흘러가 묻힌 추억을 낚아 올렸다. 1973년 준공되었으니 45년 더께가 무성으로 일어나 그때를 증언해 줄 것 같다. 예나 지금이나 상징으로 남아있는 탑은 고스란히 과거를 이야기해 주고 있었다. 신혼여행의 1번지로도 각광을 받았던 뭇 사람들의 추억이 있는 곳을 걸었다. 흔들리지 않는 기억은 없다. 손가락 사이로 빠르게 흘러간 세월에 비하면 찰나인 추억이 과거를 소환해 감회에 젖게 했다.

자갈치시장으로 가는 길은 햇살이 유난히도 뜨거워 기분까지 상승한다. 판자촌 꼼장어 구이는 철거되었지만 군데군데 옛 그림자 드리운 식당이 있다. 부두길 허름한 포장마차 꼼장어 집에서 소주 한잔하던 추억은 살아 있지만 그때의 가게와 거리가 있던 현장이 사라져 대형 건물로 흡수되었다.

"총각~ 꼼장어에 소주 한잔하고 가지. 맛있게 해줄게" 자갈치 아주머니가 유혹하는 목소리도 사라지고 없다. 꼼장어 맛 추억이 후각으로 기억된다. 가난했지만 가난하지 않았던 빈곤의 맛이 그윽하게 스며드는 느낌이다. 보이지 않는 것은 그리움으로 다가온다. 그리운 그림자는 추억이 된다. 진하게 소주잔을 나누었던 추억의 나이테를 걸어 둔 거리를 걸었다.

계엄통치 시절, 청년들이 백골단에 쫓겨서 도망치던 포장마차 골목이다. 민의 성역을 침입한 군홧발의 오욕을 지금도 잊을 수 없다. 탱크가 주둔해 시위를 제압하던 한 시대의 비극이 영도다리에 투영된다. 시대의 아픔이 있기에 현재가 발전할 수 있는 마중물이 된 것이 아닌가. 비린내 자욱한 골목 식당에서 모듬 물고기구이로 또 다른 추억의 나이테를 만들었다. 자갈치는 변했지만 부산은 옛 그대로의 모습을 간직하고 있다. 과거가 사라진 자갈치시장은 역사에서 눈을 돌리지 말 것을 외치고 있다.

국제시장은 고교 시절 실습 공구를 사러 자주 들렀던 곳이다. 온갖 물건을 파는 국제시장에서 떡가래처럼 나오는 도떼기시장의 추억들을 더듬었다. 피난민이 모여들고, 미국 구호품, 군용품이 유통되며 국제시장은 번창했다. 사람 빼고는 외제였던 소규모 상점에 1,500여 명이 삶을 영위하고 있다.

보수동 헌책방 골목에서 필요한 책을 여러 권 샀다. 곰팡이 냄새가 과거를 읊조린다. 전문서적을 팔고 있는 책 테마 거리를 뒤졌다. 보물찾기하듯 찾아낸 묵직한 책을 들고나왔다. 손때가 묻고 색깔이 바랜 책은 청년 시절에 읽지 못한 오래된 책들이다. 적은 돈으로 많은 책을 사본지도 처음이다.

축제가 한창인 남포동 거리를 걸었다. 고교 시절 놀이터였던 영화관과 음악다방이 나폴 거렸다. 낭만의 거리를 걸으며 전통문화 시절로 돌아갔다. 기억에 영상처럼 흘러나오는 팝송, 샹송 음악 감상실 감동이 기쁨을 준다. 여러 겹 추억을 핥았다. 옛것이 사라지고 현대화된 남포동 거리를 걸었다.

젊음의 낭만을 발산했던 거리를 걷는 것은 많은 감회를 몰고 왔다. 감회는 현재를 유추하고 미래를 찰지게 하는 약속이 내재하여 있다. 택시로 이동해 과거를 고스란히 간직하고 있는 감천마을 유람했다. 과거로 돌아가 체험을 할 수 있다는 자체만으로 뜻깊은 감회가 들었다.

작은 산 전체에 다닥다닥 붙어 있는 집들이 가난했지만 정겹게 다가왔다. 정붙이고 살아간 가난한 마을의 모습에 옛 그리움과 운치가 살아있다.

영화의 주인공이 되어 한 시절 정취가 어려 있는 과거 현장을 염탐했다. 변하지 않는 것은 변할 수 있는 개연성이 많다는 것을 말해준다. 낡고 쓸모가 없으면 틀림없이 새로운 변화를 유발하는 본능이 있는 것이다. 부산 앞바다가 보이는 곳에서 뜨거운 폭염의 세례를 받으며 한 시대의 흔적을 핥았다. 고즈넉한 옛 거리가 또 다른 추억을 잉태했다.

꼭 40년으로 돌아가 부산의 옛 거리를 유람했다. 삶을 즐기지 못하고 미래희망을 위해 매진한 과거의 아린 그림자를 염탐했다. 나이테를 늘려가는 시간에 현재를 즐겁고 보람 있게 살아야 한다는 시사점을 도출했다.

부산의 과거는 조금씩 변해가고 있었다. 추억은 영원히 존재할 수 없는 무형물이기 때문이다. 자갈치 시장이 사라진 것이 아쉬웠다. 과거란 되돌아보면 낭만과 아픈 복고감성이 교차하는 법이다. 오래전 있었던 것처럼 돌아올 수 없는 시간이 서성인다. 되돌리는 일은 이젠 연연하지 말라 한다.

과거를 미화하면 미래를 방해하기 때문이다. 과거를 통해 미래의 내 모습을 보라고 종용했다. 40년 전 과거를 걷는 일은 사색과 순례의 여행이었다.

비진도 유람

푸른색 비단에 싸인 옥을 닮은 섬, 그래서 이름 지은 비진도를 유람했다. 풍경 좋고 해산물이 풍부해 보배에 버금가는 비진도 멋에 환호성을 질렀다.

옥같이 맑고 푸른 바다에 몸을 담그고 있는 비진도는 더없이 순수했다. 순수한 비진도는 군더더기가 없어 우러러보게 하고 본받고 싶게 만든다. 한려해상국립공원답게 섬 풍광 마력에 감성이 이끌리어 감흥을 불러왔다. 설렘의 비진도 여행은 통영에서 한솔해운 배에 승선하면서 시작되었다.

바닷냄새가 환영 인사를 했다. 올망졸망 모습 섬들이 거수경례를 했다. 40분 동안 달리는 다도해를 세상에서 가장 큰 화면에 담아 생방송을 했다. 바닷물이 푸르고 맑아 마음을 빨아들이는 매력이 있어 두려움을 주었다. 생방송으로 방영된 다도해 다큐는 신력을 불러와 마음을 정화해 주었다. 초병처럼 진열된 섬들의 열렬한 환영을 받으며 푸른 바다를 횡단했다.

비진도 남항에 배를 멈추고 하선을 하자 신천지를 온 기분을 자아냈다. 가보지 않은 길을 걷자 유람의 본성이 일기 시작했다. 태초 인간부터 내려오는 유람 본성이 나타난 것이다. 설렘을 안고 섬 둘레길 유람을 시작했다.

내항에서 외항으로 2km 거리, 40분 동안 산호같이 아름다운 길을 걸었다. 좁은 도로를 따라 걸으면서 길가 아카시아와 찔레꽃 향기에 멀미를 했다. 숲속 어디선가 풍란이 숨어서 꽃대를 감추고 수줍어하고 있는지도 모른다. 풍란이 유명한 것은 먼 옛적 길을 잃고 표류하던 선장이 풍란의 향기로 비진도에 왔다는 전설이 있을 만큼 대량으로 자생하고 있기 때문이다.

하얀 찔레꽃이 유년의 기억을 더듬으며 스토리텔링을 풀어 놓기 시작했다. 찔레꽃이 필 무렵이면 깊은 계곡에는 가재가 많았다. 밤중에 기름기 많은 소나무 관봉으로 된 횃불 들고 가재를 잡으러 갔다. 불빛을 따라 바위 속에서 엉금엉금 기어 나오는 가재를 잡았다. 보릿고개 때 먹었던 그 가재 맛이 짙은 찔레꽃 향기를 타고 내려앉았다. 순진했던 유년 나로 돌아가 보았다.

천연기념물 팔손이나무가 바람에 흔들리며 나를 응원했다. 잎이 여덟 갈래로 갈라져 손바닥 모양을 한 두릅과 나무가 귀한 몸을 갸웃거렸다. 유람과 순례를 오가며 걷기 시작했다. 눈길 주는 풍경이 죄다 신천지였다.

비진도 수문장인 작은 춘복도가 화장을 짙게 한 여인으로 다가왔다. 감성 모자를 씌워 찡한 여운을 주고 경계 없는 바람이 가슴을 데워 놓았다. 대자연의 장엄한 파노라마가 펼쳐지는 비진도가 신령으로 다가왔다.

내 마음은 작은 섬 물가에 내려놓은 아이마냥 출랑거렸다. 감동을 주는 아름다운 섬에 위압 당해 모두를 내려놓고 순수한 나를 채웠다. 바다는 나약한 내 섬을 보듬어서 순수한 감성을 가득 채웠다. 육안과 뇌안으로 내 안의 속성을 보게 했다. 심안과 영안을 투시하여 마음의 본성을 바라보게 했다. 섬처럼 금을 긋지 말라 타일러 주었다.

보이지 않은 내공이 일어나기 시작했다. 내 안에 가라앉은 앙금이 하나하나 지워졌다. 옥죄는 욕망과 유혹을 벗기고 영혼을 갉던 편린을 몰아냈다. 비진도의 수려한 비경과 순수한 마력이 벅찬 감동과 환희를 주었다. 눈을 씻어 다시 바라본 비진도는 심해에서 건져 올린 보물로 보였다.

해동회맛집에서 심해에서 건져 올린 해산물로 점심식사를 했다. 청정바다 속에서 건져 올린 해산물이 잇몸을 타고 혀를 지나 알싸한 미각이 일었다. 바닷냄새가 온몸 구석구석을 지나며 생기를 불어넣어 준 느낌이었다. 바다는 수많은 생명체 자궁이고 보고였다. 이국적인 정취를 만끽하며 밀물로 드러난 바닷가에서 수렵채취를 했다. 해삼과 낙지 한 마리를 건졌다. 한입에 넣어 씹히는 그윽한 미각. 환희의 시간이 파도를 타고 지나갔다.

파도는 밀려와 부딪혔다. 뒤에서 밀어주고 줄기차게 밀려왔다. 파도가 부딪히면서 내는 후음. 신령하게 들리는 바다 노래가 은은히 비진도에 깔렸다.

해안선 길이가 550m인 천연백사장을 사이에 두고 섬과 섬이 여성 가슴가리개처럼 연결되어 있었다. 부드러움과 아름다운 여성 가슴 위를 가로질렀다. 억겁 세월 누군가를 기다리며 처진 가슴을 세우고 유혹하는 여인이었다. 운명의 그 날까지 자식을 위해 살다 가신 어머니 그리움을 파도가 씻어냈다. 거칠게 뱉는 파도 숨결이 쏴아 하고 밀려들어 내 불효의 허물을 씻어갔다. 가슴의 한쪽은 모래밭, 한쪽은 몽돌이 아우러져서 하모니를 연출했다. 내해의 잔잔한 파도가 이는 은빛 모래 백사장이 눈길을 유인했다. 반대편에 있는 바다는 거센 파도가 밀려와 몽돌에 부딪혔다. 몽돌이 자연 방파제가 되어 해수욕장 모래 유실을 막아주고 있었다.

섬이 내린 기를 받아서 해발 312m 높이로 솟구친 선유봉에 올랐다. 숲을 보면 산을 잊고 산을 보면 숲이 보이지 않는 유람 길이었다. 주마간산을 마음으로 여미며 가파른 산을 심호흡 내뿜으며 올랐다.

세상에서 가장 독한 풀 큰 천남성이 섬뜩한 기분이 들게 했다. 두려움이 있어야 성취할 수 있는 법이다. 삶과 죽음이 상존하는 산에 이름 모를 원시림이 빼곡히 덮고 있었다. 평온해 보이지만 산속은 약육강식이 처참했다. 가혹한 환경이 낳은 숲 세계가 무서웠다. 삶을 다한 고목 함성이 들렸다.

38년간 치열했던 제1기 삶의 추억이 앙상한 고목에 덧칠을 하고 지나간다.

산에 오르는 길섶에 사람 형상을 한 망부석이 눈길을 끌었다. 산홋빛 바다를 바라보며 임을 기다리는 망부석 전설이 비루함을 풍겼다. 선녀가 머물다 간 정상은 섬을 미화시키는 전설이 전해져 내려오고 있었다. 전설은 신비롭고 아름다운 섬 비진도를 은유로 표현하고 있었다. 정상에서 맞이한 비진도 전경은 최고의 아름다움이여서 미인도라고도 불렸다. 섬 산행은 바다와 산과 하늘이 어우러진 색다른 세상을 걷는 기분이다.

섬은 정상에서 봐야 진면모를 볼 수 있었다. 발아래에 펼쳐진 장관은 하늘과 닿아 걸작을 연출했다. 하늘이 외로울 때 섬이 위무해 주고 있었다. 섬 바위와 낭떠러지 하나하나마다 전설로 포장되어 신령함을 일게 했다. 기암에 묻어 전해져오는 전설은 허무맹랑하지만, 상징을 담고 있었다. 산을 내려서니 비진암이 동백군락지에 싸여 있었다. 암자에 큰 독사가 돌담을 타고 있었다. 어쩌면 그 뱀이 비진도를 지키는 요물일지도 모른다. 구렁이 크기 독사가 독기를 핥으며 기어가는 자리에 무섬기가 돌았다.

지척에 수많은 섬이 갓 잠에서 깨어난 아이처럼 환한 얼굴로 올망졸망 둘러앉아 있는 정경을 바라보면 마냥 즐거웠다. 맑은 바닷물에 반신욕을 하는 섬들이 나체로 보였다. 숨김없이 나체를 드러내며 육체미를 자랑했다.

그러고 보니 대자연은 자세히 보면 숨기는 일도 숫기도 없었다.

하늘의 별이 내려와 앉은 듯 섬은 저마다 풍미를 풍기며 사유를 가득 머금고 다가왔다. 그 섬을 보면 파도를 타고 잔잔하게 그리움을 가득 싣고 다가와 내 가슴에 내려앉았다. 아픈 편린을 다 끄집어내 포효를 해도 결코 화를 내지 않았다. 전부를 헤아려주고 치유를 해 줄 태세였다. 마음에 남은 생채기를 비워내고 보석 같은 자연을 메웠다.

신명이 들어서 섬들과 어울려서 한바탕 놀았다. 저마다 악기를 연주하며 한낮의 연주회를 열기 시작했다. 여울지는 파도에 춤을 싣고 바다는 무용을 하고 발레를 연출했다. 엉덩이가 들썩하게 흥이 한바탕 돌면 하늘도 닮은 파란색을 띠며 구름으로 무용을 했다.

섬들은 서로 다다닥 붙어 있으면 좋은 것 보이지만 꼭 그렇지 않은가 보다. 오히려 닿지 않고 적당하게 떨어져 있기 때문에 좋은 관계가 될 수 있음을 보여주었다. 가까운 관계일수록 사랑이 멀어지기에 거리를 두는지 모른다. 부담을 주지 않는 가벼운 관계가 그리움을 잉태하고 다시 찾는 법이다. 과유불급 이치를 가볍게 얻고 내려놓는 법을 섬들이 알려 주었다.

마음에 지니고 싶은 것에 흥분하고 감흥이 있었다. 사사로운 나를 이긴 비진도 유람은 진한 행복을 불러왔다. 행복은 물질 충족으로만 되는 일이 아니라 수레바퀴 자국 지우듯 번뇌와 아픔을 지우는 일이라는 것을 느꼈다.

그 섬이 내 마음속에 눌러앉아 삶에 묵직한 감흥을 줄 것이다. 살면서 버리지 못하고 계륵으로 가지고 있는 짐. 버려야 할 것과 버릴 때를 알게 했다. 하루해가 서산으로 기울 때 일어나 배를 탔다. 호강을 가득히 담고 귀환하는 비진도에 푸짐한 햇살이 쏟아지고 있었다. 석양에 빛나던 황홀한 낙조의 절경이 온몸을 짜릿하게 하며 다가왔다.

여행은 잠시 버리고 떠나는 것. 그래야만 채움으로 보상을 받는다고 했다. 보상을 받은 것이 많은 비진도 유람은 숨겨진 샤먼과 신비를 느끼게 했다. 맑은 영혼으로 가득 채운 행복한 비진도 산호길 유람은 영혼의 순례였다. 비진도의 만물에는 신의 DNA가 살아 있어 신령한 기운을 느끼게 했다.

사진 속의 멋처럼 내 영혼이 아름답고 행복하게 느껴졌다. 편안하고 행복하게 유람을 마쳤다. 몸의 여행이 아니라 영혼의 가치를 높인 생각과 느낌의 여행이었다. 비진도는 사람 때가 묻지 않은 순수하고 싱그러운 섬이었다.

목포의 눈물

애간장을 녹이며 가슴 조이는 노랫가락이 흘러나온다. 뭇 백성의 가슴을 울리고 돌고 돌아 불러진 유행가다. 나라를 잃은 민족의 슬픔과 울화를 달래준 애국 노래다. 그 노래 안태고향 목포 유달산에서 노래를 듣는다.

외나무다리처럼 길고 가늘게 생겼다고 해서 목포라 이름 지었다. 목포 상징 유달산은 노령산맥이 끝나는 땅끝 봉우리다. 유달산에까지 뻗어 온 길고 긴 다리를 바다에 담그고 심해의 정기를 산으로 끌어당긴다. 신선이 춤을 추는 형상의 산이다. 바닷가에 있어 영혼이 거쳐 간다는 유달산 중턱에 '목포의 눈물' 노래비가 있다. 한국 최초의 대중가요 노래비다.

엉덩이가 덩실덩실하도록 그 노래가 유달산에 울려 퍼진다. 관광을 온 할머니들이 추억의 노래에 따라 춤을 춘다. 그 시절 애창했던 곡조에 맞추어 추는 할머니들의 춤사위에는 한이 어려 있는 듯 가슴을 쓸어내리는 듯 구슬픔이 당겨 온다. 82년 전 나온 노래가 불후의 명곡으로 찬사를 받고 있다.

오직 낮은 자세를 견지하며 뚜벅뚜벅 걸어왔다. 낮춤으로써 노래 맛은 깊어진다. 애창으로 국민의 가슴을 위로해준 위대한 노래다. 곡이 너무 애잔하고, 이별의 아픔과 서러움을 고즈넉이 드러낸다. 노래도 목포를 닮고 싶어 유명지명은 가사에 담았다. 삼학도, 영산강, 노적봉, 유달산의 이름이 단골로 불린다. 이름만 들어도 노랫말 지명들이 실루엣으로 스쳐 간다.

영웅호걸 이순신 동상이 떡하니 노래비를 지켜준다. 금방이라도 걸어 나와 역사 앞에 얄미운 짓을 하고 있는 일본을 그때처럼 혼내 줄 태세다.

복식과 자세가 다른 동상들과 사뭇 다른 모습이다. 타지역에 위치한 충무공이순신 동상들은 전통복식이 아닌 다른 복식을 입고 있지만 유달산 이순신 동상은 전통의상을 입었다. 동상이 서 있는 자세도 다른 동상과 달리 오른발을 앞으로 내디디고, 몸이 왼편으로 기울어져 있다. 목포 바다를 응시하고 있음을 상징하기 위해 동상을 비스듬한 자세로 만들었다 한다.

노적봉을 '큰 바위 얼굴'이라고도 부른다. 목포를 수호하고 있는 노적봉은 장군이 환생을 했다고 이야기하고 있는 사람도 있다. 높이 60m 바위다.

장군이 108일 동안 목포를 지킬 때 짚 마름으로 노적봉을 덮어 군량미를 쌓아 둔 노적가리로 보이게 위장을 했다. 군사가 많게 보여 왜군침입을 제지했다는 전술이 전해 오고 있다. 다시금 장군의 전술에 감복했다. 또 영산강에 백토 가루를 뿌려 바다로 흘러가는 물줄기가 쌀뜨물로 보이게 하여 외적들에게 아군의 군세를 위장하여 후퇴하게 했다고 한다.

노래비 근처에 연리지 소나무가 신비롭게 노래비를 지킨다. 능력대로 자란 두 그루의 소나무 줄기가 너울대기 시작한다. 가지는 무용수가 무희를 하듯이 춤춘다. 잎은 건반이고 바람은 연주가다. 낮은음 높은음자리 접붙여 부르는 '목포의 눈물' 합창 소리가 공명이 되어 들려온다.

탄생 한 세기를 맞은 가수 이난영은 사연도 우여곡절도 많았으리라. 16세 나이에 순회공연 중이던 가극단 막간 무대에서 즉석 노래 한 곡을 부르며 순회 악단원이 되었다. 레코드 사장 도움으로 가수가 된 것은 운명이었다.

그 시대 상황과 딱 맞아떨어진 목소리였으며 아무나 흉내 내거나 따라 할 수 없는 그런 목소리의 소유자였다. '목포의 눈물'은 이난영을 한 시대를 풍미하게 한 가수로서 대성공을 하게 했다.

이 노래로 자신은 물론 고향 목포를 유명하게 만들었다. 그러나 인간으로서의 삶은 순탄하지 못했다. 20세에 음악가 김해송과 결혼 했다. 6·25전쟁의 참화에 휩쓸려 남편이 납북된 아픔도 겪었다. 다시 사랑에 빠졌던 동료 가수 남인수가 폐결핵으로 사망하자, 슬픔을 다시 맞기도 했다. 가난과 시대의 아픔과 함께 한세상을 살아온 그녀의 삶은 영광과 굴곡의 길이었다. 불운한 말년을 살다가 심장마비로 65세에 운명했다. 사후 40년 만에 추모 사업단에 의해 고향 삼학도에 돌아왔다. 대삼학도 배롱나무 아래 수목장으로 묻혀 있다.

이난영 공원 조성 후 '목포의 눈물'과 '목포는 항구다' 노래비도 있다. 80년이 넘도록 이 땅의 모든 국민들에게 희망을 심어 준 가수다. '목포의 눈물'은 그 초심만은 잃지 않은 채 낮은 자세로 민족의 혼과 함께했다. 이 명곡 작사자는 문일석, 작곡자는 손목인, 가수는 이난영이다. 노랫말은 와세다대 출신의 20대 무명시인 문일석이 만들었다. 조선일보 노랫말 공모에 응모하여 1등에 당선된 작품이다. 흥행의 귀재로 불렸던 오케레코드 사장 이철이 제목을 '목포의 사랑'을 '목포의 눈물'로 바꾸었다. 여기에 작곡가 손목인이 곡을 입혀 취입을 해서 세상에 탄생했다.

국민적 인기를 누려온 '목포의 눈물'을 들으면 큰누님 생각이 난다. 나는 누나 등에 업혀 자랐다. 큰누나는 이 노래를 구성지게 잘도 불렀다. 당시 시골에는 라디오가 유일한 매체였는데 그것도 없는 집도 많았다. 산골이라 방송국 안테나가 멀어 주파수 맞추기 힘들었고 잡음도 많이 나왔었다. 정오 뉴스가 끝나면 라디오 앞에 모여들어 가요를 청취했다. 가수의 목소리와 박자를 거의 비슷하게 따라 수십 번 반복적으로 연습했다.

누나와 친구들은 별이 빛나고 달이 훤하게 밝아 오면 적막한 강가에 모여 라디오에서 흘러나오던 노래들을 반복해서 따라 불렀다. 노래를 여러 명이 따라 부르다 보니 빠르게 익혀졌다. 2/4박자 라장조, 약간 빠르기 자유로운 형식의 노래인 '목포의 눈물'은 필수로 불린 노래였다. 젓가락 반주는 노래의 흥을 일으키는 데 큰 역할을 했다. 휘영청 밝은 달을 바라보며 불렀던 그때의 노래 문화는 청년들에게 우정을 도모하고 삶에 활력을 불러일으켰다. 덕분에 명절날 개최되는 노래자랑에서는 수준 높은 아마추어 가수가 많이 나왔고 노래 수준도 높았다. 특히 '목포의 눈물'은 가수 이난영 특유의 비음과 흐느끼는 목소리가 감동이었다. 모창을 하면 구분하기 어려울 만큼 노래를 유달리 잘 불렀던 누나도 동네 가수 중 한 사람이었다.

눈을 감고 상상해본다. 없이 살았던 옛날 나라를 잃은 민족이 일제 압박에서 자유를 잃고 살아가던 모습을. 가난이 발붙일 세상은 어디에도 없었다.

희망을 잃어버리고 실의에 젖어 있던 그들에게 구전으로 들려온 애환과 서러움의 노래 '목포의 눈물'을 부르며 눈물을 흘리던 모습을 상상해 본다.

노래를 부르는 사공은 내륙에서 필요한 곡류나 소금 등 상품을 싣고 영산강을 오갔다. 바람에 펄럭이는 돛과, 삐걱삐걱 노 젓는 소리에 장단을 맞추어 구성지게 부른 노래였다. 남도 판소리 가락과 유사한 한이 서려 있어 이 노래를 불렀다. 나주와 무안을 거쳐 목포에 도착할 때까지 뱃사공은 그저 조용히 노를 쓰다듬어주며 장단에 맞추어 '목포의 눈물'을 불렀을 것이다.

목포에 도착한 사공은 삼학도에 밀려왔다 사라지는 파도를 바라보았다.

멀리 북항 부두에서 어여쁜 옷깃을 적시며 눈물 닦으며 서러운 이별을 하는 신부를 바라보며 한을 풀 듯 꺾어지는 목청으로 구성지게 노래를 불렀다.

"사공의 뱃노래 가물거리며……. 목포의 설움"

영산강의 물줄기는 말없이 제 갈 길로 흘러간다. 망국의 한은 가슴에 맺혀도 사공은 노를 저으며 노래로 민족의 영혼을 일깨워주었다.

가수 사명은 노래를 불러 사람들의 기분을 살리는 것이다. 음악 사명은 사람을 흥겹게 하는 것이며, 사람은 기분과 흥을 살려 즐겁게 사는 것이다.

이 음악에는 민족의 서정이 담겨 있다. 양수가 가득한 자궁이었다. '목포의 눈물'은 민족혼의 양수가 되어 엄청난 위로와 희망을 낳았다. '호남의 개골' 이라고도 하는 유달산 정상에 섰다. 목포는 초라하지 않고 바다를 닮아서 포근하고 넉넉하다. 목포시립도서관은 120년 전에 문을 연 목포항 덕에 당시 전국 6대 도시였다는 역사를 알려 준다. 러시아, 일본 등 열강들이 무역항을 드나들었을 것이다. 근현대 거리에는 화려했던 당시의 자취가 유물처럼 보존되어 있다. 그때의 꿈을 다시 이루지 못했지만, 목포는 회한이 없다. 역사로 남아 있다는 자체에 만족하고 있다.

화려했던 무역항의 이력을 가진 목포는 근래에 들어서 공단이 들어서고 조선소가 생기면서 다시 활기를 찾아가고 있다. 올망졸망한 섬들을 품은 바다는 온통 진줏빛 꿈을 꾸고 있다.

무더운 여름날의 낭만을 찾기 위해 시원하고 아름다운 바닷가로 갔다. 시원한 맥주 한잔하자 목포는 화려한 조명으로 마음을 사로잡는다. 불을 밝힌 고깃배들이 박수를 치고, 나는 산들산들한 바람을 쐬며 맥주를 들이켰다.

곤히 잠든 어린애 웃음 같은 극치를 내며 '목포의 눈물' 한 곡조를 부른다.

목포의 관문이며 학의 날갯짓을 형상화한 목포대교가 엉덩이를 흔든다. 서해안 고속도로를 잇는 총길이 4.12km다. 북항과 고하도를 연결하는 다리다.

천연기념물 500호 갓바위의 삿갓이 화려한 야경을 선보이며 유랑의 춤사위를 한다. 서해와 영산강이 만나는 곳에 있으며 오랜 기간에 걸쳐 풍화작용과 해식작용을 받아 만들어진 풍화혈(타포니, tafoni)이다.

자연의 예술 작품은 마치 스님 두 분이 삿갓을 쓰고 있는 것 같다. '스님이 영산강을 건너 나불도 닭섬으로 건너가려고 쉬던 자리에 쓰고 있던 삿갓과 지팡이를 놓은 것이 갓바위가 되었다'는 전설이 전해 온다.

세계 최대의 부유식 바다 분수 '춤추는 바다 분수'가 너울댄다. 276대 분사용 노즐과 96대 분사용 펌프가 70m 높이로 물줄기를 현란하게 뿜어낸다.

횟집에 세발낙지, 농어, 돔, 민어, 전복, 펄 낙지가 허기진 나를 유혹한다. '산해진미'를 선보이며 남도의 맛으로 미각을 감칠 나게 한다. 세발낙지에 소주 한잔을 넣자 속이 데모한다. 향긋한 바닷냄새가 겹치는 별미다. 대한민국 맛의 수도 목포는 '목포의 눈물'만 있는 것이 아니었다.

돌섬 독도

신은 태초에 독도를 만들면서 동도 팔부능선에 한반도 지도를 새겨 놓았다. 영락없는 대한민국 영토임을 온 세상이 알 수 있도록 선명하게 새겼다. 주변국 일본이나 중국이 감히 넘보지 않도록 독도 심장부에 새겨놓았다. 호랑이 상징의 한반도 지도는 진취적이면서 무한한 팽창발전을 상징한다.

배로 독도를 순회하면서 국토수호를 상징하는 한반도 지도의 결연한 풍채를 마주했을 때 가슴이 뭉클했다. 감흥이 내재되어 있는 애국심 발로다.

지도는 애초부터 동강 난 분단이 아닌 하나 된 대한민국임을 분명히 보여주고 있다. 검은 바위로 뒤덮인 독도에 유독 그곳만 식물이 푸르게 도드라지게 박혀 한반도 지도를 치장했다. 나무와 식물이 푸른색을 띤 옷을 갈아입고 선명하게 지도를 호위하고 있다. 대한민국 지도를 호위하고 있는 것이다.

수만 년 세월 동안 한결같이 그 자리에 서서 대한민국을 지켜오고 있다. 그 결기로 신력이 일어나는 한반도 지도를 새겼다. 국토 수호의 표식이며 대한민국 영토임을 확고하게 암시하는 시그널이다. 독도가 대한민국 땅임을 전 세계를 향하여 홍보하고 외치고 있다. 일제가 가장 먼저 침탈한 땅이 바로 독도다. 지금도 어리석은 몽니를 부리며 독도가 자기네 땅이라고 우기고 있다. 한반도 지도는 일본을 향해 분노하고 있다. 지도는 지금도 두 눈 부릅뜨고 일본을 노려보고 있다.

신은 한민족이 하나가 되는 간절함으로 한반도 지형을 독도에 새겼다. 돌섬은 온몸으로 통일을 외치고 있다. 염원은 관심과 지대한 노력을 하면 이루어진다. 남북이 반쪽이 아닌 한쪽의 한반도 만들기에 시동을 걸었다. 물은 흐르면서 수많은 장애물을 만날 것이다. 물길의 사명은 장애물을 넘고 또 넘어 깊은 바다까지 흐르는 것이다. 한 번 시작한 물꼬는 바다에 이르기까지 느림과 빠름의 속력으로 쉼 없이 흐를 것이다.

독도는 새벽의 땅으로 가장 먼저 하루를 시작하는 대한민국 영토다. 불기둥 같은 해가 심해로부터 올라와 한반도 지도에 비치면 장엄한 대한민국 아침 빗장이 열린다. 현란한 태양이 떠오르면 한반도 지도는 심장에 힘을 모아 영롱하고 눈부신 빛을 본토로 전파한다. 본토와 독도는 손깍지처럼 연결이 되어 함께 숨을 쉬는 운명체다.

독도는 본토의 분신이고 변방이다. 하나 된 몸은 신경으로 연결되어 있다. 동해 동쪽 끝의 아름다운 섬, 갈매기도 주민도 경비대원도 등대원도 이 땅을 비추는 첫 햇살을 받는다. 괭이갈매기와 바다제비, 슴새가 막 잠에서 깨어 찬연한 해를 안고 감흥의 울음소리를 낸다.

섬기린초, 섬장대, 섬괴불나무가 푸른 가지를 흔들며 햇살을 심장까지 길게 빨아들이며 영롱한 아침을 맞을 것이다.

신의 손으로 빚은 한반도 지형이 바다의 광배를 받아 도도하게 아침을 알리고 있다. '우산봉'과 '대한봉' 봉우리가 아침햇살을 핥고 있다. 수면 위로 가장 높게 노출된 서도는 168m이지만 그 심지는 깊어 바닷물 속에 잠겨있는 뿌리 부분 길이가 무려 25㎞다. 이천 미터가 넘는 깊은 바닷물에 풍덩 몸을 담그고 홀로 영토의 동쪽 끝을 지키는 수호자다.

돌섬은 파도와 폭풍우에 기꺼이 순응하며 긴 세월을 견뎌왔다. 자기를 속이지 않았기에 숭고하다. 고통이 아닌 내줌의 세월이었다. 내주고 순응하느라 닳고 깨지며 세월을 이겨낸 바위에 의연함이 서려 있다. 억겁의 세월을 이겨낸 몸체는 깎이고 떨어져 나가 검게 타들어 검게 보이는지도 모른다.

자연에 순응하며 당당한 모습을 보여주는 신령한 한반도 지도가 보인다. 바다의 기를 뽑아 올려 한반도 지도에 활력을 불어넣은 탓에 단단한 바위 표면이 햇살을 받아 광채로 빛난다. 그 바위 틈에 뿌리내린 식물들이 푸르게 치장을 한 지도는 우아한 산수화로 변신한다.

독도는 우산국을 신라에 편입시킨 이사부가 나무사자(獅子)로 항복을 받아낸 계략의 역사가 서려 있다. 두 차례나 일본에 건너가 독도가 우리 땅이라는 확인문서를 받아온 안용복의 정신이 남아있다. 고종황제가 칙령 41조로 독도가 우리 땅임을 법령으로 공포한 역사를 기억하고 있다. 조선 시대에 편찬된 고서 '세종실록'에 동해상에 무릉과 우산의 두 개 섬이 있음을 기록한 사실도 기억하고 있다. 역사는 이 사실을 올곧게 증빙하고 있다.

독도를 돌면서 늠름하고 자랑스러운 한반도 지도를 유심히 바라본다. 돌섬에 새긴 한반도 지도는 누가 뭐라고 해도 틀림없는 대한민국 영토임을 확인시켜 주고 있다. 동해에 우뚝 솟아올라 있는 독도는 홀로된 섬이 아니다. 주변에는 여든아홉 개의 작은 바위섬들까지 올망졸망 가족으로 거느렸다. 탕건봉, 촛대바위, 삼형제 굴바위, 닭바위가 늘어서서 파노라마를 이룬다. 독도를 지키다 산화한 애국충절 넋을 형상화해 솟아 있는 바위다.

바위에는 은유와 상징이 가득하다. 지도는 우리 땅이라는 잠재된 애국심이 형상화되어있다. 독도가 부르짖는 애국심은 독립문

바위에서 절정이다.

촛대바위에 걸린 햇살이 촛불처럼 타오른다. 코끼리바위가 행복과 장수를 노래한다. 세상 풍진을 이겨냈으니 강하다. 다시 한 번 눈을 씻고 돌섬에 새겨진 한반도 지도를 바라본다.

섬은 황홀해 심해에서 건져 올린 보물 같이 아름답다. 아름다움에 이끌리는 건 본능이다. 지도의 염원은 강렬하다. 조국의 안녕과 번영의 희구를 그곳에 얹혀놓은 것이다. 독도는 얕은 토양층과 척박한 토질, 높은 염분으로 부족한 담수는 사람접근을 마다하며 바위 왕국을 만들어 놓았다. 검은 바위 위를 띄엄띄엄 뒤덮은 식물이 잎을 흔든다. 살아남기 위해 자연에 항거하지 않고 몸을 낮추고 순응하며 살아간다. 소금기에 몸을 단련시키고 비바람에 잎을 두껍게 하여 강한 생명력을 키웠다.

태극기가 펄럭이며 소리를 낸다. 젊음을 산화한 호국영령들의 넋이 내는 함성이다. 독도를 수호하다 순국하신 선현들의 영혼 함성이 거대한 바다 산에 부딪혀 내는 소리다. 외세의 침략으로 더 강해진 우리 민족을 닮아 어떤 풍파에도 굴하지 않고 침략에 흔들림이 없는 독도여서 자랑스럽다.

바닷물에 반신욕을 하는 두 개의 섬이 나체로 보인다. 숨기는 것 없이 나체를 드러내며 육체미를 자랑한다. 숨기는 일도 숫기도 없다. 햇볕이 내려와 앉은 지형은 풍미를 풍기며 사유를 가득 머금고 다가온다.

독도는 보배의 터로 부각되고 있다. 중국, 일본, 러시아 사이에 위치해 군사적 요충지로 국가 안보에 중요한 위치를 차지하고 있다. 배타적 경제수역 기점으로 우리 주변 바다에 대한 영유권 주장을 가능하게 한다. 또 화석 연료를 대체할 미래 자원 메탄 하이드레이트는 전 국민이 30년 사용 가능한 양이 매장되어 있어 보배의 터를 증명하고 있다. 꿈의 식수 해양심층수가 흐르고, 북극 항로 교통 중심지로 부각되고 있다.

감흥 가득히 호강을 누리고 귀환하는 눈에 비친 아름다운 한반도 지도위로 푸짐한 햇살이 쏟아진다. 울릉도로 회귀하여 도동 독도박물관을 관람했다. 전시관은 하나 같이 '독도는 우리 땅'에 대한 증거를 보여주고 있다.

독도가 역사, 문화적으로 대한민국 영토일 수밖에 없는 당위성과 뜨악한 일본의 허구성을 세세하게 드러내 보여주고 있다. 몽니를 물리치기 위해 혈기왕성한 20대 독도경비대원 40여 명이 경계를 서고 있다.

깔끔하게 그려진 한반도 지도를 떠올리며 천진한 애국심을 핥아 본다.

고교동기생 등산대회

먼 심해에서 뻗쳐 온 금빛 광휘, 불끈 솟구친 햇덩이가 전국에서 모인 100여 명 동기생에게 환희를 주었다. 비가 온다는 예보를 묵살한 아침에 영롱한 태양이 방어진 반도에 떠올랐다. 묵직한 봄바람이 불어 만남을 축하했다.

신이 축복을 내린 3월 16일 국립부산기공 10회 동기생 등산대회가 시작됐다. 올해는 내가 동기회장으로 있는 울산 염포산에서 주관해 분주했다.

낯익은 얼굴, 저마다 가슴에 국립부산기계공고 이름표를 패용했다. 졸업 후 처음 만나는 친구도 더러 눈에 띈다. 선뜻 다가가서 악수로 인연을 맺는다. 우연히 만나 관심을 주면 인연이 되고, 공을 들이면 필연이 된다는데. 반가움 하나가 잡은 두 손에 맴돈다. 동기생이 아니면 채울 수 없는 필연이다. 전국 중학교에서 선발된 900명이다. 전국 어디에 가도 만날 수 있다.

새벽에 출발해 5시간 만에 도착한 서울 친구들 얼굴에 미소가 가득 넘쳤다. 현대중공업이 있는 한마음회관 광장을 가득 메웠다. 전국에서 달려온 100여 명 동기생은 만남의 환희를 나누었다. 저마다 간직해 온 그리움의 우정을 내려놓고 만남의 기쁨을 함께했다. 어렴풋이 기억나는 학창 시절의 추억들이 해맑은 동기생 얼굴에서 뛰쳐나와 향연을 펼쳤다. 졸업 40년. 회갑이 되어 버린 연륜이지만 인생은 멋진 추억을 먹고 사는 맛도 있는 법이다.

유연성은 떨어졌지만 함께 체조를 하며 몸 나누기를 했다. 흥겨워 활짝 웃는 얼굴로 기념사진을 남겼다. 언제보아도 정겹고 싫지 않은 얼굴들이었다.

파이팅을 외치며 저수지 둘레 길을 돌아 산으로 들어갔다. 참꽃이 만개한 아름다운 동산을 오르며 그리운 사람과의 정겨운 교감을 나누기 시작했다.

대지를 뚫고 올라오는 땅 기운이 만연한 산 능선에는 눈부신 태양이 비지땀을 쏟아내게 했다. 눈길 줄 때마다 참꽃은 수줍은 여인이 되어 유혹의 맵시를 보냈다. 참꽃이 아름다운 것은 자유롭게 자태를 보이며 자연에 몸을 맡겼기 때문일 것이다. 꽃이 바람에 흔들리면 더 아름답게 유혹을 했다.

아직은 한창이라고 회갑이 다된 친구들은 건강을 과시했다. 거친 숨소리를 산에 쏟아내 건재함을 보여주었다. 아직 문제없다는 듯 기쁨을 누렸다.

산은 봄 선물을 아낌없이 내주며 울산을 찾는 길손을 환희로 몰아갔다. 100여 동기들이 발소리를 내며 오르는 염포산 능선에 느슨한 바람이 머물다 갔다. 봄 햇살이 내려와 눈이 시리도록 빛나고 나무는 야상곡을 불렀다. 그리움과 낭만의 물꼬를 터는 진달래꽃 웃음이 기분을 용솟음치게 하고 에너지를 한 아름 가득 건네주며 사내의 본능을 유혹했다.

차오르는 숨을 참고 동기생들은 죄다 가뿐하게 올랐다. 호흡음을 내며 오르고 탯줄 같은 길도 가뿐하게 올랐다. 호방하면서도 원만한 길이 길게 이어졌다. 삶도 인생도 오르막 끝에 신세계가 펼쳐졌다. 중년 나이가 된 친구들의 가슴을 자맥질하는 심장 소리를 들으며 동행했다.

넘실대는 동해 바람이 짜릿한 전율을 내며 추파를 던졌다. 불경기로 활기 잃은 조선소 골리앗크레인 위로 햇볕이 넘나들었다. 저마다 황량한 야드에 멈춰 섰다. 멈춤은 새로운 출발의 신호탄이 된다.

발아래 바라다보이는 거대한 역사 현대중공업과 자동차가 친구들의 눈을 신비로 바꾸었다. 찬란한 햇빛 받으며 코와 귀를 활짝 열어 지치고 허기진 영혼을 채웠다. 현장을 직접 보며 거대한 제2의 인생을 꿈꾸기 시작했다. 역사를 만들어 낸 울산대교 전망대에서 조망된 미포조선소, 현대중공업 해양야드, 석유화학단지. 자동차공장, 울산항 멋에 취했다. 울산 속살 진면목을 조망했다. 거대한 역사를 보며 더 큰 인생에 자신감을 다졌다.

산은 자기 발로 올라가야 하고 내려와야 법이다. 누구도 대신할 수 없는 등산이요 삶이 아닌가. 등산길 중간에서 맞이한 막걸리 파티에 부딪히는 우정의 진미를 만끽했다. 부딪히는 술잔에 피어나는 우정은 봄의 향기와 더불어 환하게 피어났다. 엉덩이에 먼지를 틀고 일어나 연회장이 마련된 식당에서 잔을 마주하며 우의를 수수했다. 오가는 대화는 살아온 이야기였다. 미래 이야기는 이른 시기인지 어떻게 살지는 쉬이 말을 내놓지 못했다. 익지 않은 풋내의 미래를 살기 위해 동기생들은 시간이 허여하면 만남을 나누며 인생을 동행할 것이다. 만남에도 행복이 있다는 것을 배운 탓이다.

무자비한 시간은 흘러가고 기우는 태양이 계속 맑은 빛을 내려부었다. 태양의 정기를 받은 방어진은 그런 동기생들을 위해 봄의 춤사위를 시작했다. 열애하듯 나누는 정은 음률을 탔다. 잔뜩 삶의 지혜가 가득 찬 목청으로 노래 한 곡조를 읊조렸다. 식지 않은 열정과 열기는 아직 에너지가 충만함을 과시했다. 행복한 우정이란 나만 좋으면 되는 게 아님을 알았다.

동기생들과의 등산은 기쁨이 충만 되게 했다. 행복이 사뿐히 품에 안기는 만남이었다. 만남의 백참은 솟은 햇덩이 같았다. 회갑이 된 우리네 인생. 동해 신들이 회의에 했던 곳, 타고 온 배를 정박했던 전설 어려 있는 땅. 그래서 굴지의 조선소가 탄생했다는 방어진에서 쾌적한 하루를 보냈다.

열심히 일하며 살아 온 우리. 잠시 일손을 놓는 법도 깨달아야 한다. 열심히 살아온 만큼 신명 나게 즐겨야 한다. 딱 들어맞는 것은 열쇠와 자물쇠밖에 없지만 우리도 조금씩 맞추며 사는 지혜를 발휘해야 한다. 고통의 시간이 오기 전에 건강을 챙기고 활기를 잃지 말아야 할 때다. 누운 나무는 열매를 맺지 못하는 법이다. 일어서 건강하게 두 발로 걸어야 한다. 동기생과의 만남은 피할 수 없는 숙명인지도 모른다. 나를 진정으로 위하는 사람은 자신이지만 진정한 친구는 40년 지기 친구다.

행복한 인생을 헤아리며 만끽해야 할 나이인 칠순까지 길어야 10년이다. '다음에'라는 시간은 기다려주지 않는다. 즐겁고 좋은 일은 바로 그때가 적격이 아닌가. 착한 이별을 하고 그리운 사람으로 남아 오래도록 기억되는 동기생이 되기로 했다. 좋은 필연이 유지되도록 이해하고 참여해야 한다. 이제 청춘 빛 교감을 나눈 동기생을 헤아릴 수 있어야 한다. 늘 곁에 있어 줄 40년 지기 동기생은 내 인생의 힐러요 가장 큰 선물이 아닌가.

하루를 함께하며 동기생이라는 숭고한 필연을 가슴에 새겼다. 서로의 마음 밑을 우정이 흐르고 있었다. 즐겁게 어울리는 것이 보람에 남을 것이다.

나이를 먹는 것은 혼자되어 간다는 신호다. 강했던 자신을 기억해야 한다. 어느 참꽃이 반겨주는 봄날 울산 방어진 염포산에서 만났다는 것을 잊지 않을 것이다. 돌아서는 손에 내려놓은 진한 이별은 다시 만날 날이 머지않음을 암시하고 있었다. 서울로 부산으로 대구로 거제로 창원에 있는 일상을 향하는 동기생들의 모습이 아쉬움과 행복으로 아로새기고 있었다.

인생을 함께 걷는 동행 길에 친구들은 마다하지 않고 달려 올 것이다. 힘들 때 마음속으로 생각할 사람, 문자를 주고받을 마음 통하는 사람, 같이 마주앉아 커피를 마실 사람이 있다는 것이 행복이 아닌가. 행복의 완성은 내 삶이 아닌 친구 마음을 채우는 일이다. 행복은 가까운 40년 친구에게 있고, 내 마음속에 있다. 청춘으로 회귀해 교감을 나누며 행복했다. 인생은 따뜻한 희망이라는 사실을 공감하는 하루가 되었다.

손을 마주 잡으면 함께 따뜻해졌다. 한 걸음 다가서면 거리는 두 배로 가까워졌다. 동기생과의 동행은 따뜻한 가슴으로 만나는 것이다. 헤어지며 그리움을 남긴 40년 지기 동기생들과의 하루는 기약을 남기고 끝을 맺었다. 신이 내려 준 필연. 영원히 지우지 못하는 동기생들에게 고마움을 전했다.

전국에서 온 친구들은 서로 말하지 않는 마음을 들으며 소통을 했다. 우리가 쌓은 인연이 원대한 인생을 걷는 동반자가 되기를 약속했다.

신화를 만든 내 친구

신화를 만든 고향 친구 초청으로 7시간을 비행해 인도네시아 수카르노 하타 공항에 착륙했다. 적도 지역 더위 호송을 받으며 밀리는 길을 차로 3시간을 더 달려 친구와 2년 만에 재회를 했다. 종업원 3,500여 명, 연 매출 5천억 원 아시아 최대패션회사를 경영하면서 신화를 만든 수어지교 친구다.

우리의 70년대 수준 농촌에 위치한 정장 회사는 인니에서는 꿈의 직장이다. 신화를 만든 친구라 칭송했다. 친구는 내가 알고 있는 상상을 초월했다.

신화의 사전적 의미는 이루기 힘든 일이나 획기적인 업적을 비유적으로 이르는 말인데 쑥스러워하는 그 친구를 나는 그렇게 불러 줬다. 가녀린 체구에 야무지게 생긴, 20년 넘게 산 덕분인지 인도네시아 사람티가 물씬하다. 재회는 식지 않은 우정 깊이를 한 번 더 확인 시켜 주었다.

친구는 한강 이남에서 가장 오지인 경북 울진 골짜기 초등학교 동기생이다. 굶어 죽지 않을 만큼의 가난과 열악한 환경은 11명 가족의 장남인 그에게 강력한 호연지기를 기르게 했다. 빈농으로 기근은 대물림을 지속했다.

한정된 가정형편으로 그의 사명은 동생들을 굶주리지 않게 하는 일이었다. 먹고살기 위해 고군분투했던 그의 숨겨진 유년 무용담이 신화의 시작을 암시했다. 환경은 이를 악물지 않으면 불가능한 일을 해야만 했다. 골짜기와 산은 식구들의 기근을 막아주는 가교역할을 했다. 다행히 산나물과 약초 그리고 물고기로 배고픔의 고초를 이겨내게 했다.

가난은 그에게 고향을 떠나도록 종용했다. 대식구들이 굶는 모습을 더는 방관할 수가 없었기 때문이었다. 기회가 있을 때마다 그는 도망칠 궁리를 했다. 16살 소년인 그는 조부에게 어려운 한문 공부를 했다. 한문 공부는 후일 그가 국제사회에서 살아가는 강한 무기가 되었다. 어렵사리 2년간 한문을 배운 그는 몰래 고향을 도망쳐 나왔다. 16살 산골 아이를 받아줄 곳은 대구 땅 어디에도 없었다. 불량배가 되어 나이트클럽에 입문했다. 엇길을 들어서 맞이한 두 번의 죽음은 악의 세계에서 생존법을 일깨워 주었다.

배속에 칼이 꽂혀 열흘 만에 살아났고, 동맥이 잘려 구사일생으로 살아났다. 그는 살기 위해 도망을 치는 도망자였다.

돈을 벌기 위한 탄광 광부 생활도 그의 욕망을 채워주지 못했다. 또다시 도망친 그가 정착한 곳은 고향 사람이 경영하는 부산의 작은 양복점이었다. 기술을 익히기까지 폭행과 박봉도 죽음을 경험하며 독기로 맷집을 키운 그를 쓰러뜨리지 못했다. 세상에 훌륭한 업적을 남긴 뭇 인물들처럼 자신이 원하는 환경을 찾아 나섰다. 끈기 있는 도전은 기회를 가져왔다.

국졸이 다인 친구의 인생 목표는 하고 있는 일에서 최고가 되는 것이다. 체력단련을 위해 태권도를 시작했다. 한때 부산 대표선수로 출전했고 체육관까지 운영했다. 운동에서 익힌 스포츠정신이 강한 그의 욕구를 억제하고 올곧은 정도를 걷게 했다. 준비한 친구에게 반전의 기회가 자주 찾아왔다. 그때마다 그는 포착한 기회를 놓치지 않았다.

모든 일이 역부족이고 시련이 따랐지만 과감하게 도전을 하고 봤다. 악바리로 내장의 힘까지 짜내서 키운 손재주 경쟁력은 대기업 B 상사에까지 진출하게 했다. 최고의 벽은 국졸 학력에서 오는 난해한 외국어였다.

자신의 약점을 간파한 친구는 기술로 도전을 계속했다. 학벌이 판치는 세상에서 열정과 경쟁력은 한계를 누르는 누름돌이 되었다. 사람은 누구나 한 가지 재주는 있고 살아날 구멍이 있는 법이다. 친구는 할아버지에게 2년간 배운 한문이 큰 강점으로 작용했다. 한문을 응용해 일본어를 통달했다. 학력 한계를 극복하며 패션에서 기반을 구축한 그는 S 물산으로 이직하면서 날개를 달았다. 능통한 일본어 덕분에 그는 일본지사에서 근무하는 행운을 얻었다. 그때 일본패션업계 거물 바이어들과 친분을 쌓았고 높은 업무성과로 상무까지 승진하는 발군의 수완을 보였다. 상승 욕구는 그가 원하는 경계까지 도달하도록 했다.

패션 분야에서 승승장구하던 그는 일본을 떠나 동남아에 진출했다. 인도네시아 지사장을 거쳐 터를 잡았다. 대기업을 퇴사한 그는 일본인과 합작으로 회사를 설립했다. 작년에 한국 L 회사와 합작으로 회사를 늘려 아시아 최고 남성복 만드는 공장으로 발돋움했다. 세계 4위 인구의 기회 땅에 있는 회사는 기술력이 상한가다. 인니 정부가 인정하는 회사다. 지금도 세계 유명 메이커로부터 다투어 합작과 제작 주문을 받고 있어 친구 회사 미래는 창창하다. 값싼 임금과 고도 기술이 무기다.

신화의 목표는 최고품질 기성복 생산이다. 종업원들의 정성과 정교한 바느질을 요구한다. 3개 제작공장에서 히잡을 쓰고 꼼꼼하게 일을 하는 직원들 모습이 활기차고 진지했다. 웃음 가득한 직원들 얼굴에 행복이 묻어나고 있었는데 행복은 마음속에 있음을 알게 했다. 거대공장은 첨단기계와 정성 어린 손끝에서 10여 유명브랜드 정장이 만들어지고 있었다. 까다로운 품질 검사를 한 산더미 같은 상품이 한국과 일본으로 출하를 기다리고 있었다. 그 규모가 지대해 놀랐다. 유명 브랜드 제품을 만드는 아시아 최대 양복 메이커로 발돋움했다. 세계 최고를 향해 한발 다가가고 있는 중이었다.

이 회사는 특이하게 노조가 없었다. 그가 노조위원장이다. 회사 잉여금은 거의 다 복지에 쓴다고 했다. 그는 직원들의 행동 이면을 꿰뚫는 직관력으로 동기를 부여하고 자신감을 주는 경영을 한다. 직원들의 길흉사에는 지원을 아끼지 않았다. 직원들은 회사에 대해 늘 고마움을 간직하고 있다.

직원들은 사장인 그가 보여 준 배려와 사랑에 감사로 신화를 만들어 보답해 주었다. 믿음과 신뢰로 노사관계를 유지하고 있었다.

애로사항은 회사의 공용 SNS에 올린다. 품질, 인사, 복지 등 작은 문제점도 죄다 올리게 하여 전 직원이 공유하고 한 달에 두 번 사원들과 미팅을 하면서 즉시 개선을 한다. 결과는 모두가 보도록 홍보하고 체득하게 한다.

두 개를 요구하면 세 개를 들어주는 경영철학은 20년간 해고자가 한 명도 없었다고 한다. 마지못해 퇴직자가 발생하면 더 훌륭한 직원이 입사했다. 종업원을 만족시키고 자신을 챙기는 경영철학은 입사경쟁률이 8:1로 치열하게 만들었다. 인도네시아 으뜸의 직장으로 발돋움했다.

싼 임금과 기술력, 이태리제 원단의 제품 경쟁력은 세계 유수 바이어들을 유혹하고 있다. 지금도 국내 유명메이커와 합작 제휴가 끊이지 않고 있다. 특히 일본 유수 메이커들과의 협력은 강한 이점으로 작용하고 있었다.

그는 또 다른 신화를 만들기 위해 20년 후 회사경영을 이끌어 갈 인재를 면접하고 있었다. 친구의 유비무환의 철학을 엿볼 수가 있었다.

그와 나는 우정 근육을 더 키웠다. 원초적인 우정이 힘을 발휘한 것이다. 7주일가량 친구와 골프를 즐기며 어울려서 경영철학을 염탐했다. 지나간 유년의 스토리텔링은 우의를 돈독하게 하는 마중물이 되었다.

정직하고 준법정신이 투철해 빈틈이 거의 노출되지 않았다. 친화적인 대인관계와 뚜렷한 자기 주관은 친구의 최대 장점이다. 최악의 빈곤으로 자란 산골 친구가 먼 이국땅에 만든 신화에 찬사를 보내며 신화를 만든 친구가 자랑스러웠다. 회사에 걸린 시곗바늘이 거꾸로 가도록 역지사지한 친구는 머잖아 세계 최고 권좌에 오를 것이라 확신했다. 이역만리 타국에서 신화를 이룬 내 친구가 있다는 사실이 영광이다. 친구는 지금 고향 땅에 노후를 보낼 쉼터를 마련하고 있다.

무에서 유를 신화로 일군 수어지교와 동행할 수 있어 힘이 난다.

내 친구

한 번쯤 뒤로 돌아보면 가깝게 사귀어 정이 두터운 친구도 새롭게 보일 때가 있다. 마음 각도를 틀어 뒤따라오던 친구 앞모습을 보면 무심코 지나쳐버린 진면모를 볼 수 있다. 오랫동안 스치고 대면했지만 무관심했던 친구의 얼굴, 늘 좋게만 보아왔던 친구 모습이 생경하게 보일 때가 이때다.

새롭게 보이는 것은 보다 더 가까이하고 관계를 돈독히 하는 단초가 된다. 가까이 가서 더 찬찬히 보아야만 발견 할 수 있는 일이다. 뒤에 갈 때는 뒷모습만 보이는 법이다. 앞선 사람은 앞모습을 보여주지 않는 본능을 지니고 있다. 앞모습에 속마음이 드러나기 때문인지도 모른다.

아무런 시그널이 없는 뒷모습에서 그 사람 마음을 읽기는 어려운 일이다. 앞을 보여주지 않기에 가끔씩 뒤돌아보거나 얼굴을 마주봐야 면모를 본다.

돼지가 하늘을 보려 무릎을 꿇듯이 몸을 낮추고 친구를 본 적이 몇 번이었을까? 다시 등을 돌려 친구의 앞모습을 본다. 그때서야 친구는 어렴풋한 이유를 읽어 낸 모양 환히 웃는다. 살면서 그렇게 화사한 친구의 미소를 처음 보았다. 뒤돌아보거나 마주보면 더 또렷하게 보이는 친구를 만난다.

여태껏 주변에는 많은 친구가 있지만 찬찬이 앞모습을 본 친구는 드물다. 대문을 열면 손님이 들어오고 마음을 열면 친구가 들어오는 법이인데 마음을 열지 않았기 때문인지 모른다. 마음을 열 수 있는 좋은 친구를 만나는 것은 일생에 큰 축복이며 행운이다. 좋은 친구는 인생 동반자다. 좋은 친구는 떨어져 있어도 마음이 통하고, 함께 있으면 행복을 주는 사이다. 아는 안면에 인사만 나누는 친구부터 내 속을 털어놓는 친구까지 다양하다. 그러나 여태껏 한 번도 등을 돌려 친구 앞모습을 찬찬히 본 적이 드물다.

친하게(親) 예전부터(舊) 사귄 사람인 친구가 많아 좋긴 하지만 너무 많은 것도 좋은 것은 아닌 것 같다. 친구의 깊은 마음을 찬찬히 들여다보지 못하고, 우정을 건네주지 못하기 때문이다. 나를 걱정해 주고 관심을 표명하는 친구에게 마음 주고 보듬는 것이 친구 관리다. 마음만 친구여서는 곤란하다.

아는 지인끼리 호형호제하고 친구로 지내기도 하지만 다는 친구가 아니다.

꽃이 예뻐도 냄새가 독하면 멀리하듯이 화려하지 않아도 향기가 좋으면 좋은 친구다. 의견이 다른 친구는 불편하고 종종 다툼 원인이 된다. 다른 의견을 포용하고 불편함을 즐길 수 있어야 좋은 친구로 연결할 수 있다. 나는 친구들과 주로 카톡방을 통해 비대면 소통을 하고 있는 편이다.

오랜 직장생활을 하면서 사귄 친구 OB그룹도 디지털시대의 꽃인 카톡방과 밴드를 만들어 서로의 안부를 전하고 인연을 마중물로 우정을 나누고 있다.

학연, 지연, 혈연으로 맺어 친교를 나누는 대인관계. 크게 친구라는 이름으로 어울리며 인생을 살아가고 있다. 친하다고 다 친구가 되는 것은 아니다. 서로가 오랫동안 사귄 사람을 친구라 정의 하지만 그 범주로는 너무 많다.

별과 모래알 같이 많은 친구들과 맺은 인연은 인연으로 매듭지어야 한다. 전화 한 통으로 안부를 물어주고 시간 내서 식사 한 번 하며 서슴없이 마음을 여는 인연이어야 한다. 나는 모임이 부담될 정도로 지나치게 많다.

많게는 20여 개의 크고 작은 모임에 가입되어 있다. 지출 경비도 만만찮다. 특히 골프 모임 2개는 분에 넘치도록 지출이 거금이다. 문학회 모임 5개, 산악회 3곳, 동문회 7개, 향우회 2곳, 회사 OB 3곳에서 친교를 나누고 있다. 모임마다 색다른 특성이 있어 대인관계에 다양성을 제공해 준다.

연회비만 줄잡이 700만 원을 상회한다. 제2기 인생을 살면서 재정에 압박으로 작용한다. 굳어진 습관처럼 쉽게 옷을 벗을 수가 없는 것이 사실이다. 어느 것 하나도 정리하고 싶지만 깊은 정이 많이 들어서 쉽지 않다.

학령기 때 함께 자라고 비밀이 없을 정도로 가장 절친한 친구를 죽마고우(竹馬故友)는 1년에 한 번 이상 만난다. 한때 살기가 바쁘다는 핑계로 얼굴을 대면하지 않아 우정도 많이 식어 버렸지만 기다려지는 친구다. 동시대를 함께 자라온 동심의 인연으로 우정은 견고하여 쉬이 잊히지 않는다.

초등학교, 중학교, 고등학교, 대학교 동기들과 관계를 맺어 허물이 없이 지내는 관포지교(管鮑之交)의 친교를 나누고 있다.

'친구는 옛 친구가 좋고 옷은 새 옷이 좋다.'는 속담은 친구는 오래 사귄 친구일수록 믿음과 우정이 두텁단 말인데 죽마고우를 두고 한 말이다.

숙명처럼 물과 고기의 삶 같은 환경을 수어지교(水漁之交) 친구는 지금은 퇴직해 흩어져 살고 있지만 분기별로 한 번씩 친교 모임을 하고 만난다. 정은 나누지만 죽마고우만 한 깊숙한 정 나눔에는 한계가 존재한다. 서로의 의기가 모여 편안한 친교를 맺는 막역지교(莫逆之交)라 해야 옳다.

수어지교는 영업기획 업무를 함께한 OB모임이 있고 영업부 선후배 모임인 엔진영업 OB 모임이 있어 오랜 직장생활의 인연으로 친교를 맺고 있다.

함께 사내 기자 활동을 했던 현대중공업 사보편집기자 출신 OB 모임도 있다. 같은 고향을 인연으로 만든 울진사랑회도 그렇고 산악회 모임, 문학회 모임에서 다양하고 많은 친구를 만난다. 연륜의 차이는 다소 있지만 만난 순간만은 친구라는 이름으로 마음을 비우고 허물없이 어울린다.

특히 20년간 등산을 취미로 만난 악우들은 친교 활동에 큰 비중을 차지한다. 같은 성향의 취미를 마중물로 함께 어울린다. 땀을 흘리는 등산으로 맺어진 사이라 정감 있는 우의를 나눌 수 있어 그 어떤 친구보다 우위에 있다. 천혜의 자연과 더불어 맺어진 우정은 한 달에 두 번씩 산에서 만난다.

우정은 오랫동안 쌓아온 마음을 말한다. 서로를 아끼고 위하는 마음이이다. 쇠같이 단단하고 난초처럼 향기로운 금란지교(金蘭之交) 친구들이다.

'불행은 진정한 친구가 아닌 자를 가려준다.' 아리스토텔레스 말이다. 고독을 느낄 때 전화기를 걸어 친구를 찾는 것이 고독을 떨치는 방법이다. 함께 있고 글을 주고받으며 마음을 전할 친구가 있다는 것은 행운이다. 내가 힘들 때 진정한 친구가 보인다. 내가 힘들어질 때 남아있는 사람들.

좋을 때 모여든 친구들이 자리에서 물러나거나, 한직에 있거나, 곤경에 처했을 때는 얼굴 보기도 힘들다. 나를 믿고 곁에 있는 친구.

4총사라 부르는 친구들이 있다. 고교 동기에다 같은 회사에서

40년간 보낸 친구들이다. 딱 들어맞지는 않지만 우정을 내놓고 동행을 하면서 지내왔다. 친구의 대명사가 된 친구들과 살면서 인생 맛을 공유하고 있다. 세상은 살맛난다는 의미를 부여해 준다. 고동선, 여준모, 박선동 친구가 주인공이다.

목숨 걸고 맺은 신의(信義)의 친구인 문경지우(刎頸之友)다.

최근에는 북유럽 6개국 10박 12일을 동행한 송천관 친구가 있다. 내게 영화배우처럼 사진을 촬영해 준 친구다. 아름다운 북유럽자연과 더불어 친교를 12일 동안 나누었다. 산업설계 사업체를 하고 있는 방현석 친구와 자주 어울린다. 친구가 살아 온 희로애락을 자서전을 써 줄 생각이다. 친구들을 만나면 많이 베푸는 친구다. 골프를 통해 친교를 나누고 있는 소중한 친구다. 인도네시아에서 신화를 이룬 김만희 친구. 종업원 3,600명 연매출 5천억을 올리는 패션 양복을 만들어 수출하는 친구다. 회사 창립일 때 2번이나 VIP로 초대해 호강을 시켜준 친구다. 학력이 국졸이지만 한계를 극복해 삼성그룹 임원까지 오른 친구다. 가난했던 유년아픔이 그를 최고 CEO로 키워냈다.

살아오면서 인연을 맺은 친구들 이름을 적어 본다. 연락이 닿지 않는 친구들이 적지 않다. 사업에 성공한 친구들도 눈에 띄고 문학으로 성공한 친구가 '내 친구 목록표'에 포진해 있다. 학령기 친구가 절반 차지하고 있다. 사무국장 8년, 회장 4년을 역임한 특히 재울 국립부산기공 동문, 4년간 회장을 역임한 무한산악회, 초대 회장을 역임한 울산사랑문학회 친구가 많다.

등을 돌려 뒤따라오는 친구 얼굴과 마주해 본다. 진정 믿을 수 있는 친구들이다. 마음을 열어 그 친구들을 초대한다. 인생에 꼭 필요한 친구 이름을 외어본다. 마음에든 친구는 쇠사슬로 묶어서라도 놓치지 않기로 했다.

제6부

내 각시

내 각시(閣氏)

손녀와 할아버지

옥상 텃밭

향내를 맡다

부처님 오신 날에

전업주부가 되다

내 각시(閣氏)

요즘 들어 우리 부부는 자연이 주는 신비와 눈 맛이 너무나 좋은 자연미를 즐기고 있다. 삶의 깊이를 관조하며 기쁨을 구가하는 재미를 맛보고 있다. 며칠 전에는 울산과기대에서 범서 옛길을 따라 대곡까지 걸어서 왕복했다.

앞서가는 그림자놀이를 하며 서서히 저물어가는 인생의 무늬를 핥았다. 해를 등에 지고 앞서가는 그림자를 바라보며 다가올 미래를 생각했다. 사연댐을 바라보며 아내가 결혼 전에 근무한 대곡분교까지 힐링했다.

그 옛날 한실 보부상들이 범서를 오갔던 길을 걸었다. 길에는 신비한 전설과 역사가 어려 있어 가만히 귀 기울이면 스토리텔링을 들려줄 것 같았다. 무더운 여름도 뿌리치며 힘차고 맑은 기운을 건네주는 산의 품에 안겼다. 자연과 어울리며 신비와 풍경을 벗 삼아 야생의 신비를 즐겼다.

한때 가지산을 넘어 산신령이 사는 은둔의 골짜기인 학심이골을 다녀왔다. 인적이 드물고 원시림으로 가득한 보기 드문 대자연의 보고가 있는 곳이다. 수려한 30여 미터 높이의 물줄기를 쏟아놓는 학소대의 폭포 아래에서 신선이 되어 놀았다. 집으로 돌아오는 길에 깊은 계곡이 있는 길에 접어들자 갑자기 사방이 어두워지기 시작했다.

원래 깊은 계곡이고, 원시림으로 덮여서 낮에도 컴컴한 숲속이다. 느닷없이 진한 먹구름까지 몰려와 어둠 속에 갇히고 말았다. 무섬증이 많은 아내는 뭇 짐승이라도 나올까 봐 내 곁에 바싹 붙어서 안절부절못하고 있었다.

곧바로 폭우까지 쏟아져 계곡물은 순식간에 급류로 바뀌었다. 몇 번이고 개울을 건너야 했다. 아내를 업어주고 긴 학심이골을 겨우 빠져나왔지만, 급류로 봉변을 당할 뻔했다. 든든한 신랑의 진가를 유감없이 드러냈다.

비는 멎었고 어렵사리 배너미재를 넘자 안도의 한숨을 쉰 아내는 겨우 웃음을 찾았다. 그 웃음이 오늘따라 왠지 유난히도 행복해 보였다.

여자에게 감동을 주면 행복한 웃음이 된다는 사실을 깨달았다.

집으로 돌아오는 차 안에서 각시는 지금껏 가슴에 담아 온 신혼 시절 시집에서 일어났던 이야기부터 오늘의 감회까지 구성지게 끄집어냈다. 소설책 한 권을 쓸 만큼 얘기할 사연이 많았던 내 각시의 신혼 신고식. 학심이골 산행은 아내의 잊지 못할 소회를 일깨워 주었다. 아내의 이야기를 귀를 기울여 얘기를 듣자니 불현듯 산빛 그리운 향수가 밀려왔다.

아내의 시집은 담비와 수달이 자맥질하는 두메산골이다. 지금은 산림 도로가 나 차로 갈 수 있지만 도로가 없던 옛날에는 40리 산길을 걸어야 했다. 올망졸망한 산봉우리들이 도토리 키 재기하듯 우뚝 솟아 있는 두메산골.

병풍처럼 산이 사방을 에워싼 고향마을은 전기 불빛 대신 탐스러운 보름달과 은은한 별이 비치면 신비가 너울댔다. 드리운 산 그림자를 담고 있는 은빛 물결 왕피천은 동양화가 되어 이남 최고의 오지다운 풍경을 보여주었다.

천연색 산마루를 휘감고 돌던 자욱한 안개가 걷히면 바람에 뒤집힌 회색빛 상수리 나뭇잎 군락이 밤나무 꽃과 어우러져 순백의 앙상블을 연출했다. 유년의 말(末) 고향을 떠나 온 내가 울산에 삶의 터를 잡았다. 국립부산기계공고를 수학한 탓에 어렵잖게 대기업에 취직했기 때문이다. 결혼과 동시에 그리고 교편을 잡고 있던 색시와 이른 나이에 혼인했다. 결정이 쉽지 않았지만, 육아와 원만한 가정경영을 꾸리기 위해서였다.

추석 명절에 맞아 처음 시댁을 찾아 나선 도회지 태생의 색시.

높은 산을 넘고 물을 건너 40리 고갯길을 걷고 또 걸어야 했다.

여러 번 큰 개울을 건너기 위해 신랑 손에 이끌리고 업히기도 하며 말 못 할 눈물도 삼켰다. 그 길은 색시에게 두고두고 잊지 못할 고초를 안겨 주었다.

몽매에도 못 잊을 더한 사건은 추석날 밤에 일어났다. 홍시도 따먹고 분주한 낮 시간을 보낸 신부는 밤이 되자 새신랑을 따라 고향 친구들이 마련한 피로연의 자리로 가야 했다. 장가를 갔다는 신고식 자리였다. 달빛 별빛 은은한 왕피천 냇가에 무대를 마련한 짓궂은 친구들은 새신랑의 두 발을 꽁꽁 묶어 몽둥이로 발바닥을 매질했다. 유년을 함께 해온 친구가 결혼했으니 잘 살기를 바라는 풍속이었다.

새신랑 발바닥 때리기는 친구들의 우정이 담겨있다. 발바닥을 때리는 짓궂은 장난에는 결혼이 어렵다는 걸 알아야 쉽게 헤어지지 않는다는 뜻이 담겨있다. 발바닥에 중요한 핏줄이 있어 이를 때리면 신랑의 성(性) 기능 향상에도 도움이 된다는 믿음이 있기에 전통적으로 내려오고 있다.

신부에게 노래를 강요하는 전통식 피로연이 열렸다. 신고식이 끝나자 객지에서 온 친구들과 향수 어린 그들만이 지켜오는 가무가 이어졌다. 시종일관 감흥을 일게 했다. 젓가락 반주에 유행가는 목을 타고 창궐했다. 친구들 중에는 한때 나를 짝사랑한 아가씨도 두어 명 있었는데 그녀들이 나에게 한 지나친 행동이 나의 신부를 토라지게 했다. 순박하고 강하지 못한 내 각시가 겪은 고초는 질투를 하고도 남았다.

자정을 훨씬 넘겨 친구들은 뿔뿔이 헤어졌다. 만취가 된 나는 잔뜩 뿔이 난 철없는 새댁을 데리고 오리길 집으로 향했다. 이제 세상에는 나와 각시와 달님만 남았다. 꿈속에서 헤매듯 황홀한 달빛을 걷는 도중 각시의 참았던 질투가 폭발했다. 여자가 질투하면 오뉴월에 서리가 내린다는 말이 실감났다. 조금 전 여자 친구들과의 문제로 독이 오른 아내는 내 색시가 아니었다.

인내심의 한계를 느낀 신랑은 술김에 색시를 버려둔 채 줄달음쳤다. 한참을 달려 걸음을 멈춘 신랑은 색시의 겁에 질린 절규를 들었다. 섬뜩 겁이 나고 색시 걱정이 되어 그곳으로 돌아갔을 때 색시는 숨이 멎은 듯 겁에 질려 있었다. 얼마나 겁이 났으면 식은 땀이 흘렀을까? 내 품에 안긴 색시는 세상에서 제일 예쁜 각시로 변했다. 그때까지만 해도 고향에는 밤 짐승들인 살쾡이와 담비가 사람을 놀라게 했는데 더러는 호랑이인 줄 알고 혼이 빠져 실성을 한 사례도 있었다. 새댁은 고양이 크기 짐승을 보자 호랑이인 줄 알았다 했다. 기절 직전까지 갔다가 고함을 치며 달려오다 구세주인 나를 보자 가까스로 정신을 차렸다. 우리 부부의 결혼 신고식은 혼쭐나게 거행됐다. 각시에게 미안한 일화였다.

어린 신부는 이 일로 한동안 무섬증으로 고생했고 나는 여러 해동안 원망을 받으며 지냈다. 휘영청 달 밝은 추석날 밤에 시댁에서 혹독한 신혼 신고식을 치른 내 각시. 지금도 나에게 군기가 꽉 잡혀 얌전하게 잘 지내오고 있다.

36년을 함께 살아온 각시와 제2의 인생을 살아가고 있다.

'함께하는 인생'을 제2기 인생의 주된 목표로 삼았다. 등산과 문학을 같은 취미로 정했다. 노후를 위해 건강과 내공을 기르기로 했다. 노인이 되어가는 지금 동행자로 평생을 함께해야 될 내 각시를 바라본다.

문학이 마중물 되어 연애로 만난 아내와 나는 썩 잘 어울리는 배필이다. 36년을 동고동락했고 이제는 노인의 시간을 동행해야 할 시점이 다가온다. 나이가 들수록 잔소리도 늘고 주도적인 행동을 하드라도 잘 넘어갈 것이다. 나이가 더 들수록 외로워질 것이다. 혼자 있을 시간과 번민이 많을 노후에 함께 하는 내 각시가 있어 우듬지처럼 든든하고 행복하다. 진정한 인생의 성취는 기쁨을 느끼느냐에 달려있다. 기쁨이 넘치는 삶을 살아가고 싶다.

시간이 더 걸릴지라도 기쁘게 보낸 순간을 세면서 살아갈 참이다. 인생은 고단하지만 아름답기에 기쁨을 즐길 줄 아는 재주를 연마하고 있다. 세상 끝나는 날까지 갓 결혼한 어여쁜 각시로 예우하며 살아갈 것이다. 불행을 제거하고 행복을 이어주는 내 각시가 있어 인생은 살맛이 난다.

손녀와 할아버지

창원에 사는 큰아들 내외와 손녀 손자가 찾아왔다. 차에서 잠을 자다 내린 탓에 눈이 반쯤 잠겨 있지만, 대문을 열기 바쁘게 할아버지를 외치며 달려와 와락 안겼다. 손녀와 손자를 양팔에 한 아름 안아 반가움을 전했다.

환하게 웃는 미소가 너무 순수하고 맑아 가슴 벅찬 감동을 준다. 손녀를 보면 혈육의 정은 물론이거니와 때 묻지 않는 순수함을 느낀다. 반가움도 잠시 손녀 손자들을 응대하기 위해 몸살을 앓는 고충을 예고한다. 없으면 보고 싶지만, 막상 부대끼면 충직한 심부름꾼 노릇을 해야 한다.

내자도 함께 싱글벙글하지만, 얼굴에는 어두운 그림자가 주름결로 보인다.

한 달 만에 만난 녀석들이 부쩍 자란 느낌이고 말도 제법 늘었다. 혈육의 묵직한 혈육의 정이 전해진다. 가녀린 녀석들의 몸에서 전해오는 기쁨의 전율이 심오하게 전해 온다. 기쁨은 주체할 수 없는 감동을 준다. 한동안 내 품에 안겨서 재롱을 부리던 녀석들은 동시에 내려 달라 조른다. 안길 때는 좋지만 곧 지루함을 학습한 녀석이어서 대견하다. 품을 떠난 서운함이 물결을 만들며 저만치 간다. 품 안의 자식이란 말이 실감 났다.

손녀 손자와 할아버지 사이에 경계가 존재한다는 현실을 느낀다. 품에서 내린 그들은 고삐 풀린 송아지처럼 넓은 집안을 마구 헤집고 놀기 시작한다. 세 살배기 손자는 발성이 안 되는 괴성을 지르며 놀기 시작한다. 넘어지랴 녀석의 꽁무니를 따라다니느라 지쳐간다.

녀석의 엇부루기 행동은 식탁 모서리에 부딪혀 울음을 터뜨리고 나서 끝이 났다. 녀석의 울음소리는 한동안 집안을 떠나지 않았다. 피멍이든 이마를 만지며 참았던 울음을 토해내는 녀석이 안타깝다. 구슬프게 우는 울음소리가 가슴을 콕콕 찌른다. 같은 DNA 혈육임을 속일 수 없나 보다.

그사이 여섯 살 손녀는 그림을 그린다. 상상력을 발휘하여 흰 여백에 열심히 그림을 그린다. 집중력과 상상력이 제법 돋보이는 그림이 그려진다.

한 눈 팔자 않고 열중하는 모습이 꼭 아비를 닮았다. 동생은 누나와 놀고 싶어 다가가지만, 방해꾼이 된다. 동생을 억제하지 못해 울상이 되어 구원을 요청한다. 아빠엄마 사랑을 동생에게 내줬던 질투가 울컥 났을 것이다.

할아버지에게 그림을 그려 칭찬을 독차지하고 싶었던 손녀는 거세했다. 격리된 동생이 울기 시작한다. 우는 동생이 측은한지 누나 표정이 어둡다. 밉지만 귀여운 동생인지 곁에서 따로 그림을 그리도록 배려한다.

할아버지 사랑을 차지하고 싶어 그린 손녀 그림이 어렵잖게 완성되었다. 착상을 색연필로 스케치 된 한 폭 그림이 할아버지 평가를 기다리고 있다. 여태 손녀가 그린 그림이 전시된 거실 벽 한 쪽에 새로 그린 그림을 붙였다. 10여 편 그림이 각기 개성이 뚜렷하게 보인다. 유심히 여섯 살 손녀 사고가 어떤지 마음 만지기를 시작한다. 손녀 마음에는 온통 가족 사랑으로 차 있다. 그림을 벽에 걸어 놓고 설명을 했다. 그림을 그리게 된 연유에서부터 그림의 시사점을 조목조목 설명했다. 발표력이 놀랄 정도로 우수했다.

6살 손녀의 눈에 비친 동심을 개성이 뚜렷하게 표현한 그림이다. 그림 구도는 중앙에 받침대 위에 놓인 대형 TV가 그려졌다. TV 속에는 왕자가 상상의 자동차를 타고 궁으로 몰고 가서 공주를 만나는 장면을 그렸다. 왕자와 공주의 동화 같은 사랑 이야기를 그린 6살 손녀 상상력이 놀랍다.

키 큰 아빠는 윤이 반짝이는 구두를 신고 한복을 입혔다. 역시 한복을 입은 엄마는 화려한 장식품을 달고 사뿐히 걷는다. 손녀와 3살 동생 그리고 할머니는 누워서 TV 속 왕자와 공주를 시청하는 모습을 그렸다. 할아버지는 보이지 않는다. 순간적으로 생각나지 않아서 그리지 못했다 솔직히 고백했다.

가족애의 감동이 일어 그림을 큰돈에 사면서 격찬을 아끼지 않았다. 할아버지 칭찬은 부족했던 애정 결핍을 보상받은 쾌거로 여기는 듯했다.

손녀는 기분이 좋은지 휴대폰 반주를 따라 노래를 부르기 시작한다. 녀석에게 분위기를 띄워주자 숨은 신바람이 솟아난다. 손자도 덩달아 신바람이 나 노래를 따라 부른다. 예능에 능한 아빠의 끼를 닮은 탓인지 손녀의 노래가 수준급이다. 발성이 불안한 3살 손자의 알 수 없는 노래가 이어져 순식간에 분위기가 활기차졌다. 많이 들어 익숙한 노래를 끝까지 불렀다.

자기 딴에는 율동을 가미하며 신나게 노래와 춤을 추는 재롱이 귀엽다. 한국인 본성의 신바람과 흥이 손녀 손자에게도 나타나고 있는 듯했다. 엄마에게 배운 노래란다. 누나와 어울려 어설프게 춤추는 손자의 재롱이 웃음소리가 넘치도록 만들었다. 가무는 한동안 흥겹게 계속 이어졌다.

하루를 정해진 시간표대로 지내느라 녀석들에게는 신바람 기회가 드물었다. 자유는 어린 손자 손녀의 끼를 마음껏 발휘하도록 하는 마중물이었다.

할아버지가 깔아 준 멍석에서 꾸밈없이 신명 나게 노는 모습이 감동이었다. 할아버지가 준 신바람이 녀석들에게 큰 끼를 발휘할 수 있는 동기부여 한 셈이다. 녀석들이 아직 알지 못하지만, 스트레스를 치유했을 것이다.

나는 크면서 할아버지 사랑을 받아 본 기억이 없다. 할아버지가 큰집에 계시는 탓도 있지만 대가족 이여서 10여 명이 넘는 손자 손녀가 자라다 보니 사랑을 받을 기회가 없었다. 칭찬보다 엄한 꾸지람을 받은 기억밖에 없다.

세뱃돈은 고사하고 덕담 한마디 하지 않으셨던 과묵했던 할아버지셨다. 작은아들 집 손자다 보니 표가 나게 귀여워하지 못했을 것이다. 할아버지 사랑을 받는다는 것은 생각조차 하기 어려운 환경에서 자랐다. 그래도 긴 담뱃대를 저어서 화롯불에 구운 밤을 몰래 주시던 인자하신 모습은 잊지 못한다. 처음이자 마지막 내게 주신 할아버지 고귀한 사랑이었다.

할아버지가 된 지금 손자 손녀에게 사랑을 표현했다. 표현하지 않는 사랑은 봉해 놓은 편지처럼 잘 드러나지 않는 법이다. 어른의 작은 관심과 배려가 아이들을 신나게 한다. 어른이 될수록 마음의 눈이 좋아지고 밝아지기 때문인지도 모른다. 손녀와 할아버지 관계는 공을 들이지 않고 헤아리지 않으면 소원해진다.

손녀 손자가 창원으로 떠난 집안에 침묵이 흐른다. 아이들의 웃음소리와 울음소리 그리고 고운 음률이 흐르던 집안이 한적한 절간 같이 조용하다. 침묵 속에서 아이들의 모습이 떠나지 않는다. 보이지 않는 아이들이 그리워 온다. 돌보느라 지치기도 하지만 안 보면 그리워지는 귀요미들이다.

지금쯤 잠에 취해 비몽사몽으로 둥지로 달리고 있을 것이다. 등말을 타고 재잘거리던 아이들의 무게가 압정처럼 어깨에 느껴진다. 눈을 들자 손녀가 그려 전시한 그림들이 살아 움직이듯이 나풀거린다. 순수하고 맑은 영혼을 가진 손녀의 마음으로 그린 그림이기에 가치가 있다. 온통 가족으로 가득 차 있는 손녀의 마음속을 들여다보고 있는 느낌이다.

인생 시계가 서쪽에 기운 탓인지 동심으로 돌아가고 싶다는 생각이 든다. 바쁘고 힘겹게 사느라 흙탕물이 되어 버린 제1기 인생이었다면 2기 인생은 빗장을 푼 아이처럼 혼탁함이 없는 순수하고 청아하게 영위하고 싶다.

손녀 손자와 어울리는 동심으로 돌아가 성취와 기쁨을 느끼게 해주고 싶다. 예민한 오감을 깨워 창의적이고 주도적인 삶을 살도록 일깨워 줄 것이다. 성장통을 겪으며 힘들어할 때마다 힘이 되어주는 할아버지가 될 각오다. 손녀 손자가 성인으로 성장할 때까지 든든한 후원자가 되어 줄 생각이다.

손녀 손자가 앞다투어 도착 인사를 한다. 손녀에게 수학 학원비 선물을 했다. 해맑은 손녀 손자의 얼굴에 할아버지의 아낌없는 사랑을 보태주고 싶다. 녀석들의 마음에 기쁨을 채워 할아버지 마음이 흐뭇했으면 좋겠다.

옥상 텃밭

우리 집 옥상 텃밭에 밑거름을 묻고 종묘 가게에서 산 씨앗을 파종했다. 부추와 상추와 쑥갓 씨가 땅속에 묻히자 몸을 떨었다. 연초록 새싹과 싱싱한 먹거리에 대한 소소한 희망을 생각하며 뿌렸다. 씨를 뿌리는 재미는 생명을 뿌린다는 숭고함이 있어 마음을 옥죄었다. 신은 존속번식 본능을 뭇 생명체에 주었다. 씨를 품은 흙은 그 순리를 거역하지 않았다. 텃밭을 가득 메울 채소의 밑그림을 그리며 뿌렸다. 옥상 텃밭에 인생 씨도 함께 뿌렸다.

살아있는 생명을 키우고 싶어 옥상 한쪽에 허리 높이만큼 건축을 해 서너 평 텃밭을 만들었다. 집안에 자연을 옮겨 놓고 싶은 소소한 꿈 때문에 텃밭을 일궜다. 시간이 지나 싹트고 잎이 되는 기화요초와 벗하며 삶의 깊이를 키우곤 했다. 땅이 파릇한 생명을 키우는 마법을 지켜보며 생명의 숭고함을 익혔다. 지켜보는 일은 정성과 감각이 동원되어야 제맛을 얻을 수 있었다.

씨앗과 텃밭이 조화를 부려 생명체가 되는 이치가 새삼 오묘했다. 씨는 생명체의 시발점이다. 살면서 기름진 토양과 건강한 씨는 뿌려야 비로소 생명이 되는 이치를 일찍이 읽어 내지 못했다. 찰진 텃밭에 될성부른 씨앗을 뿌려 건강한 생명체가 싹트기를 소망하고 있는 나를 발견했다.

파종에 이어서 토마토와 블루베리 나무와 눈이 맞아 손질했다. 뒤엉켜진 나뭇가지를 자르며 삶의 가지도 잘랐다. 굴곡지고 바람 잘 날 없이 살아갈 눈이 달린 가지를 잘랐다. 국민행복카드를 발급받아 생활 영농 체험을 한 광경농장에서 익힌 대로 작업했다. 나무와 나는 서로 마음을 읽고 있어 눈이 맞았다. 나무눈은 순수하고 약동적이다. 가지가 잘려도 탓하지 않는다. 평생 이곳에 살아도 심은 나를 원망하지 않고 열매를 맺는다. 나무를 자르고 묵은 내 삶의 탯줄도 잘랐다. 새롭게 삶을 살아갈 숭고한 의식을 치렀다.

조물주는 극한 상황에서도 살아남을 수 있도록 생명체를 만들었다. 그래서 식물의 씨앗은 모체로부터 멀리 떨어져 있어야 잘 자란다. 스스로 살아갈 힘이 씨앗에 주어져 있기 때문이다. 씨앗은 속을 내보이지 않고 싹이 튼다.

시련을 이겨내야만 참삶을 누릴 수 있다는 것은 진리다. 고비마다 새롭게 전환하기 위해 가지치기를 해야 한다. 자르지 않으면 웃자라 고비를 넘기지 못해 좌절하고 엇길로 나가게 될 것이다. 씨를 땅에 묻고 눈이 맞은 나무와 교감하며 인생을 음미하는 옥상은 어느새 해거름이 온다.

이슥한 나이가 된 아내의 흔적은 옥상 텃밭에도 촉수를 더듬을 수 있다. 도처에 아내 자취는 선명하게 남아 있지만, 옥상 텃밭도 예외가 아니다. 옥상 텃밭은 아내를 위한 아늑한 여가를 즐길 수 있는 둥지가 되었다.

채소를 가꾸는 아내 정성이 싱싱한 생명력을 자라게 했듯이 강한 모성을 가족에게도 깊게 뿌리내리게 했다. 아내는 텃밭을 가꿈으로써 생명력이 강한 삶을 살아왔다. 아내의 놀이터요 위안을 받을 수 있는 무대다. 초록의 품격에서 얻는 서정. 들이대는 계절의 혀를 느낄 수 있는 공간이다. 기화요초를 안방처럼 드나드는 벌 소리를 들을 수 있어 환희 있는 무대다. 생명을 품어 싹을 틔우는 땅의 마력과 에너지를 주는 햇볕이 인다.

훈훈한 바람 소리와 아내의 발걸음 소리가 들리면 옥상은 평화로 가득하다. 텃밭도 주인을 아는 듯 활기가 넘친다. 자연의 자양분과 살로 만들어 낸 흙냄새가 지친 아내 심상을 달래느라 분주하다. 장화를 신고 머리에 두건을 쓰고 호미 작업을 하는 아내 모습이 진지하다. 스스로 좋아서 하는 일에는 힘들어도 신이 나는 법인지 얼굴에는 엷은 미소가 흐른다. 흙의 기가 아내의 뇌 신경을 자극해 신통한 마력으로 지친 피로를 앗아가기 때문이다.

눈은 생각을 머금는다. 귀는 꿈틀거리는 소생 소리가 귓전에 들려와 마음을 안정시킨다. 답답했던 마음을 치유해 주고 달래주는 명상의 효과가 있다. 땅거죽을 뚫고 올라온 푸른 기운이 생명력을 전파하여 몸에 새로운 기가 흐르고 생령(生靈)은 맑게 한다. 엉킨 몸 안의 노기를 눈 녹듯이 녹여 준다. 자연이 주는 효과를 만끽하기 위해 아내의 텃밭 가꾸기는 계속된다.

옥상에 대형 원두막을 지어 놓아 독서와 집필도 할 수 있다. 권세의 상징인 설렁 줄도 없다. 소소한 내면을 어루만지는 공간으로 안성맞춤이다. 텃밭에 만연한 자연의 질서를 지켜본다. 옥상은 나를 비우는 수련장이다. 보이는 물상들이 내 번민을 가져가면 내 마음은 비워지고 자연인이 된다.

하늘을 바라보는 것만으로도 옥상의 효과는 가치를 준다. 하늘에 빛나는 군상들은 소소한 사유를 유인하고 꾸밈도 위선도 없는 진실을 알려준다.

거대한 우주 쇼를 조망하며 마음을 비운다. 밤이 되어 휘영청 달이 뜨면 옥상은 또 다른 세상을 노래한다. 옥상은 하늘과 가까이할 수 있는 장소이자 아래로 내려다 볼 수 있는 장소다. 위가 탁 트인 장소에서 피로에 지친 눈과 마음을 정화하는 장소이기도 하다. 혼자 있기가 아까워서 그리움이 기다려지는 공간이 원두막이다. 이루어지지 못하고 버려진 인생의 파편들이 찾아오길 기다리는 공간이다. 마음이 비워지면 기다리는 대상은 본능으로 찾아온다. 사랑, 우정, 꿈은 소문내지 않아도 무리 지어 찾아온다.

회사 다닐 때 옥상은 밀회의 장소였다. 회사 동료들과 긴히 나눌 비밀이 있거나 중요한 대화가 필요하면 옥상에서 만났다. 한바탕 다툼이 있으면 화해의 장소로 옥상을 택했다. 커피를 나누며 아무런 참견과 방해를 받지 않고 교류를 할 수 있는 공간이었다. 다투고 화해하며 위로와 충고를 주고받았던 옥상은 추억의 느낌이 있는 곳이다. 울고 싶을 때 하늘을 원망하며 울었던 장소이며, 절망을 내려놓을 수 있었던 장소이기도 하다. 낮은 곳을 뒤로하고 옥상을 찾는 이유는 하늘과 바람과 빛의 기를 받기 때문이다. 자연이 보듬어 주고 에너지를 넣어 주기 때문이 아닌가 생각한다.

회사생활을 하면서 오랫동안 옥상 높이의 직책에 머무르며 위와 아래를 살폈다. 위로 치이고 아래로 치이는 부대낌으로 긴 직업 전선에서 지휘봉을 쥔 직장 상사가 되어 근무했다. 회사가 요구하는 대로 하지 못하게 되었을 때는 곡사포 포탄을 맞아 고통스럽고 괴로워할 때가 많았다. 때론 잘못 투하한 내 포탄에 맞아 신음하는 직원도 있었다.

살아남기 위해 마음의 텃밭 토양을 개선하고 가꾸기에 몰두했다. 거름도 주고 잡초도 뽑아주며 한 손에는 삽을 한 손에는 낫을 들고 갈아엎고 자르면서 텃밭 개선에 심혈을 기울였다. 텃밭이 있는 옥상. 다행히 꿈의 직장이라 부러워하는 곳에서 38년간 실패하지 않는 텃밭을 가꾸며 명퇴를 했다.

내 마음의 텃밭. 여러 번 생각해도 내 마음의 텃밭은 그다지 내세울 수 있는 것은 못 된다. 기름진 토양도 햇볕 잘 드는 텃밭도 아니다. 씨앗을 품어 화초를 피울 수 있는 텃밭이다.

인생의 회갑이 되어버린 여태껏 키우고 가꾸어 온 마음의 텃밭은 한과 땀이 서린 역사를 만들며 이어가고 있다. 황금 돼지띠 회갑. 회갑은 인생을 다시 시작하는 출발점이 아닌가. 최적의 텃밭을 일구는 일부터 시작했다. 거친 돌은 가뿐하게 골라냈다. 인생에 방해가 되는 돌들은 죄다 골라내서 토양을 차지게 만들었다. 연초록 생명이 이글거리는 옥상 텃밭에 객토를 해서 알토란 같이 견실한 씨앗을 뿌렸다. 제2기 인생에 남은 열정과 애정도 함께 옥상 텃밭에 뿌렸다. 농부의 발소리를 듣고 자라는 내 마음의 텃밭에 발길을 자주 했다. 텃밭의 생명을 가꾸면서 잊고 지내 온 소소한 여가를 되찾아 가고 있다. 정서가 안정되고 재미가 생겼다.

우리 집 옥상 원두막은 희열을 초대하기 시작했다. 원두막에 누워 최대 우주 쇼가 열리는 초대형 화면에 방영되는 영화를 감상하곤 했다. 감흥과 기쁨이 텃밭에 남아 있어 내 발걸음을 자주 하도록 유인할 것이다.

향내를 맡다

후각을 자극하는 향긋한 냄새가 방안을 누빈다. 주위를 정화하고 경건하게 해주는 심오한 마법이 인다. 마음이 차분하게 가라앉고 정신이 점점 맑아진다. 녹자색 둥근 향로에서 곰삭은 향나무가 타면서 나오는 내음이다. 향이 내는 연기가 사뿐히 휘감아 돌면서 신비한 춤사위를 한다.

연기는 선녀 날개처럼 가녀린 무녀 몸짓으로 승천을 한다. 그윽하게 새어 나와 가늘고 긴 곡선을 그리며 피어오른다. 연기는 천계로 오르는 통로다. 굼실굼실 하늘로 올라간다. 천계에 살다 온 향 내음을 맡아 본다. 향의 소명은 제 몸 불살라 연기 타고 천계로 환속하는 일이 아닌가.

향 연기를 타고 오신 아버지와 만난다. 향냄새 그윽한 당신 제사상 앞에서 영혼의 교감을 나눈다. 향이 향로에 몸을 사르며 피어올라 농익은 아버지와의 기억을 몰고 온다. 그리움이 끝난 자리에 오열하는 후회를 덧입힌다.

향은 아버지와 함께했던 추억과 시간을 소환해 정을 만나는 알레고리다. 갓 다려 입은 한복의 새물내, 산짐승의 멱을 딴 비린내, 무거운 지게에서 짐을 내려놓고 나는 땀 내음, 만취가 되어 내는 체온과 숨결이 느껴지는 술 내음, 등에 업혀 강을 건널 때 등에서 나는 몸 내음이 줄지어 소환된다.

아버지와 함께했던 수많은 기억들이 향의 연기를 타고 피어오른다. 아버지의 타계와 함께 사라질 줄로 알았던 그리움이 샘처럼 솟는다. 붉디붉은 꽃무릇이 되어 이루어질 수 없는, 안 보이는 그리움을 불러낸다.

12자 병풍처럼 에워싸진 고즈넉한 고향 풍경들이 드문드문 향수가 된다. 향수는 열린 후각을 타고 새콤한 아버지 냄새를 토해낸다. 아버지와 함께했던 곰삭은 기억이 깻단 태우는 고소한 냄새처럼 스멀스멀 번져온다. 사람 후각체계는 이전에 학습한 특유의 냄새를 맡아 감별을 할 수 있다. 눈을 감고도 그 대상물을 감지하고, 땀과 체취만으로 누구인지 알아낸다. 후각수용체 신경이 있어 냄새로 뇌 지도를 그릴 수 있기 때문이다.

향내는 아버지 내음이다. 연기처럼 방안에 내려앉은 향내가 혈육의 갈증처럼 그윽한 그리움을 불러온다. 아버지 정에 대한 그리움이 강물처럼 넘실거리며 흘러온다. 오래전부터 그 자리에 있을 것 같은 선홍빛 그리움이다.

두드러기로 가슴앓이를 했던 유년에 말린 향나무를 끓여서 약으로 마셨다. 쓰고 느끼해서 고초가 많았던 그 향 맛. 네발 달린 짐승 고기를 조금이라도 먹으면 생기는 두드러기로 무척 고생했다. 향나무를 잘라 잘 말린 다음 적당한 크기로 손질을 하여 약을 만들었다. 두드러기는 팔다리에서 시작되어 살점이 많은 곳과 두피에 나서 가려움을 주었다. 어쩌면 아픔보다 가려움 고통이 더 심한지도 모른다. 몸이 간지러워 끙끙 앓아야 하는 병이었다. 미신이 창궐하던 시대라 동네 노파를 불러와 '객귀'를 물리기도 했다. 저승에 못 가 이승에 떠도는 잡귀신을 몰아내는 의식이다. '객귀'는 두드러기 치유와는 먼 미신이다. 플라시보효과가 작용해 임시로 완화되었다.

상처를 내지 않으려고 가급적 긁지 않고 꾹 참았다. 향나무 잎을 화롯불에 태워 연기를 쬐니 완화가 되었다. 숯불에 타면서 나오는 연기는 격한 울분을 차분하게 가라앉혀 카타르시스까지 느끼게 했다. 향냄새는 소란스러운 가려움을 어루만져 주었다. 의도적 파괴행위인 사보타주처럼 느껴졌다.

두메산골이라 야생짐승 사냥물이 늘어나는 겨울철 두드러기 고통이 심했다. 집에서 육식을 하는 날이면 피난을 가야 했다. 긴 스틱으로 서서 타는 외발 스케이트로 얼어붙은 왕피천을 누비면서 즐겁지 않은 시간을 보냈다.

무서운 '안 의사' 집을 피해 오갔다. 악취를 거세하고 상처를 완화하려 푸른 연기를 내며 향나무가 타는 그 집. 나병에 걸려 처절하게 병마와 싸우던 '안 의사'가 사는 집이다. 그는 사십 이편에서 양쪽 다리가 썩어가는 심한 나병을 앓고 있었다. 통각 능력도 상실하고 감염이 반복되어 살이 썩어 가는 병이었다. 사람 살이 썩는 냄새는 속이 메슥메슥하고 구역질이 났다.

사람이 독해서 내는 악취였다. 살점 이탈을 위해 스타킹으로 동여매도 악취는 참기가 힘겨웠다. 향을 피우며 악취를 해소했다.

서울 Y 의대를 중퇴한 안 의사는 나병의 고통과 고행을 하면서 투병했다.

아무 연고도 없는 타지에 터를 잡고 스스로 고행에 들어간 환자며 의사였다. 필요한 약은 메모를 해주고 장에 가는 사람을 통해 샀다. 병이 난 동네 중환자도 치료해내는 일이 늘어났고, 은인에게 통나무집을 지어 살게 했다. 안 의사 손에 구사일생으로 살아난 사람들에게 악취는 향냄새가 되어 갔다. 그가 찾는 마을 집에서는 대청마루에 향을 피워 악취를 제거했다. 그는 한 많은 투병 생활을 이기지 못하고 타향에서 조용히 눈을 감았다. 그가 남긴 향냄새는 지금도 고향마을에 오랜 역사로 남아있다.

두드러기는 내 학령기에도 괴롭혔다. 회사에 다닐 때도 몇 년 동안 지속되었다. 회사 기숙사에서 주는 아침저녁과 점심은 거의 돼지고기 반찬이 주류여서 반찬을 못 먹어 결핍이 심각했다.

두드러기로 인한 영양소 결핍으로 육신이 허약해지고 의욕까지 약화했다. 거대한 장벽에 한약 치료와 식재를 혼합하여 먹는 훈련이 효험을 가져왔다. 고통을 감내하며 체질 개량이란 인고 시간을 겪으면서 강한 나를 깨달았다.

땀 냄새를 없애기 위해 처음 향을 피우기가 시작했다. 종교의 발상지 아열대 기후대에서 종교행사를 하면서 나쁜 냄새를 없애기 위하여 향을 뿌리고, 몸에 바르고 했다. 마음 때를 씻는다는 불교 설법 장소에도 사용되었다.

최고 향은 오징어를 먹은 고래가 배설한 용연향, 사향노루 배꼽에서 채취한 사향, 아열대 침향나무에서 채취해 만든 향수 샤넬 넘버 5가 침향이다. 국산 침향은 바다와 개펄 땅속에서 천년을 지낸 향나무로 만든다. 매우 귀한 약으로 향기는 물론 만병통치약으로 알려진 침향이다. 최고의 향내를 풍미하기 위해는 몇 겹의 세월 속에 질곡의 삶을 거쳐야 한다. 향은 해열, 해독, 이뇨, 감기, 두드러기, 관절염에 효험이 있는 만병통치약이다.

제사를 지내는 나라는 향이 제례 문화 축을 이룬다. 향을 사르는 데 사용하는 분향기구 백제금동향로는 용이 연꽃 봉오리를 입으로 받치고 있다. 석굴암의 10대제자상과 에밀레종의 공양자 상에 신라의 병향로가 있다. 나풀거리는 하늘 옷을 입고 연꽃 위에 사뿐히 두 무릎을 꿇은 신라의 공양자다. 신라불상 해인사 비로자나불도 향나무로 만들었다. 공자가 직접 향나무를 심었다 해서 서원과 향교 등 성리학 공간에 많다.

중국 양나라에서 들어와 불교 의식과 더불어 사용하게 된 향이다. 향나무가 죽어서도 향기를 내뿜는 이유는 지독하기 때문이 아닐까. 지독하게 살아야만 제 능력을 드러낼 수 있다. 더러는 향기를 원하지만, 향기를 쏠 줄 모른다. 사람이 속을 태우면 얼굴이 누렇게 변한다.

에너지를 남김없이 불사른다면 향기가 난다. 향냄새는 상처를 내야 핀다. 향냄새는 영험하기에 숙연하고 마음도 가지런해진다. 향기는 그윽함을 불러오고 오체투지를 유인한다. 향나무 약이 혀끝에서 쓰라린 추억을 여민다.

아득한 향 연기가 연막처럼 퍼지다 복통처럼 억누른다. 아버지가 보호령이 되어 나를 부추겨 주시는 느낌이 들었다. 마음조이는 불효를 느끼게 했다.

세상에서 가장 무거운 불효를 향냄새가 가라앉혀 위로해 주었다. 아버지의 삶을 다시 읽어 내자 굽은 어깨에서 향기가 지펴 올랐다. 다시 향을 피워 향내를 맡으며 아버지에 대한 그리움에 눈시울을 적셨다. 향이 사르며 내는 연기를 타고 하늘로 환속하는 아버지와 이별했다.

부처님 오신 날에

부처님 오신 날 하루 전, 아내가 문수사에 등을 달러 가자고 꼬드겼다. 밤중에 느닷없이 절에 가자고 하니 의외였다. 혼자가 아닌 A동 부부와 가기로 약속을 했고 그것도 A동의 일정 때문에 밤 10시 넘어서 간다고 했다. 감기를 핑계로 겨우 아내를 보냈으나 왠지 마음이 편하지 않았다. 나이 들면 아내 말을 잘 들어야 한다고 말하던 선배들의 고언을 뒤로했다. 무슨 곡절이 있을 법한 아내의 부탁을 거절한 내 마음이 뒤숭숭했다.

아내는 밤 10시에 출발해 새벽 2시 무렵에 집에 왔다고 했다. 감기, 몸살에 깊이 잠이든 남편을 보고 아내는 어떤 여운을 가졌을까? 세상모르고 잠든 지아비에 대한 아내의 기분은 어둠에 묻혀 버렸다. 어쩌면 지아비에게 섭섭한 응어리를 부처님 앞에 죄다 내려놓고 왔는지도 모른다.

다음 날 아침은 아무 말 없이 침묵으로 지나갔다. 정오가 가까워 오자 아내는 외출 차림을 미리 하고 절밥을 먹으러 가잔다. 어젯밤 일도 있고 해서 더는 거절을 할 수만은 없어 외출 준비를 하고 따라나섰다. 아내는 신이나 콧노래를 부르는 듯했다. 지아비랑 함께 외출하는 것이 그렇게 좋나 보다.

공업탑을 지나 옥동 공동묘지 정토사 앞을 지나는데 차들이 도로 양변에 수백 미터를 점유했다. 많은 인파에 교통경찰이 질서유지에 여념이 없었다. 복잡한 도심을 지나 문수사 입구에 도착하니 여기도 주차할 틈이 없었다. 가파른 계단을 올라 경사가 심한 산 중턱 기슭에 위치한 문수사에 도착했다. 저마다 소원을 기원하며 공양한 연등이 절을 덮고 있었다.

어두운 세계를 비춰주는 부처님의 공덕을 칭송하고, 깨달음 세계에 이르고자 연등을 밝히는 것이다. 지혜, 해탈, 자비, 선행, 재생을 의미한다 했다. 절에 발을 들이는 순간, 마치 마력에 이끌리는 듯 신령한 기운이 들었다. 대웅전 옆문으로 들어갔다. 부처를 안는 방향으로 등을 돌리지 않기 위해 왼발부터 들어갔다. 합장한 자세로 걸어가 부처님 앞에 합장하여 반배를 올리고 삼배를 했다. 여태껏 나는 부처님 앞에서 예법을 모르고 절을 했다.

아내는 아이들을 지도하듯이 절 예법을 가르쳐 주며 삼배를 종용했다. 삼배는 불법승(佛法僧) 삼보에 귀의함을 나타내 보이는 경건한 예법이다. 절할 때는 두 무릎과 팔꿈치, 이마가 땅에 닿게 했다. 세 번째 절을 할 때는 바로 일어나지 않고 엎드린 채로 잠시 멈추었다 일어났다. 절하는 일도 쉬운 법이 없이 몸동작을 절도 있게 행해야 했다.

오체투지로 삼배를 했다. 엎드린 상태에서 소원을 발원했다.

삼배를 다 올린 뒤 방석을 가져다 놓고, 조용히 앉아서 참선했다. 삼배를 하면서 삼독을 내리고 삼학을 한다는 의미가 있다고 일러준다. 3배는 불, 법, 승 삼보에 귀의한다는 근본을 의미하는 숫자다. 삼독은 탐, 진, 치를 이름이고 삼학은 계, 정, 혜를 이른다. 탐내고 성내고 어리석은 마음을 거두는 실천을 하라는 의미다. 청정한 규율과 고요한 선정, 밝은 지혜로 자신을 바꾸겠다는 진심을 담아 절을 하라는 뜻이 담겨 있다.

절을 하는 이유는 몸과 마음을 낮추는 하심을 배우기 위해서다. 잘못을 참회하고 반성하여 마음의 번뇌를 없애 참 지혜를 얻으려 절을 한다. 절을 하는 이유는 궁극적인 깨달음을 위한 대한 소박한 종교적 행위다.

절을 하며 가족 화목과 건강, 자식과 손녀 손자가 잘 자라주기를 기원했다. 정성이 쏟아지고 에너지가 나와 무릎이 아픈 줄 모르고 절을 했다. 종교의 힘인지는 몰라도 절을 하면서 묘한 몰입을 이끄는 마력을 느꼈다.

혼탁한 마음이 맑아 오고 번뇌가 사라지고 몸속 독이 빠져나간 기분이었다. 깨달음을 향한 지극한 마음의 실천이 절이 주는 시사점이었다. 3배니 10배니 3,000배니 하는 수치는 불가 전통 수련법을 말한다. 절은 수련에 정진하고 깨달음을 향한 수행 방법 중 하나다. 절은 운동을 동반했다. 우리 몸에서 피의 흐름인 경락을 소통하게 해주는 효과가 있다 했다.

절밥을 먹는데 길게 줄을 서야 했다. 자원봉사를 나온 여성분들의 활동이 눈에 띄었다. 남을 위해 마음으로 실천을 하는 모습이 부처를 닮아 보였다.

한복을 곱게 차려입고 가슴에 꽃을 달아 주는 사람부터 안내와 설거지를 하는 사람들 배식을 하는 자원봉사들이 감동을 주었다. 내가 자원봉사를 할 수 있는 용기와 준비가 되어 있는지 보이지 않는 과제를 던져 주었다.

인생 2막은 사회봉사의 소망을 가지고 있음을 깨달았다. 불심을 빌려 차분함을 잃지 않고 직분을 다하는 자원봉사자들의 모습이 부러웠다. 절밥이 동이나 한참을 기다려야 했는데 그것도 불심이 필요함을 느꼈다.

사람들 틈에서 절밥을 먹는데 내 밥은 누룽지가 있었다. 절에 왔으니 불평 없이 맛있게 먹었는데 왠지 마음이 평온했다. 내 안에 불심이 자리 잡고 있는 것 같았다. 평소에 느끼지 못한 새로운 경험이었다. 내 마음에도 벌써 불심이 가득 한 건지 만사가 좋게만 보였다. 세속에 온전하게 물들어 있고 이기주의 마인드를 가졌다. 그런 내 마음이 종교 심리에 의해 분명히 변화된 것을 어렴풋이 깨달았다. 깨달음은 종교의 목표다.

오스트리아의 심리학자이자 정신분석학 창시자인 프로이드는 인간의 행동은 무의식에서의 억압이나 저항 등에 의해 지배된다고 설파했다. 내 마음도 무의식적으로 불심이 지배하여 변화를 주었는지 모른다.

나무숲으로 덮여 따가운 봄 햇살이 비치는 하산 길이 참으로 경외했다. 발에 밟혀 일어서는 먼지가 몸을 틀어 기지개를 켜도 세상이 달라 보였다. 참배로 텅 빈 하심에 신성한 자연이 들어앉았다는 증거인지 모른다.

녹음이 짙어가는 굴참나무 사이로 하늘이 보이고 찬연한 햇살이 그 틈을 비춰 주는 무릉도원이 펼쳐졌다. 그것이 불심에 젖어 바라본 세상인가 했다. 내게도 종교의 심리가 있으면 다른 세상을 조명할 수도 있겠다는 생각이 들었다. 봄 햇살로 곱게 분장한 나무처럼 행복이 찾아왔다.

행복은 마음에서 우러러 나온 것이라 했으니 내가 지금 행복한가 보다. 햇살을 떨쳐 버리지 않고 치장하여 자신을 돋보이게 하는 나무가 경외했다.

나를 낮추는 겸손한 마음이 하심(下心)이다. 절을 하면서 하심을 하고 있는 나를 발견했다. 내면에 넉넉하게 채워지는 '참'을 발견했다. 육체는 마음이 하라는 대로 움직인다. 마음이 가고자 하는 방향은 참이어야 한다.

내가 절에 가는 이유는 '참 나'를 찾기 위해서였다. 부처 앞에 겸손하게 참배를 하면서 용서와 사랑을 앙망했다. 마음을 비우고 본연으로 회귀하여 나의 참모습을 찾은 일이었다. 본성을 오래 유지하고 싶었으나 학습된 번뇌와 잡념이 금방 찾아들었다. 참선은 불심을 마음에 채우는 실천이다.

오는 길에 아내는 어젯밤 10만 원 하는 등을 절 안에 달고 왔다고 했다. 알뜰한 아내가 낭비하는 일을 본적이 거의 없었으니 수긍했다. 소통은 상대가 말하지 않는 것을 들을 수 있는 힘이라 했다. 마음 읽기는 수양이 필요하다. 아내 마음에도 어느새 불심이 가득 차 있어 보였다.

불심에 취한 아내가 집에 오면서 오늘은 세 군데 절에 가면 좋다며 또 다른 절로 가지고 보챘다. 지아비 가슴에 불심으로 가득 채우려는 아내의 마음을 깨닫게 했다. 감기약에 취해 온몸이 불편한 내가 불심을 빌려 그러고 싶었지만, 권위로 만류를 했다. 부처는 절에 있는 것이 아니라 각자의 마음속에 있다는 성철스님을 세기며 마음속으로 나무아미타불 관세음보살을 외었다. 아내는 지인과 기어이 세 군데의 절을 갔다 오면서 부처가 되어 왔다. 아내의 권력이 나를 두렵게 했지만, 오늘은 부처라서 안심을 했다.

아내 고집에 복종해야 할 날이 머지않았음을 깨달은 부처님오신 날이었다.

바야흐로 불기 25621년 2017년 5월 3일 있었던 일이었다.

전업주부가 되다

남성인 내가 반 전업주부가 된 지 벌써 2년이 지났다. 전업주부는 집안일을 도맡아 하는 사람을 말한다. 아내가 직장을 나가기 때문에 집안일 중 가벼운 일은 내 담당이 되었다. 양성평등이 보편화 된 요즘은 흔한 일이다.

식사 준비, 청소, 세탁, 쓰레기 버리기가 주요 일이다. 집안일을 해본 경험이 없어 처음에는 서툴렀다. 내키는 대로 집안일을 했다가 아내의 잔소리를 여러 번 들었다. 괜히 집안일이 실증이 생기고 회의감마저 들었다.

과거에 아내에게 '집구석에서 뭐 하냐?'고 핀잔을 준 적이 있었다. 열심히 해도 노는 것 같이 보였던 전업주부 일을 직접 해보니 힘들고 끝이 없었다.

전업주부는 돌아가신 어머니가 아시면 호된 질책을 받을 일이다. 어머니는 아들들을 부엌 근처에 얼씬도 못 하게 했다. 65년 동안 아버지와 살면서 부엌일은 어머니가 독차지했다. 어머니는 이를 소명이라 여겼다.

유교 관습 신봉자인 어머니 철학인지도 모른다. 며느리들에게도 명령처럼 남자가 부엌에 못 오게 했다. 부엌일은 어머니의 성역 같은 것이었다. 당시 어머니의 영역을 당연한 것으로 여겼고 세태가 그런 거라 합리화했다.

성실하고 책임감이 강한 아내도 여태껏 내가 가사를 하는 것에 달갑게 생각하지 않았다. 신혼 초에 내가 밥을 지었다. 어머니에게 혼이 난 적이 있다. 그날 이후 주방일은 고부로부터 박탈당해 부엌에 얼씬도 하지 않았다.

오랜 세월 뿌리 내려 온 전업주부에 대한 내 보수성은 쉽게 바뀌지 않았다. 그런 내가 퇴직 후 전업주부가 되었다. 보수적인 사고에서 벗어나는 과도기를 극복하는 일이 쉽지 않았다. 가정을 경영한다는 생각으로 변화를 했다.

견고했던 과거의 프레임을 벗어나 어쩔 수 없이 전업주부가 된 것이다.

38년 근무했던 현대중공업을 명퇴 하고 전업주부가 된 지 2년

반이 지났다. 앞치마를 두르고 손에 고무장갑을 낀 틀림없는 전업주부 일을 하고 있다. 우선 준비한 일은 넓은 집 안 거실을 분할하여 집필실로 꾸미는 일이었다.

아내방식의 집안 구도를 내 방식으로 변화를 시도했다. 아내의 요란한 권력을 누르고 내 주도로 집안 정리정돈이 진행되었다. 장남이 책상을 지원했고 차남이 컴퓨터를 지원해 무리 없이 무대를 꾸몄다.

필요한 집기도 마련하고 필요한 문구류도 갖추었다. 집안이 너무 넓다 보니 정리정돈이 마음대로 쉽지 않았다. 책을 정리하는데 많은 시간을 할애했다. 버려진 물건이 많을수록 정리는 단순화되고 여유를 확보할 수 있었다.

아내가 출근하면 오전에는 글쓰기를 시작한다. 글쓰기가 끝나면 집안일을 시작한다. 세탁기에서 빨래를 끄집어내 햇볕에 널어 말리는 작업한다. 제대로 된 집안을 꾸미는 일도 예술적인 감각과 경험이 있어야 한다.

설거지는 숙련해야 하는 작업이고 세밀하게 처리해야 할 작업이다. 처음에는 그릇에 음식 찌꺼기가 남아있어 아내에게 지적을 받았다. 바닥 청소는 시간이 좀 걸린다. 거실과 세 개의 방 등 50여 평의 바닥 청소를 위해서 학교와 회사에서 줄곧 해 온 노하우로 임했다. 계단을 비롯한 실외 청소는 어느 수준으로 숙련이 되었다. 2시간 가까이 먼지를 쓸어내고 걸레로 닦아내는 작업이다. 청소를 마치고 나면 운동을 한 것처럼 땀과 체력소비가 제법 된다. 외부 청소 업체에서 계단 청소를 해주겠다고 로비가 들어와도 거부했다. 내 일자리를 고수하기 위해서다.

어쩌면 2기 인생 시간표에 전업주부 임무가 포함되어 있었는지 모른다. 하지 않으면 안 되도록 일찌감치 예정되어 있었던 일이라 마음이 가볍다. 그릇을 씻어 말리는 일, 행주를 사용하는 법과 말리는 일부터 강습받았다. 가스레인지 사용법, 압력밥솥 조정법, 프라이팬 활용 방법 등도 배웠다. 빨래할 때 세탁물을 세탁 주머니에 넣어 세탁기에 넣기, 세제 넣기, 헹굼 횟수와 세탁 시간 조절 등도 혼자서 할 수 있는 수준에 도달했다.

몇 달이 지나 살림살이가 낯설지 않게 되었다. 집안일에 대한 관청일, 집 지키기, 세금 관련 일도 틈나는 대로 차분하게 처리해야 한다. 집안일이 힘들고 어렵지만 해야 한다는 사명감으로 임하기 시작했다.

아내가 없다 보니 나는 스스로 식사를 해결해야 했다. 글쓰기를 하다 보니 허우적거리다가 식사 시간을 넘기는 일이 허다했다. 끼니를 놓친 것을 안 아내 잔소리가 늘어났다. 멀리 떨어져 있어도 내가 끼니를 놓칠세라 노심초사를 하며 식사를 독려한다.

우리 집이 다가구 주택이다 보니 10가구가 같은 집에서 살고 있다. 집주인 내가 주차관리와 청소를 직접 하고 있다. 청소의 경우 비싼 돈 주고 하느니 직접 하다 보니 일상이 되어 버렸다. 주차관리도 집이 도심에 위치하다 보니 보험회사 등 외부 차량이 마구 침입하는 것을 방지해야 했다.

주차 시비가 잦아 스트레스를 줄 때도 있었다. 분리수거와 쓰레기 처리도 쉽지 않다. 월세 관리도 해야 하고 입주민 민원도 해결해야 하느라 분주하다. 여태껏 생각하지도 않았던 잡일들이 매일 줄 서서 기다리고 있다.

하루하루 처리해야 할 일 목록을 만들고 하나하나 해결하느라 분주하다. 집이 도심지역이라 자전거를 끌고 관청과 시장을 자유로이 드나들며 한다.

아내는 두 아이를 키우며 힘들고 어려운 일을 군소리 없이 도맡아 해줬다. 그 덕에 회사에 전념하여 어렵사리 부장까지 승진하며 명퇴 할 수 있었다.

아내도 결혼 후 교사 생활을 그만두고 육아와 전업주부로 전환을 했다. 결혼 초 살림을 살아보지 않아서 전업주부 일에 나만큼 서툴렀다. 다행히 한때 같이 살았던 여동생이 요리를 잘해 일부 전수를 받았다.

그렇게 시작해 아내는 전업주부 생활로 전환했다. 다양한 반찬 만들기에 눈을 뜬 아내는 당당한 전업주부 자격으로 대부분 외식을 지양하고 집밥을 선호했다. 아내가 지은 밥이 죽이 되고 눌어붙어도 밥투정 없이 넘어갔다. 내 직장생활과 아내 전업주부 생활이 역사를 남기고 오늘에 이르렀다.

아내가 사회복지사 직장을 나가며 나에게 기본적인 살림 일을 교습시켰다. 사정상 싫으나 좋으나 내가 집안일을 거들지 않을 수가 없었다. 경험하지 않고는 모르는 전업주부의 희로애락 마음으로 느끼고 있다. 쉽지 않지만, 가정을 경영하는 경영자로서 나름대로 솔선수범하고 있다. 끝도 없고 티도 나지 않고 집안일은 끊임없이 반복되고 늘어난다.

전업주부로 정착하면서 영양가 있는 먹거리를 만드는 일도 중요하다. 전문 농장에서 생활 영농교육도 받으면서 먹거리 수준을 끌어올렸다.

국가에서 지원하는 국민행복카드를 지급받아 전문 농장에 1주일 한 시간 수업을 받았다. 전문 강사의 해박한 생활 영농교육이 큰 도움이 되었다. 약용 식품을 가꾸거나 구입해 특효가 있는 장아찌, 부침개, 모주 등을 만들 수 있는 기술을 익혔다. 식물을 직접 재배하는 일도 흥미를 유발했다.

집안일을 자세히 살펴보면 개선할 필요성이 참으로 많다. 회사 경영기법을 응용해 개선을 시작했다. 혁신사고와 실천을 무기로 전쟁을 시작했다.

'수신제가 치국평천하'라 했다. 자신을 다스리고 가정과 국가를 경영하라는 말이다. 나를 다스린 다음 지금 가정을 다스리는 전업주부가 되었다.

가정을 다스리지 못하고서는 종합예술인 인생을 경영하는 일은 쉽지 않다.

태어나서 죽을 때까지 '수신제가 치국평천하' 는 내 제2기 인생

경영목표다. 나 자신이 자긍심을 가지고 솔선수범할 때 행복한 가정이 완성 되리라 믿고 있다.

전업주부는 종합 예술적 감각을 지녀야 성공 할 수 있다. 작가 겸 전업주부 일은 소소한 재미가 난다.

생활 글쓰기 소재 원천이 전업주부이기 때문이다. 인생 경영 완성을 위해 설거지할 준비를 한다.

작가 길을 걸으며 반 전업주부 일을 겸해 살아가는데 소소한 재미가 난다.

[배재록의 수필세계]

- 우리는 왜 '한량이'의 수필에 매료되는가 -

"문학과 자연은 무한한 자유를 느끼게 하는 매개다. 자유가 주는 고귀함을 인지하면 진정한 자아를 발견할 수 있다. 자유에 대해 끝없이 질문해야 하는 이유가 여기에 있다. 자유는 보이지 않는 숭고한 경지다. 자유롭고 아름다운 삶은 한량이 꿈꾸는 최고의 경지다. 그 옛날 퇴계 이황, 이덕무, 이익, 김시습, 김삿갓을 닮은 한량이고 싶다."

-〈한량이〉 중에서-

권대근

문학평론가, 대신대학원대 문학언어치료학 교수

정치적 인간인 호모 폴리티쿠스, 경제적 인간인 호모 이코노미쿠스, 도구적 인간인 호모 파베르 등 인간의 본성을 규정하려는 수많은 명칭들이 있지만, 나는 언어적 인간인 호모 로퀜스라는 명칭에 가장 마음이 끌린다. 자신이 만들어낸 언어로 끊임없이 경험 세계를 이야기를 하는, 배재록 작가의 수필을 읽으면, 문학언어가 주는 마력에 빠져들기 때문이다. 따뜻한 방바닥에서 할머니의 무릎을 베고 옛이야기를 듣는 듯한 친밀감을 주는 배재록의 수필은 오늘의 고통을 잊게 하는 치료적 힘을 가지고 있어서 무엇보다도 좋다. 배재록의 수필 속으로 마음의 여행을 다녀오고 나면 오늘의 삶을 다시 바라볼 용기가 샘솟을 것이다.

배재록은 과잉된 감정을 예리한 지성으로 절제하면서, 기존의 인식을 극복하고 새로운 지평을 모색하는 수필가라 하겠다. 그는 수필 속에 참다운 자기 생활의 모습을 드러낸다. 참신한 생활 철학을 어떻게 구현하여 제시할 것인가를 고민하면서, 추상적인 현실을 보다 심미적 가치를 지닌 삶의 실상으로 구현한다. 배재록의 첫 글쓰기는 초등학교 때 전국 고전 읽기대회 출전한 후 독후감을 쓰는 것에서부터 시작한다. 중학교 때는 울진군 백일장에서 동상을 받고, 고교 교내백일장 2회 장원, 대학교 시절 백일장에 입상하는 등 글쓰기는 성인이 되어서도 계속된다. 현대중공업 재직 시절 사보에서 주관하는 문학상과 현대백일장에 여러 번 입상하기도 했다. 회사 내 동호인단체인 '소붓문학회'를 오래 이끌었고, 더 나아가 공단문학상 입상인 모임인 '울산사랑문학회' 초대 회장을 역임했다. 이런 중책은 그에게 끊임없는 글쓰기를 강압했다. 두 아들을 키우며 '완두콩과 홍삼원'이란 가족신문을 만들어 전국대회 대상을 두 번 받기도 했다.

이런 글쓰기 경력으로 배재록은 수준 높은 종합문예지인 계간 〈에세이문예〉 수필로 등단을 하고. 이어서 2018년 머니투데이 경제신춘문예에 당선되고 목포문학상을 타는 등 심오한 글자가 안식을 주는 수필창작에 몰입하게 된다. 부산기계공업고등학교 출신 문인단체인 곰솔문학회, 에세이문예 출신 작가회인 한국본격문학가협회 등에서 활동하며, 이번에 첫 수필집을 펴냈다. 그의 수필집은 자연의 빛깔과 인정의 향기가 서정이 되어 내면을 촉촉이 적시는 정감의 세계를 향하고 있으면서, 사소한 것의 아름다움과 인연의 소중함을, 모성과 그리움을 청량한 눈과 마음으로 그리고 있어 감동을 준다. 그의 수필에는 다 태우지 못한 삶의 갈망들이 들끓고 있고, 작가의 시선은 언제나 풍성한 의식 세계에 머물고 있다. 부드러운 곡선의 안식처가 있어서 습기와 통증을 소멸시켜 줄 뿐만 아니라 아름다운 대지에 꽃피울 봄을 불러오는 작가라 하겠다. 세계가 삶의 기록으로 끝나는 것이 아니라 '삶'이라는 보편성에 의미를 부여하는 방향으로 키를 틀고 있기 때문에 그의 수필은 문학적 향기를 발한다고 볼 수 있다.

이 수필집의 강점으로 무엇보다도 중요한 것은 삶의 창조적 내포를 담고 있는 참신한 의식이 작품 속에 넘실거리고 있다는 점이다. 이런 관점에서 배재록의 〈내 기억 속 풍경화〉는 위의 준거를 충족시키고 있는 글들이라고 하겠다. 그의 글은 그가 살아가면서 남긴 흔적과 체온이며, 그것이 정서화되어 한 편의 드라마처럼 리얼하게 펼쳐진 삶의 기록이라는 점에서 소설적인 감동을 주며, 언제까지나 사라지지 않을 여운을 남긴다는 점에서 수필적인 매력이 넘쳐난다고 하겠다. 이러한 차원에서 배재록은 삭막한 도시적 기계의 틀 속에서 인간성의 이해와 인간애를 추구하는 작가라 할 수 있다. 이 점은 작품을 직접 살펴보면 보다 명확히 알 수 있다. 무서운 끈기와 집념의 작가가 시간의 길에서 만난 문학혼을 어떻게 수놓고 있는지를 현미경을 가지고 살펴보자. 수필의 숲에서 만난 생의 연금술이 지닌 힘이 어떨지 사뭇 궁금하다.

1. 그리운 날의 풍경, 토포필리아

수필은 자아와 그리움을 찾아 나서는 작업이다. 현재는 과거가 있었기에 가능한 것이다. 여기서 자신의 과거를 잊고 현재에 묻힐 것이 아니라, 객관적인 회상을 하는 가운데서 자신을 찾아 바로 세우는 일이 바로 수필적 생활이다. 포근하고 생명의 기운으로 가득 찬 의식의 산실이었던 유년기 속에 있는 흑백 사진처럼 아련히 남아있는 인정을 배재록은 오늘날의 건조한 풍요와 대비해 촉촉한 모습으로 구체화하는 데 성공하고 있어 감동을 준다. 이것을 저것으로 치환하는 문학 원리가 수필의 곳곳에서 빛을 발하고 있기에 그의 글은 문학적 성취도 빛난다. 대단한 필력이다. 다소 안정된 공간에서 배재록이 마주하는 수필적 공간은 유년의 애환을 담은 애련한 사진으로 인식된다. 하늘을 안고 들어온 햇살이 모인 과거의 모습이 그리움으로 다가오는 것은 추억은 언제나 아름답기 때문이 아니겠는가. 여러 특성 중에서 가장 두드러지는 것은 장소애, 바로 토포필리아라 하겠다. 그의 수필집 첫 작품은 책의 제목으로 쓰인 〈내 기억 속 풍경화〉다. 아주 적절한 배치라 하겠다.

온 세상이 달빛에 비치는 날이면 기억 속의 풍경은 그을음 솟는 호롱불처럼 깜빡거린다. 산이 높아 둥그렇게 내민 하늘은 끊임없이 다양한 그림을 그려낸다. 별빛이 꽃이 되어 지천으로 피면 거대한 대자연의 영화화면 같은 하늘은 풍부한 감성을 키우게 했다. 67km 산을 닦아 만든 물길을 우렁우렁 흐르는 왕피천은 내 유년의 큰 보고다. 내 눈을 뜨이게 하고 애인이 되어 유년의 나를 소환한다. 물빛 무희를 하면서 내 기억 속으로 다가온다. 긴 낚싯대를 물속에 던져 센 물살로 단련된 물고기를 건져내던 강태공. 가난했지만 물속에서 건져 올린 물고기는 배고픔을 물리치게 한다. 물새 울던 왕피천 물줄기가 은빛 햇살로 반짝이며 향수를 곱씹게 한다. 입술이 새파랗게 되도록 자맥질했던 기억이 생생하게 떠오른다.

- 〈내 기억 속 풍경화〉에서 -

배재록의 문학세계를 이루는 가장 두드러진 그림자 형상은 '왕피천'에 대한 짙은 그리움과 가시지 않을 짙은 향기다. 고향에 대한 그리움과 유년 시절의 추억은 모든 사람의 가슴 속에 공통적으로 존재하고 있는 것이기도 하지만 유독 그에게는 강하다. 그러기에 왕피천은 그의 눈을 뜨이게 하고 애인이 되어 유년의 그를 소환한다. 세상에 존재하는 모든 것은 자기를 표현함으로써 자기 존재를 드러내는 것이 아닌가. 그의 대다수 작품들은 과거 회고적 그리움으로 생성되었음을 알 수 있다. 배재록이야말로 눈물의 습기를 통해 황홀한 기적을 만나는 작가다. 수필이 실존적 불안을 표현하든, 소시민적 생활의 애환을 그리든, 병든 사회에의 저항과 분노를 나타내든 간에, '문학성' 속에 그 대상을 용해하고 있다는 점이 배재록 수필의 강점이다. '물새 울던 왕피천 물줄기가 은빛 햇살로 반짝이며 향수를 곱씹게 한다'라는 벼랑 같이 느껴질 정도의 미학적 사유가 녹아든 어구를 적재적소에 놓을 때까지 그는 감각의 촉수를 수없이 갈고 닦았으리라 본다.

문학성이란 말이 상당히 막연한 것 같지만, 따지고 보면 주제와 구성 그리고 표현의 공감도를 의미한다. '온 세상이 달빛에 비치는 날이면 기억 속의 풍경은 그을음 솟는 호롱불처럼 깜빡거린다. 산이 높아 둥그렇게 내민 하늘은 끊임없이 다양한 그림을 그려낸다.'라는 표현은 그의 수필가적 문재를 보여주는 것으로, 공감의 지름길이라 할 수 있는 형상화의 표본이다. 어떻든 그의 수필은 인문학적 사유로 공감을 주기 때문에 멋과 맛뿐만 아니라 향기를 지닌다. 그 향기는 내면의 솔직함에서 나온다. 또한 작품과 작가는 일치한다. 수필적 삶의 진실이 그대로 자신의 수필 속에 투영되기에, 향기가 난다. '가난했지만 물속에서 건져 올린 물고기는 배고픔을 물리치게 한다.'는 대목은 배재록에 있어서 삶의 진실과 수필의 진실이 같음을 증명한다. 일상을 조탁하는 정서의 힘이 멋을 한껏 우려낸 결과라 하겠다. 위의 인용 예문 말고도 여러 수필을 보면, 그는 어둠 속에서도 환히 피어나는 피안의 세계를 가진 작가임을 알 수 있다.

핏기가 없는 울산의 하늘을 바라보며 고향 하늘을 떠올린다. 고향을 떠나온 지 43년이 넘기고 있어 제2 고향이 된 울산이다. 갓 태어난 날개로 나는 법을 익혀 삶의 터전을 마련한 곳이 울산이다. 파란 고향 하늘엔 세월 넘어 가 버린 동심으로 가득하고 자욱한 그리움 밟히는 추억이 묻어난다. 마음이 흐르다 멈추면 그리움이 시나브로 고인다. 껴안고 싶은 바람 스치고 별과 달이 놀러 오는 고향하늘이 그리워하며 어머니를 떠올린다. 아리고 힘들 때 고향은 어머니 품속이 되어준다. 그리다와 울음이 합성된 그리움이 향수다. 우렁우렁 흐르는 왕피천과 두메산골 골짜기 초가지붕을 떠올리며 노스탤지어를 앓는다. 마음이 까맣게 타는 향수병을 앓아 본 사람은 그리움의 의미와 원천을 잘 안다. 눈 감으면 아리고도 행복했던 향수가 떠오른다. 1급수 왕피천에 자맥질해 뱀장어를 잡아 올린 기억이 생생하다. 내 최초의 낙원 안태고향이 그립다.

- 〈고향〉에서 -

〈고향〉은 그가 살아왔던 시간들 중에서도 가장 짙은 '왕피천'의 추억을 동반하고 있는 작품이다. 아름다운 왕피천의 향기가 서려 있던 시간들에 그의 유년은 뿌리를 내리고 있다. 수필의 특성 중 하나가 자조적 성격이다. 수필은 자기 자신의 내면을 보는 거와 같다. 수필 〈고향〉에서 작가는 아름다웠던 추억의 변주곡에 초점을 둔다. 그러면서 평온했던 자신의 처지를 동일 선상에 놓는다. '갓 태어난 날개로 나는 법을 익혀 삶의 터전을 마련한 곳이 울산이다. 파란 고향 하늘엔 세월 넘어 가 버린 동심으로 가득하고 자욱한 그리움 밝히는 추억이 묻어난다. 마음이 흐르다 멈추면 그리움이 시나브로 고인다. 껴안고 싶은 바람 스치고 별과 달이 놀러 오는 고향하늘이 그리워하며 어머니를 떠올린다. 아리고 힘들 때 고향은 어머니 품속이 되어준다.'라고 고백하는 작가는 이 수필에서 유년의 추억과 자신의 삶을 하나의 끈으로 묶는다. 그 운명의 사슬이나 속성에 탐닉하며 편안하고 행복한 그리움의 정서를 고향을 통해 드러내고 있어 믿음직스럽다.

추억이 물결치는 수필은 단연 〈고향〉이다. '그리다와 울음이 합성된 그리움이 향수다.'라는 작가의 표현은 그가 활어디자이너임을 말해준다. '우렁우렁 흐르는 왕피천과 두메산골 골짜기 초가지붕을 떠올리며 노스탤지어를 앓는다. 마음이 까맣게 타는 향수병을 앓아 본 사람은 그리움의 의미와 원천을 잘 안다.'는 작가는 왕피천, 초가지붕에다 인간사를 투영하고, 자신의 삶까지도 포갠다. 시골에서 태어난 것을 숙명으로 받아드리는 작가이기에 투사된 서정은 짙은 공감의 근원을 확보한다. 그리고 유년의 삶을 통해 자신의 내면을 투영하는 데도 성공한다. 왕피천은 자기 존재를 스스로의 눈으로 응시하기 위한 수단이 된다. 따라서 이 수필은 자기 응시의 경로를 통해 견뎌온 삶의 향취를 풍긴다고 하겠다. 왕피천의 여운과 유년의 삶을 연결시켜 정서적으로 풀어낸 것은 배재록 작가의 탁월한 문학적 재능을 뒷받침한다고 하겠다. 이런 이미지의 결합이 문학적 성과를 거두는 이유는 뭘까. 추억이라는 벼랑 끝 궤적을 연상케 하면서 성장 과정에서 놓쳤던 유년의 추억을 불러내어 그는 치유를 시도하기 때문이다. '1급수 왕피천에 자맥질해 뱀장어를 잡아 올린 기억이 생생하다.'며 작가는 흔들림 없이 지켜왔던 자신의 삶을 자맥질을 통해 길어 올리고 있어 감동을 준다.

세월의 행간에 묻혀 진 어머니표 농주는 마시면 좋은 민족의 술이다. 인상 좋은 농주가 알싸한 향을 풍기며 달착지근한 맛을 낸다. 한 주전자로 여러 입을 대접하는 너그럽고 인정 많은 술이다. 오랜 정이든 푸근한 농주다. 삶을 음미하게 해주고 소박한 문화를 느끼게 하는 술이다. 바깥세상의 소리를 내 놓는 술이며 내면의 세계를 경청할 수 있는 술이다. 술이 마중물이 되어 자신과 교감하며 내면을 조망 할 수 있게 만든다. 마주하는 서로의 갈등이 풀리고 기쁨을 엮어주는 마법을 지닌 술이 농주다. 어머니표 농주는 마신 사람들을 자신이 원하는 세상으로 바꾸는 마법사다. 사람들을 웃게 만들고 화나게 만드는 신령스러운 재주로 마음대로 부린다. 술을 마신 사람들에게 희로애락을 누리는 능력을 덤으로 준다. 내가 어머니표 농주를 그리워하며 자주 찾게 되는 이유가 여기에 있다. 비 오는 날과 궁합이 잘 맞는 술이 농주다. 굴피집에서 빗소리를 들으며 도란도란 대화를 나누는 정겨운 마중물이 되어줄 그 농주가 그리워진다. 향수를 소환해 그 구수한 농주 미각을 음미하고 싶다. 비 오는 날 찌그러진 양은 주전자에 담긴 농주를 넉넉한 사발에 부어 미각을 음미하고 싶다. 농주에 담긴 어머니에 대한 그리움을 실컷 마시고 싶다. 어머니의 삶이 녹아있는 농주를 마시며 그리운 노스탤지어를 달래 본다. 어머니표 농주는 지쳐있는 몸과 마음에 수액처럼 에너지를 가득 채워 준다.

- 〈어머니표 농주〉에서 -

이 작품은 '어머니'라는 존재에 대한 작가의 인상이 '농주'를 통해 잘 나타나 있는 글이다. '어머니표 농주는 지쳐있는 몸과 마음에 수액처럼 에너지를 가득 채워 준다.'는 진술에서 볼 수 있듯이 어머니는 작가의 가슴에 살아있는 불굴의 정신이다. 배재록의 수필을 이루고 있는 두드러진 그림자 형상은 누가 봐도 '어머니'다. 어머니는 배재록 수필의 근본적인 핵이다. 그의 사고 영역에 '어머니'는 언제나 항상 존재한다. 융에 의하면, "그림자는 어머니, 즉 집단 무의식으로 향한 글의 문턱에 서 있다."고 하였다. 어머니야말로 우리의 무의식에 영원히 살아있는 영혼의 안식처라 할 수 있다. 〈어머니표 농주〉에는 이러한 어머니의 헌신적 삶의 모습이 녹아 있다. 특히 이 수필은 문학적 형상화가 빛난다. '민족의 술' '너그럽고 인정 많은 술' '오랜 정이든 푸근한 농주' '소박한 문화를 느끼게 하는 술' '마법을 지닌 술' '비 오는 날과 궁합이 잘 맞는 술' 등의 표현은 '이것'을 '저것'으로 하는 문학의 원리를 단적으로 보여주는 것으로 단연 압권이다. '농주'라는 메타포로 인해 어머니의 삶이 문학적으로 잘 구축되고 있다. 격정의 순간에도 감정의 절제를 통해 품격을 갖추려고 한 것도 좋았다. 이처럼 그는 우리의 몸과 마음에 신선한 바람을 채워주는 작가인 것이다.

2. 가화만사성의 현장, 부부애의 숨결

배재록 수필을 이루는 또 하나의 견고한 줄기는 근원에 대한 본능적 편향성, 사랑하는 이에로의 지향성이다. 그 그리움의 귀착지는 아내의 품이다. 작품 하나하나에 아내를 그리워하는 정서가 없는 게 없다. 한마디로 절절한 연모곡이 수필집의 한 축을 담당하고 있다. 이는 모든 사람의 가슴 속에 공통적으로 존재한다기보다 그만의 독특한 정서라고 해야겠다. 대부분 수필들이 존재의 근원과 필연에 대한 인식을 바탕으로 직조되고 있다. 어떤 경우든 삶을 윤택하게 하는 것은 인간의 순수 지극한 정성, 사랑이라는 사실을 부정하지 않는다. 이 사실은 작품 〈전업주부가 되다〉가 입증한다.

겉에서 보면 자신이 화소가 된 것 같은 인상이 강한 작품이나 주제 의식은 아내 사랑에 있다. 사람들은 물질적 변혁만 이루면 인간이 안고 있는 모든 아픔이 허물을 벗고 한순간에 환한 모습의 꽃으로 피어날지 모른다고 착각한다. 그러나 눈에 드러나는 현란함은 한때 사람들을 현혹시킬 수는 있지만, 그 자체가 완전한 행복의 실체는 아니다. 물질만으로는 생명을 틔울 수 없다. 이 수필은 화목한 가정을 창조하기 위해서는 무한대의 '정'이 필요하다는 사실을 깨닫게 한다. 배재록의 수필적 정서는 아내에 대한 사랑에서 비롯된 인간적 향기라 하겠다.

아내는 두 아이를 키우며 힘들고 어려운 일을 군소리 없이 도맡아 해

줬다. 그 덕에 회사에 전념하여 어렵사리 부장까지 승진하며 명퇴 할 수 있었다. 아내도 결혼 후 교사 생활을 그만두고 육아와 전업주부로 전환을 했다. 결혼 초 살림을 살아보지 않아서 전업주부 일에 나만큼 서툴렀다. 다행히 한때 같이 살았던 여동생이 요리를 잘해 일부 전수를 받았다. 그렇게 시작해 아내는 전업주부 생활로 전환했다. 다양한 반찬 만들기에 눈을 뜬 아내는 당당한 전업주부 자격으로 대부분 외식을 지양하고 집밥을 선호했다. 아내가 지은 밥이 죽이 되고 눌어붙어도 밥투정 없이 넘어갔다. 내 직장생활과 아내 전업주부 생활이 역사를 남기고 오늘에 이르렀다. 아내가 사회복지사 직장을 나가며 나에게 기본적인 살림 일을 교습시켰다. 사정상 싫으나 좋으나 내가 집안일을 거들지 않을 수가 없었다. 경험하지 않고는 모르는 전업주부의 희로애락 마음으로 느끼고 있다. 쉽지 않지만, 가정을 경영하는 경영자로서 나름대로 솔선수범하고 있다. 끝도 없고 티도 나지 않고 집안일은 끊임없이 반복되고 늘어난다.

- 〈전업주부가 되다〉에서 -

인간에게 소중한 것은 자신의 삶이 갖는 의미에서 스스로 만족하는 것이다. 그 충족의 기쁨 없이 삶은 무의미한 것에 지나지 않는다. 단지 살아있는 것만으로 기뻐할 수 있는 것은 엄숙하게 운명을 받아들이려는 마음씀씀이에 기인하는 것이리라. 인간은 누구나 무엇에 의지해 자기를 지탱할 수밖에 없는 나약한 존재다. '아내가 시키는 일이라면, 나는 한다.'라는 이 순응의 자세는 그를 무한한 포용성의 얼굴을 가진 작가로 부각시킨다. 삶을 원망하고 현실에 불만을 토로한다고 해서 삶의 질이 어느 한순간에 돌변하여 달라지는 것은 아니다. 이 수필은 부부가 역할을 나누어 가지며 행복을 찾아가는 상황 제시를 통해 우리 시대 부부상을 다시 반추한다.

또한 사랑하는 한 사람의 일상사에 담긴 추억이 긍정적이며 낙관적인 인생관과 버무려져 탄생한 것이어서 공감을 준다. 일상사의 사소함에서 출발된 행복들이 노정된 이 글은 인간적 삶의 소중한 경험이요, 수필가는 그 경험의 전파자임을 말해준다. 오늘을 사는 우리에게 진정으로 필요한 것은 잔잔한 감동을 만들어낼 수 있는 이 끈끈한 부부간의 연대가 아니겠는가. 순수한 연모와 향기 나는 부부애보다 더 가치롭고 아름다운 것이 이 세상에 어디 있을까. '끝도 없고 티도 나지 않고 집안일은 끊임없이 반복되고 늘어난다.'는 멘트가 살짝 가슴을 찌르면서, 여운의 맛을 준다. 이런 맛이 있어 문학성이 생겨나고 공감도가 형성되는 게 아닐까.

오는 길에 아내는 어젯밤 10만 원 하는 등을 절 안에 달고 왔다고 했다. 알뜰한 아내가 낭비하는 일을 본적이 거의 없었으니 수긍했다. 소통은 상대가 말하지 않는 것을 들을 수 있는 힘이라 했다. 마음 읽기는 수양이 필요하다. 아내 마음에도 어느새 불심이 가득 차 있어 보였다. 불심에 취한 아내가 집에 오면서 오늘은 세 군데 절에 가면 좋다며 또 다른 절로 가지고 보챘다. 지아비 가슴에 불심으로 가득 채우려는 아내의 마음을 깨닫게 했다. 감기약에 취해 온몸이 불편한 내가 불심을 빌려 그러고 싶었지만, 권위로 만류를 했다. 부처는 절에 있는 것이 아니라 각자의 마음속에 있다는 성철스님을 세기며 마음속으로 나무아미타불 관세음

보살을 외었다. 아내는 지인과 기어이 세 군데의 절을 갔다 오면서 부처가 되어 왔다. 아내의 권력이 나를 두렵게 했지만, 오늘은 부처라서 안심을 했다. 아내 고집에 복종해야 할 날이 머지않았음을 깨달은 부처님오신 날이었다. 바야흐로 불기 25621년 2017년 5월 3일 있었던 일이었다.

- 〈부처님 오신 날에〉에서 -

이 수필의 감상 포인트는 가정 내 권력의 변화를 살펴보는 데 있다. '복종'이 주는 어휘에서 눈물보다 끈적한 사랑의 향기와 지혜의 미학이 펼쳐져 있다. 부부간의 권력 관계를 짚어볼 수 있게 하는 수필은 여성상위시대인 현대사회의 특성상 필연적으로 자주 나타날 수밖에 없는 것이다. 작가의 아내는 부처님 오신 날 기어코 세 군데의 절에 가야 좋다는 말을 믿고 이를 감행한다. 남편의 만류에도 아랑곳하지 않는다. 한바탕 부부싸움이라도 날 것 같은데, 싸움은커녕 작가는 오히려 아내에게 두려움을 느끼기까지 한다. 아내에게 져주는 일종의 아름다운 복종이다. 그것은 새로운 자기 탐색을 위해서도 보람 있는 일이지만 일상적 삶의 영토 확장에도 바람직한 일이다. 여기에는 필시 신사도의 원리가 작용하고 있을 것이다. 여성에게 무조건적이고 희생적인 모성성을 요구하는 사회적 인식을 깨는 작가의 처신은 사회적 통념을 넘어서는 것이다. 스스로 무너뜨리는 권위가 여성상위시대의 현주소를 잘 보여주고 있는 대목이다.

36년을 함께 살아온 각시와 제2의 인생을 살아가고 있다. '함께하는 인생'을 제2기 인생의 주된 목표로 삼았다. 등산과 문학을 같은 취미로 정했다. 노후를 위해 건강과 내공을 기르기로 했다. 노인이 되어가는 지금 동행자로 평생을 함께해야 될 내 각시를 바라본다. 문학이 마중물 되어 연애로 만난 아내와 나는 썩 잘 어울리는 배필이다. 36년을 동고동락했고 이제는 노인의 시간을 동행해야 할 시점이 다가온다. 나이가 들수록 잔소리도 늘고 주도적인 행동을 하드라도 잘 넘어갈 것이다. 나이가 더 들수록 외로워질 것이다. 혼자 있을 시간과 번민이 많을 노후에 함께하는 내 각시가 있어 우듬지처럼 든든하고 행복하다. 진정한 인생의 성취는 기쁨을 느끼느냐에 달려있다. 기쁨이 넘치는 삶을 살아가고 싶다. 시간이 더 걸릴지라도 기쁘게 보낸 순간을 세면서 살아갈 참이다. 인생은 고단하지만 아름답기에 기쁨을 즐길 줄 아는 재주를 연마하고 있다. 세상 끝나는 날까지 갓 결혼한 어여쁜 각시로 예우하며 살아갈 것이다. 불행을 제거하고 행복을 이어주는 내 각시가 있어 인생은 살맛이 난다.

-〈내 각시〉에서-

〈내 각시〉라는 제목이 정신을 번쩍 들게 한다. '각시'라는 말에 담긴 낭만성과 순수성 때문이다. 이 작품은 아내를 향한 남편의 정이 어떠한가를 잘 보여준다. 현대의 남편들은 아내에게 월급봉투 주고 물질적으로 풍요롭고 불편 없이 살 수 있게 해주었다는 사실만으로도 남편의 도리를 다한 것으로 생각한다. 그러나 아내에게 정작 필요한 것은 물질적인 도움이 아니다. 아무리 황금만능주의 사회라 하더라도 부부간은 물질이 전부일 수 없다. 배재록은 이런 진리를 '내 각시'라는 제재를 통해 잘 보여준다. '함께

하는 인생'을 제2기 인생의 주된 목표로 삼았다.'는 문구는 부부애의 무한한 확장이다. 서로 간의 다짐이 또한 감동을 준다. '각시'의 상징성에 뭉클한 느낌이 드는 것은 부부간의 애정이 그만큼 절대적이며, 애틋하고 간절하다는 증거가 아니겠는가. 작가는 이 작품을 통해서 필연의 소중함을 다시 한 번 일깨워 주고자 한다. 부부간의 정이 예전 같지 않은 요즘이라 이런 글이 더욱 가슴에 와닿는다.

배재록 수필세계가 보여주는 또 다른 한 모습에는 남자의 따스함이 스며나고 있으며, 진솔한 고백이 반성적 성찰의 원리로 승화되어 순진무구한 인정의 미학이 묻어난다. '세상 끝나는 날까지 갓 결혼한 어여쁜 각시로 예우하며 살아갈 것이다. 불행을 제거하고 행복을 이어주는 내 각시가 있어 인생은 살맛이 난다.'는 진술에는 아내를 행복하게 해주리라는 남자의 진한 다짐이 들어있다. 수필 문학이 지닌 특징 중의 하나는 개인적 체험을 보여주는데 있어서 가공하지 않고 사실을 그대로 노출시킨다는 점이다. 독자로부터 공감을 얻게 되는 것은 그 소재가 특별해서라기보다 작가의 진솔함이 인정에 뿌리 내려 있어서일 경우가 많다. 배재록 수필의 최대 강점은 체험의 진실성이요, 진한 사랑의 표백에 있다. 이것이 독자로부터 공감을 얻게 할 뿐만 아니라 수필문학으로서의 가치와 문학성을 담보해 주는 것이다.

3. 조국 근대화 기수론과 긍정미학

배재록 수필의 세 번째 큰 물줄기는 크게 국립부산기계공고 출신 작가라는 데서 드러나는 자부심과 향토 서정과 휴머니즘의 추구라는 사상성으로 집약될 수 있다. 조국 근대화 기수를 기치로 내걸고 세워진 특수목적 고교 시절의 향수와 고향의 추억을 통해 보편적인 것에 도달하는 것이 배재록 문학의 본령이다. 인간에게는 본능적으로 자신이 태어나고 자란 고향에 대한 그리움이 있다. 이와 함께 인간에게는 본능적으로 과거에 대한 추억이 흐르고 있는 것이다. 귀소성이란 인간으로서 어쩔 수 없는 본능적 속성이다. 그런데 현대에 와서 많은 사람들이 자신이 태어나고 자라던, 또는 오랫동안 살아오던 고향에서 계속 살지 못하고 고향을 떠나서 살고 있다. 특히 도시 문명의 확산과 산업 사회 진입 이후 많은 사람들이 고향을 떠나 살게 되었다. 작가는 찬란한 유년 시절을 고향에서 보내고 지금은 결혼을 해서 울산에서 살고 있다. 그 그리움이 창작 동기가 되어 생성된 수필은 그리움이 강물처럼 출렁인다.

먼 심해에서 뻗쳐 온 금빛 광휘, 불끈 솟구친 햇덩이가 전국에서 모인 100여 명 동기생에게 환희를 주었다. 비가 온다는 예보를 묵살한 아침에 영롱한 태양이 방어진 반도에 떠올랐다. 묵직한 봄바람이 불어 만남을 축하했다. 신이 축복을 내린 3월 16일 국립부산기공 10회 동기생 등산대회가 시작됐다. 올해는 내가 동기회장으로 있는 울산 염포산에서 주관해 분주했다. 낯익은 얼굴, 저마다 가슴에 국립부산기계공고 이름표를 패용했다. 졸업 후 처음 만나는 친구도 더러 눈에 띈다. 선뜻 다가가서 악수로 인연을 맺는다. 우연히 만나 관심을 주면 인연이 되고, 공을 들이면 필연이 된다는데. 반가움 하나가 잡은 두 손에 맴돈다. 동기생이 아니면 채울 수 없는 필연이다. 전국 중학교에서 선발된 900명이다. 전국 어디에 가도 만날 수 있다.

- 〈고교동기생 등반대회〉에서 -

배재록은 비상을 꿈꾸는 작가다. '우연히 만나 관심을 주면 인연이 되고, 공을 들이면 필연이 된다'는 그의 표현대로 그는 인연을 귀히 여기는 작가다. 수필 속에는 출신학교에 대한 애정이 뜨겁게 요동친다. 그가 다녔던 국립부산기계공고는 70년대 산업 시대에 박정희 대통령이 조국근대화의 기수를 양성하기 위해 전국 곳곳에 있는 가난한 수재들을 모았기 때문이다. 휴일, 열쇠, 그리고 방학이 없는 학교라고 해서 3무 학교로 통했다. 동해의 부상을 바라보며 해운대 언덕 위 10만 평의 부지에 대학 캠퍼스보다 더 멋진 교정이 펼쳐져 있는 국립부산기계공고를 나왔다는 사실 하나만으로도 이 학교 출신들은 인생을 살아나갈 힘을 얻는다고 한다. 이 해설을 쓰고 있는 필자도 국립부산기계공고 출신이다. '반가움 하나가 잡은 두 손에 맴돈다. 동기생이 아니면 채울 수 없는 필연이다.'는 진술은 작가의 동기의식에 필연의 논리가 작용하고 있다는 증거다.

인간은 누구나 자기 긍정을 위한 상승심리와 함께 긍정 효과에 대한 믿음이 싹트게 마련인 것이다. 더욱이 ㈜현대중공업에서 명예퇴직을 하고 친구들에 대한 그리움의 욕구가 강해지면서 많은 동기들이 배재록의 가장 가까운 벗으로 자리매김되고 있다. 직장과 멀어져 있는 작가로서 국립부산기계공고 출신이라는 인연의 자부심이 자연스럽게 작가를 자기 긍정 속으로 밀어 넣고 있는 것이다. 등반 속에서 우정과 추억을 다지는 일은 어쩌면 퇴직 후 한량이로 살아가는 작가에게 힘을 실어주는 데 안성맞춤이므로 작가는 일상적 사건을 동기생 등반대회라는 제재를 투여해서 문학적 사건으로 승화시키고, 이 작품 속에서 기계공고 출신의 자부심을 잘 드러내 보여주었다고 하겠다. 900명의 동기들은 내륙은 물론 저 멀리 백령도, 울릉도, 제주도, 남해도, 진도 출신들이다. 만나면 어찌 반갑지 않겠는가. 이들과의 만남은 글이 되고 만다.

바닷물에 반신욕을 하는 두 개의 섬이 나체로 보인다. 숨기는 것 없이 나체를 드러내며 육체미를 자랑한다. 숨기는 일도 숫기도 없다. 햇볕이 내려와 앉은 지형은 풍미를 풍기며 사유를 가득 머금고 다가온다. 독도는 보배의 터로 부각되고 있다. 중국, 일본, 러시아 사이에 위치해 군사적 요충지로 국가 안보에 중요한 위치를 차지하고 있다. 배타적 경제수역 기점으로 우리 주변 바다에 대한 영유권 주장을 가능하게 한다. 또 화석 연료를 대체할 미래 자원 메탄 하이드레이트는 전 국민이 30년 사용 가능한 양이 매장되어 있어 보배의 터를 증명하고 있다. 꿈의 식수 해양심층수가 흐르고, 북극항로 교통 중심지로 부각되고 있다.

감흥 가득히 호강을 누리고 귀환하는 눈에 비친 아름다운 한반도 지도위로 푸짐한 햇살이 쏟아진다. 울릉도로 회귀하여 도동 독도박물관을 관람했다. 전시관은 하나 같이 '독도는 우리 땅'에 대한 증거를 보여주고 있다. 독도가 역사, 문화적으로 대한민국 영토일 수밖에 없는 당위성과 뜨악한 일본의 허구성을 세세하게 드러내 보여주고 있다. 몽니를 물리치기 위해 혈기왕성한 20대 독도경비대원 40여 명이 경계를 서고 있다. 깔끔하게 그려진 한반도 지도를 떠올리며 천진한 애국심을 핥아 본다.

- 〈돌섬 독도〉에서 -

독도는 언제나 오라고 손짓하지만 독도를 갈 기회도, 간다고 해도 입도 성공률이 낮은 섬이다. 그러하기에 언제나 먼 거리에서 늘 그리움의 대상이 되어왔다. 그는 오영수의 갯마을을 읽으며 혹독한 바다를 온몸으로 부딪치며 살아왔다. 배재록은 '조국근대화의 기수'로 살아왔기 때문에 절절할 수밖에 없는 애국심을 독도 체험을 통해 노출시키고 있는 것이다. 작가는 작품 〈돌섬 독도〉를 통해 나라 사랑의 의미를 역설적으로 음미하게 한다. '깔끔하게 그려진 한반도 지도를 떠올리며 천진한 애국심을 핥아 본다.'라는 묘사에서 정서를 압축해서 간접화하는 그의 문학적 역량을 엿볼 수 있다. 역사의 뒤안길에서 만나는 독도에 중요한 삶의 의미를 주면서 애국을 노래하는 수법도 대단히 전략적이다.

일본은 주로 독도를 정치적 입지를 키우는 대상으로 인식하고 있는데 비해 우리는 섬을 어디까지나 영토주권 차원에서 보아왔다고 할 수 있다. 자원이 부족한 우리에게 섬은 해양영토와 밀접한 관련을 맺고 있다. 영유권의 싸움 안에는 단순한 주권뿐만 아니라 한일 국민 간 서로 간의 자존심이 내재되어 있다. 이 작품은 독도를 자기네 땅이라고 우기는 일본을 향해 '제발 꿈 깨라'는 작가의 메시지가 담겨 있다고 볼 수 있다. 배재록의 수필적 지향이 일상의 현실을 단순히 기록하는 데서 더 나아가 독도의 숨소리와 그 맥박, 역사적 의미를 찾아가는 발견과 깨달음으로 확산되고 있다는 것은 작가의식에 저항성을 더하는 일로 바람직한 일이 아닐 수 없다. 들뢰즈는 문학을 다양한 차이를 가치화하는 저항담론이어야 한다고 설파하지 않았는가. 이 글은 저항성의 측면에서도 높이 평가될 수 있는 작품이다.

목포의 관문이며 학의 날갯짓을 형상화한 목포대교가 엉덩이를 흔든다. 서해안 고속도로를 잇는 총길이 4.12km다. 북항과 고하도를 연결하는 다리다. 천연기념물 500호 갓바위의 삿갓이 화려한 야경을 선보이며 유랑의 춤사위를 한다. 서해와 영산강이 만나는 곳에 있으며 오랜 기간에 걸쳐 풍화작용과 해식작용을 받아 만들어진 풍화혈(타포니, tafoni)이다. 자연의 예술 작품은 마치 스님 두 분이 삿갓을 쓰고 있는 것 같다. '스님이 영산강을 건너 나불도 닭섬으로 건너가려고 쉬던 자리에 쓰고 있던 삿갓과 지팡이를 놓은 것이 갓바위가 되었다'는 전설이 전해 온다. 세계 최대의 부유식 바다 분수 '춤추는 바다 분수'가 너울댄다. 276대 분사용 노즐과 96대 분사용 펌프가 70m 높이로 물줄기를 현란하게 뿜어낸다.

횟집에 세발낙지, 농어, 돔, 민어, 전복, 펄 낙지가 허기진 나를 유혹한다. '산해진미'를 선보이며 남도의 맛으로 미각을 감칠 나게 한다. 세발낙지에 소주 한잔을 넣자 속이 데모한다. 향긋한 바닷냄새가 겹치는 별미다. 대한민국 맛의 수도 목포는 '목포의 눈물'만 있는 것이 아니었다.

- 〈목포의 눈물〉에서 -

이 작품에서 우리가 얻을 수 있는 것은 안식뿐만이 아니다. 잊고 있거나 잘 모르고 있었던 것에 대한 향수와 우리가 진짜 돌아가야 할 세계에 대한 발견과 인식이라는 측면에서 향토적인 소재의 발견은 의의가 있다고 보겠다. 배재록의 수필에서 발견되는 또 하나의 가치는 작가의 긍정 원리뿐만 아니라 삶의 반성적 성찰대에 자신을 세우는 데 있다. '세발낙지에 소주 한 잔을 넣자 속이 데모한다. 향긋한 바다냄새가 겹치는 별미다. 대한민국 맛의 수도 목포는 '목포의 눈물'만 있는 것이 아니었다.'라고 일침을 놓은 이 대목은 목포에 대한 완고할 정도의 애정이며, 자신을 받아준 운명적 존재에 대한 애착이라고 볼 수 있다. 배재록은 자신을 껴안아 자신을 배반하지 않는 모습으로 목포의 바다 앞에 서 있다. 현실이 각박하게 전개되고 있지만 그는 목포에는 눈물만 있지 않다고 항변한다. 그의 이 수필에는 목포에 대한 애정의 향기가 인생에 대한 애정으로 환치되어 서려 있다. 중심적 접근에서 이탈하려는 인문학적 사유가 빛나는 수필이라 하겠다.

4. 뜨거운 열정의 노래, 추억의 자리

따뜻한 온기를 지니지 않고서는 감동을 주는 한 편의 수필을 쓸 수가 없다. 수필은 예로부터 정의 문학으로 정의되어 왔다. 그래서 필자는 '수필은 초코파이다'라고 말한 바가 있다. 배재록 역시 어느 기계공고 출신 작가와 마찬가지로 정서적으로 건강한 생명의 기가 넘쳐흐르고 있고, 불타오르는 인생의 중요성을 느끼는 마음이 심중에 가득하기에 지금까지도 삶을 한량으로 살아온 것이다. 무한한 자유 정신을 기반으로 하는 한량 나그네에게 필수적인 가치가 바로 열정이 아니겠는가. 상당수 작품들은 이런 가치들을 품고 있다. 그의 수필은 그 열정을 형상화해낸 정서의 빛깔이자, 심오한 성찰 속에서 획득되는 철학적 울림의 멋과 힘이라서 감동을 자아낸다고 하겠다.

모닥불 피워놓고 보내는 시골 여름밤의 그때는, 모든 것이 풍성하고 마음도 넉넉했고 옹기종기 작은 초가지붕들의 낮은 담장 사이 정감이 오가는 평화로움 그대로였다. 모닥불은 무엇인가를 가슴에 지니고 살 수 있게 해주는 역할을 한다. 풀잎과 풀벌레들 역시 그러한 의미에서 배재록의 인생을 밝히는 불꽃 같은 존재다. 고향에서 뛰어놀던 나날은 그에게 낭만을 수놓게 했고, 오늘날 작가로 태어나게 한 일등 공신들이다. 지금에 와서도 발길이 그곳으로 향하는 것은 삶의 자양분을 키워 준, 궁핍한 시대의 은혜로운 낭만과 순수가 깃든 곳임을 잊지 못하기 때문이다. 이는 배재록이 귀소적 회귀 심리 속에서 고향을 못 잊어 그리며 살아가고 있음을 말해준다고 하겠다. 그의 수필 한 축에는 이런 시골 추억이 제재로 되어서 휴머니즘을 담아내고 있다고 하겠다.

요요한 골짜기에 환한 불빛을 빚고 밤은 깊어간다. 별빛이 총총한 밤하늘의 초대형스크린이 장작 냇내와 어우러져 여름밤의 감흥을 한껏 부추긴다. 내 인생도 어둠 속을 헤매다 피어오른 불꽃같은 존재다. 인생을 밝히는 불꽃 하나를 만들어 죽는 날까지 밝고 영롱하게 빛나게 하고 싶다. 가만히 밤의 대지에 귀 기울여 본다. 소야곡 멜로디가 풀잎과 함께 춤을 추며 우아하게 흘러나온다. 온갖 풀벌레가 노천 무대에서 울음 짓는 그곳에 모닥불이 탁탁 소구춤을 추는 여름밤 낭만은 행복을 창출하며 감회를 준다. 은하수의 자잘한 별 무리를 자분자분 헤아리며 모닥불은 꺼져 간다. 모닥불에 비친 삶의 궤적을 들여다보고 새로운 자세로 고쳐 본다. 삶이 아파도 긍정으로 받아들이며 극복해야 할 용기를 잃지 않고 싶다. 삶이란 모닥불과 같은 것이다. 활활 피어올라 정열적으로 세상을 밝히다가 한 줌 재처럼 사라지는 것이다. 영롱하게 피어오르는 불꽃처럼 내 삶도 그렇게 황홀하고 역동적이고 싶다. 내 인생의 불꽃이 활활 피어오른다.

- 〈불꽃〉에서 -

작가는 지난여름 더위를 피해 무작정 집을 나서서 인적이 드문 외딴 시골에 탠트를 치고 야영에 들어갔다. 사는 것은 떠나는 것이긴 하지만 작가에게는 어린 시절부터 탈영토성의 기운이 자리잡고 있었던 것이다. 사는 게 권태로울 때 무작정 집을 떠나보는 것이다. 불안할 때, 무엇인가에 의지하고 싶어 하는 것은 인간의 생득적인 감성이다. '내 인생도 어둠 속을 헤매다 피어오른 불꽃같은 존재다. 인생을 밝히는 불꽃 하나를 만들어 죽는 날까지 밝고 영롱하게 빛나게 하고 싶다'는 작가의 소망이 '불꽃'이란 제재에 잘 녹아난다. 그래서 이 수필도 문학적 성취가 빛난다. 모닥불을 피워놓고 삶의 궤적을 들여다보는 일은, 타인들의 눈에는 어떻게 보일지 몰라도 그 당사자에게는 마냥 아름답고 소중하게 느껴지는 법이다. 그의 열정론에 박수를 보내고 싶은 이유는 불꽃처럼 살아가고자 하는 그의 욕망이 너무나 강하기 때문이다.

'삶이 아파도 긍정으로 받아들이며 극복해야 할 용기를 잃지 않고 싶다. 삶이란 모닥불과 같은 것이다. 활활 피어올라 정열적으로 세상을 밝히다가 한 줌 재처럼 사라지는 것이다. 영롱하게 피어오르는 불꽃처럼 내 삶도 그렇게 황홀하고 역동적이고 싶다.'고 그는 노래한다. 이처럼 뜨거운 삶에 천착해 보인 수필이 있었던가. 흔들리는 자신을 다 잡고 스스로를 채찍질하는 작가의 모습이 신성한 구도자처럼 느껴지는 것은 자기 생에 대한 진정성 때문이리라. 더욱이 남자의 삶에 있어서 열정을 갖는다는 것은 당연한 일일 뿐만 아니라 근본적으로 인간다움을 추구하는 길이라 할 수 있다. 불꽃이란 원래 우리 인간에게 있어서 없어서는 안 될 심장과도 같은 것이며, 우리의 삶과 영혼을 성숙 시켜 주는 것이기 때문에 그것에 대한 의지를 상실한다면 그것은 곧 삶의 상실을 의미하기 때문이다.

하얀 찔레꽃이 유년의 기억을 더듬으며 스토리텔링을 풀어 놓기 시작했다. 찔레꽃이 필 무렵이면 깊은 계곡에는 가재가 많았다. 밤중에 기름기 많은 소나무 관봉으로 된 횃불 들고 가재를 잡으러 갔다. 불빛을 따라 바위 속에서 엉금엉금 기어 나오는 가재를 잡았다. 보릿고개 때 먹었던 그 가재 맛이 짙은 찔레꽃 향기를 타고 내려앉았다. 순진했던 유년 나로 돌아가 보았다. 천연기념물 팔손이나무가 바람에 흔들리며 나를 응원했다. 잎이 여덟 갈래로 갈라져 손바닥 모양을 한 두릅과 나무가 귀한 몸을 갸웃거렸다. 유람과 순례를 오가며 걷기 시작했다. 눈길 주는 풍경이 죄다 신천지였다. 비진도 수문장인 작은 춘복도가 화장을 짙게 한 여인으로 다가왔다. 감성 모자를 씌워 찡한 여운을 주고 경계 없는 바람이 가슴을 데워 놓았다. 대자연의 장엄한 파노라마가 펼쳐지는 비진도가 신령으로 다가왔다. 내 마음은 작은 섬 물가에 내려놓은 아이마냥 촐랑거렸다.

- 〈비진도 유람〉에서 -

배재록은 순수파에 속한다. 이 수필에서 우선적으로 느껴지는 것은 따뜻한 인정이요, 휴머니즘이 뿜어내는 거친 호흡이다. 수필이라고 하면 누구나 쉽게 쓸 수 있는 글이란 생각을 하기 쉽다. 그러나 수필은 제재에 대한 철학적 통찰을 통해 문학적 방식으로 쓰여야 할 글이다. 그것이 문학적 방식인가 아닌가는 이 수필 '보릿고개 때 먹었던 그 가재 맛이 짙은 찔레꽃 향기를 타고 내려앉았다'라거나 '비진도 수문장인 작은 춘복도가 화장을 짙게 한 여인으로 다가왔다. 감성 모자를 씌워 찡한 여운을 주고 경계 없는 바람이 가슴을 데워 놓았다.'처럼 구체적 형상을 통해 자기 고유의 의미와 가치를 나타내는 표현인가 아닌가 하는 점에 따라 구분된다. 옛날의 선인들은 자기 성찰적인 글쓰기를 중시하였으며,

수필적인 방식을 통해 선비정신을 길렀다. 작가는 비진도 여행을 통해 찔레꽃을 보고, 그 상관물을 통해 옛 추억을 떠올린다. 인용 예문에서도 묘사가 압권이다. 이 수필은 여행 속에서 얻은 깨달음을 객관적 상관물을 통해 구체적 형상으로 제시했기 때문에 미적 감동을 준다.

꼭 40년으로 돌아가 부산의 옛 거리를 유람했다. 삶을 즐기지 못하고 미래희망을 위해 매진한 과거의 아린 그림자를 염탐했다. 나이테를 늘려가는 시간에 현재를 즐겁고 보람 있게 살아야 한다는 시사점을 도출했다. 부산의 과거는 조금씩 변해가고 있었다. 추억은 영원히 존재할 수 없는 무형물이기 때문이다. 자갈치 시장이 사라진 것이 아쉬웠다. 과거란 되돌아보면 낭만과 아픈 복고감성이 교차하는 법이다. 오래전 있었던 것처럼 돌아올 수 없는 시간이 서성인다. 되돌리는 일은 이젠 연연하지 말라 한다. 과거를 미화하면 미래를 방해하기 때문이다. 과거를 통해 미래의 내 모습을 보라고 종용했다. 40년 전 과거를 걷는 일은 사색과 순례의 여행이었다.

- 〈과거 순례〉에서 -

수필의 소재를 '생활'과 '자연'에서만 찾으려 하는 작가가 있다면, 소재의 빈곤과 작가의식의 부재를 스스로 인정하는 꼴이 될 뿐이다. 수필은 우리네 삶의 모습이다. 수필 쓰는 일은 삶을 통한 선택된 체험을 상상력으로 재창조하고 재구성하는 일련의 문학적 경로를 통해 예술로 승화시키는 작업이다. 그 소재가 어찌 '생활'과 '자연'뿐이겠는가. 그 표현 방식이 어찌 '고백'뿐이겠는가. 수필가들은 폭넓은 소재를 통하여 그 작품세계를 확장할 필요가 있다. 그래야만 수필이 '인문학이라는 새로운 틀에 맞추어 좀 더 그 지평을 넓혀 갈 수가 있을 것이다. 훌륭한 수필가는 구경꾼이요, 방랑자라고 했다. 수필이 생활인의 애환만을 크게 받아들인다면, 작품세계를 스스로 좁히게 된다. 배재록의 인생관을 엿볼 수 있는 이 수필이 보여주는 메시지의 한 축에는 '현재의 현재화'라는 예리한 깨달음이 잡고 있어 평자를 안도하게 했다. 이처럼 '과거의 현재화'를 버리고 '현재의 현재화'를 추구하겠다는 확고한 작가의 다짐이 오늘의 배재록을 키웠다고 하겠다.

배재록의 수필이 거처하는 또 하나의 공간은 자기표백이다. 그는 자신의 모습을 진정한 자아의 영토에서 낮추는 작가다. 생을 조용히 사유할 수 있는 자세를 갖춘 작가다. 인생을 칼칼하게 씻어내기 때문이다. 모든 수필이 지녀야 하는 공통적 요건 중에 하나가 대상을 바라보는 심미적 안목이다. 심미적 안목이란 화려하거나 현란한 언어 구사와 거창한 주제와 경이로운 소재에 의해 만들어지는 것이 아니다. 그것은 수필 작품을 통해 이르는 효과에 중요한 조건이 되지만, 인간의 훙건한 정이 배어 있고, 사물을 바라보는 날카로운 통찰력이 자리하며, 독자로 하여금 공감을 유발할 때, 문학적 미학은 완성된다. 무심한 사물까지도 사랑할 수 있는 정은 인간의 심리 중에서 가장 원시적 요소다. 그러나 그것이 물상을 사랑하는 데에 이르기 위해서는 어디까지나 객체를 긍정적으로 받아들이는 것에서 가능한 것이다. 다행스러운 것은 그가 존재론적이 아니라 인식론적 차원에서 소재에 접근하고 있다는 점이다.

5. 인연의 소중함과 우리-되기의 힘

배재록은 다 태우지 못한 삶의 갈망들이 들끓고 있는 작가다. 심기 속에 전류처럼 정이 따뜻하게 흐르는 작가다. 이 수필집은 일상에서 꽃피우는 인연의 소중함과 견고한 인성의 노래로 수놓아져 있다. 흔히 수필은 자신의 심적 나상이라고도 하고 독백의 문학이라고 하는데, 이 수필은 자신의 이야기를 하면서도 자기에 초점을 맞추기보다는 이웃의 인연과 만남의 소중함을 수필적 소재로 취택하고 있는 것이 특이한 점이다. 현대는 다양한 욕구가 충만해 서로 좌충우돌하지만, 자신 이외에는 어느 누구에게도 눈을 돌리거나 귀를 기울일 수 있을 만큼 여유가 없는 단절과 소외로 특징되는 시대다. 문학이 문학만을 위한 작업에만 충실할 수 없는 시대에 살고 있는 것만은 분명한 것이다. 아래 작품 〈빗장을 열다〉는 판에 박은 듯한 안내문 같은 정보전달, 소개 형태의 형식에서 탈피하고 있어 감흥을 준다. 주제 의식이 문학적으로 형상화되어 있을 뿐만 아니라 인간적 감촉, 개인적 체취가 강하게 풍겨 본격수필로서 조금도 손색이 없다.

오래전, 차장 진급을 위해 부서장 문을 두드렸던 일이 생각났다. 부서장은 빗장을 단단히 걸어 잠가 버렸다. 본립도생(本立道生)을 강조하며 더 강하게 빗장을 쳤다. 부서원들은 부서장을 융통성이 없는 샤일록 같은 냉혈한이라 놀렸다. 승진하기 위해 문호를 열어 달라고 아부를 해도 아무런 답이 없다. 어떻게 하면 문을 열게 할 수 있는 것일까? 부서장이 마음의 문을 열지 않으면 절대로 승진을 할 수 없다. 로비를 하고 으름장을 놓아서라도 승진을 하고자 하는 내 욕구는 너무나 강렬했다. 부서장은 마음의 문뿐만 아니라 빗장까지 쳤다. 문은 공간을 이어주기도 하지만 사람의 마음을 이어주기도 하는 존재다. 오직 승진하기 위하여 빗장을 걸어 버린 부서장의 문 앞에서 열리기를 배회하는 내 심정은 강렬했다. 그냥 문이라면 망치로 부숴버리기라도 할 수 있지만 사람 마음의 문을 연다는 것은 어려운 노릇이었다. 내가 떼를 쓰고 노크한 문은 중역단위로 기회가 있는 특별승진이었다. 부서장의 문을 열어서 포상을 받게 되면 승진할 수 있었기 때문이었다. 그러나 그 기회마저도 다른 부서에 넘어가고 나는 승진누락의 쓴맛을 봤다. 실패 쓰라림은 극도의 방황과 고통을 안겨다 주었다. 인생에 있어서 큰 실패에 속하는 승진은 눈물과 회한의 쓴맛을 보게 했다.

- 〈빗장을 열다〉에서 -

이 수필을 읽으면, 그의 글은 하나같이 삶의 원형, 삶의 진리를 파헤친 지혜서란 생각이 든다. 그는 마음을 차분히 가라앉혀 주는 위안과 인간의 정신을 고원한 곳으로 이끌어주는 힘을 가지고 있다. 세상에 우연은 없다는 것은 논리학을 배운 사람이라면 다 안다. 인과율에 의해 삶은 계속되어지는 것이다. 그는 이런 삶의 변증적 법칙을 '승진 실패담'을 통해 보여주고 있다. '마음의 문'이라는 단어는 그 어떤 장치보다도 사람을 하나로 모우고, 경직되고 얼었던 마음을 데우는 역할을 한다고 의미화한 데서, 그가 중요시하는 게 무엇인지, 삶에서 가장 중요한 것이 무엇인지 짐작이 가고도 남는다. 어쩔 수 없어 사는 것이 아니라 승진의 욕구를 강하게 노정하며 사는 길은 인간적이라 할 수 있다. 시간의 관성에 따라 사는 것보다 열린 자세로 부서장에게 다가감으로써 작가는 소통의 장을 마련하고자 한다. 삶 속에서 살아가는 사람은 삶의 법칙에 따르지 않으면 살아갈 수도 진화 발전할 수도 없다. 지구상에 생명이 탄생하고 난 이래 순리에 반하지 않고 현재까지 왔기 때문에 인간은 지금도 평화롭게 살고 있고 존재하고 있는 것이다. 이런 원리를 작가는 '마음의 문'이라는 말로 풀어헤치고 있다.

휘파람 소리를 낸다. 입술로 내는 소리기에 다른 선율보다 파열음이 많다. 숨이 입술을 진동해 내는 휘파람 소리. 귀를 자극해 소리를 노래로 바꾼다. 음률을 타고 음악적 가락을 생산해 내는 휘파람 노래를 즐겨 부른다. 따로 휴대할 필요도 없이 몸에 있어 내킬 때 한 곡조 연주를 해서 좋다. 피아노의 아름다운 선율보다도 여타 악기 소리보다도 휘파람 노래가 마음을 더 울리고 치유해 준다. 어느새 입술이 만들어 낸 요술을 애호하게 되었다. 내 영혼의 소리기에 심금을 울리게 하는 음률과 가락에 동화되곤 한다. 작은 오케스트라 같은 휘파람 노래에 미묘한 음색과 강약의 떨림에 감흥이 묻어난다. 애창곡 한 곡조 부르고 나면 그 후음은 지친 영혼을 달래준다. 휘파람 소리는 혼자만의 고독한 나를 달래주는 유희가 되었다.

- 〈휘파람 소리〉에서 -

이 작품에서 그가 우리에게 던지는 메시지는 '치유'의 필요성이다. 작가는 휘파람 소리를 좋아한다. 휘파람은 치유의 수단이 된다. 수필이 구원의 문학이라는 데는 이견이 없을 것이다. 이 작품은 건강한 영혼을 바라는 작가의 건강한 인식이 녹아 있어 뜨거운 감동을 자아낸다. 그는 사람들을 새롭게 결속시키는 힘을 가진 작가다. 긴 인생을 바보처럼 살아가는 것도 필요하지만 어제보다는 오늘, 오늘보다는 내일의 향상을 목표로 삼아 휘파람으로 자신을 비워내며 이타적인 사랑을 실천하려 할 때, 후회 없는 인생이 보장되는 법이다. 인간은 누구나 편안하고 안락한 삶을 바란다. 현대적 삶의 어두움은 바로 이기심에서 출발한다. 대부분의 사람들이 자기 자신의 내면에서 치솟는 이 끊임없는 안락을 원하는 이기심과의 싸움에서 지기 때문이다. 작가는 몸에 아무것도 지니지 않고도 낼 수 있는 휘파람 소리가 고독한 자신을 달래주는 영혼의 소리라고 믿는다. 여기서 중요한 것은 '아무 것도 몸에 지니지 않고 소리를 낸다는 데'에 있다.

남들이 알아 줄듯 말듯 자신을 드러내지 않고 묵묵히 소임을 다하는 도마 같은 사람에게 존경을 보냈다. 도마처럼 크기가 작아도 속은 넓고 깊은 사람들이다. 그들은 도마가 되어 시퍼런 칼날을 받는다. 예리한 아픔도 피하지 않는다. 향나무처럼 자기를 찍는 칼에 향을 묻히면서 받아들인다. 도마는 몸을 내주며 잘되도록 배려하는 자기희생을 사명으로 한다. 그러나 뭇 사람들은 도마의 희생 정신을 쉬이 본받으려 하지 않는다. 도마는 요긴하기는 하나 대게는 인정받지 못한다. 대우는커녕 고마워하지도 않는다. 여간한 차별에도 화를 내거나 저항하지 않는다. 칼날에 도마가 동강아 나면 내버려 지고 내동댕이쳐지는 것으로 끝이다. 내 주변에는 도마 같은 사람보다 칼을 드는 사람이 늘고 있다. 칼을 들면 없던 힘도 생겨 갑질을 해댄다. 하는 일에 거슬리면 그냥 찍어 넘겨버린다.

- 〈나무 도마〉에서 -

자기 삶에 대해 누구나 쉽게 부끄러움을 내비칠 수 있는 건 아니다. 이런 차원에서 이 작품은 인간의 체취에서 풍기는 향기를 더해주는 글이라 하겠다. 수필은 인간을 위하여 그리고 인생을 보다 낫게 하기 위하여 존재하는 것이다. 따라서 작가가 자기 자신보다 남을 위해 노력하는 모습을 보이는 것은 매우 바람직한 일이다. 작가의 진술처럼, 우리 주변에는 도마 같은 사람보다 칼을 드는 사람이 늘고 있다. 자신만의 울타리를 만들어 스스로를 가두는 사람이 점점 들어나고 있다. 도마 정신은 타자와 우리-되기다. 자기 헌신은 언제나 가슴 뭉클하게 하는 힘이 있다. 수필은 힘의 문학이다. 그 힘은 작가의식으로부터 나오지만 도마 정신의 고양으로부터도 나온다. 생각이 머물지 못하고 인정들이 들고 나는 시간이 제각각이며 말에 칼날보다 아픈 비수가 실려 간다. 도마보다 칼이 되길 원하는 이 시대의 흐름을 '도마'라는 제재에 담아 문학적으로 조리해내는 일은 누구나 쉽게 할 수 있는 일이 아니기에 배재록의 역량이 빛나는 것이다. 이 수필은 추상의 세계를 객관적 상관물을 통해 구체화하기 때문에 문학적 성취가 빛난다. 무엇보다도 제재를 통해 주제를 우려내는 솜씨의 탁월성이 배재록 수필의 가장 큰 강점이라고 하겠다.

III.

위에서 다룬 작품 외에도 〈노인과 개나리〉, 〈칼을 갈다〉, 〈지게 작대기〉 등등 배재록의 수필들은 "이것이 본격수필이다"라는 명제에 답하고 있어 성공적이다. 이 수필집의 작품들은 정말 사람답게 살아가려는 사람들이 생각해야 할 문제, 가슴 깊이 담아두어야 할 가치 있는 문제를 다루고 있다는 측면에서 감동적이다. 수필이 궁극적으로 표현하는 대상은 자신이 아니라, 그가 속한 환경과 이에 대처하는 인간의 보편적 성향이다. 어떤 작품보다도 배재록의 수필은 작가의 인간적인 면모를 드러낸다고 하겠다. 현란한 색채로 나타나는 허욕의 삶이 아니라 드러나지 않는 색처럼 겸허한 삶을 그려낸 수필은 한 편의 멋진 어른을 위한 동화다. 또한 배재록의 수필은 총체적이고 추상적인 현실을 보다 심미적 가치를 지닌 삶을 실상으로 구현하는 작업에 초점을 맞추고 있어 성공적이다. 비록 개인사적인 문제를 가지고 글이 출발되더라도,

그것을 통해 인간의 보편성을 발견하고 새로운 가치 발견의 문을 열어준다. 언제나 그에게 있어서 가장 큰 관심사는 어떻게 살아야할 것인가 하는 명제다. 위와 같은 차원에서 배재록 수필은 존재 의의를 지닌다. 그는 보다 인간적인 향기로 자세를 고쳐 잡고 무딘 칼을 갈며 살아가는 한량이다.

수필의 본령은 인간 구원에 있다는 허드슨의 정의처럼 배재록은 득실거리는 사회의 군중 속에서 무엇보다도 추억을 추출해 내어서 렌즈 밑에 정착시키고 그것을 멋스럽게 확대시키고 있는 점에서 돋보인다. 무엇보다도 내면 풍경을 그림을 그리듯 감각적으로 구체화하는 데서 문학성이 빛난다. 언어의 활용면에서 문학수필의 멋을 한껏 우려내고 있어 읽을 만한 수필집이라 하겠다. 여섯 부류로 나누어지는 수필적 특성들은 고원한 곳으로 우리를 이끌어 준다. 이제 그는 평생 자신을 지탱해 줄 지게작대기도 만들었다. 그런 지겟작대기의 삶을 통해서 살아가는 지혜를 배우기도 하고, 그 가운데 자신을 반성하기도 하고, 사람답게 사는 방법을 독자에게 일러두기도 한다. 그래서 그런지 배재록의 수필이 주는 첫인상은 힘차다. 인간의 강한 다짐이야말로 가장 고귀한 것으로 삶을 윤택하게 만든다. 배재록 수필가가 걷는 한량의 길은 문사의 길이니만큼 퇴계 이황, 이덕무, 이익, 김시습, 김삿갓을 닮는 것이다. 더욱더 향기로운 문인으로 겸손하게 성장해서 더 멋진 수필을 써낼 수 있으리라 확신한다. 앞으로 우리 사회의 모순을 정조준하며, 부드러운 필봉을 휘두를 때, 배재록은 의식있는 작가로서 크게 주목받을 것이다.